**무역 전쟁은
계급 전쟁이다**

일러두기

* 모든 각주는 옮긴이의 주입니다.

TRADE WARS

— 무역 전쟁은 계급 전쟁이다 —

CLASS WARS

매튜 클라인 · 마이클 페티스 지음 ┃ 이은경 옮김

시그마북스
Sigma Books

무역 전쟁은 계급 전쟁이다

발행일 2021년 8월 10일 초판 1쇄 발행
지은이 매튜 클라인, 마이클 페티스
옮긴이 이은경
발행인 강학경
발행처 시그마북스
마케팅 정제용
에디터 최윤정, 장민정, 최연정
디자인 강경희, 김문배

등록번호 제10-965호
주소 서울특별시 영등포구 양평로 22길 21 선유도코오롱디지털타워 A402호
전자우편 sigmabooks@spress.co.kr
홈페이지 http://www.sigmabooks.co.kr
전화 (02) 2062-5288~9
팩시밀리 (02) 323-4197
ISBN 979-11-91307-49-8 (03300)

소득의 분배가 모든 계층이 그들의 욕망을 효과적인 상품 수요로 치환할 수 있도록 하는 경우에는 과잉 생산도 없고, 자본과 노동력의 불완전 고용도 없고, 해외 시장을 공략하기 위해 싸울 필요도 없다. … 시장 쟁탈전, 구매하려는 소비자보다 판매하려는 생산자들의 열망이 더 큰 것은 잘못된 유통경제를 가장 잘 보여주는 증거다. 제국주의는 이러한 거짓 경제의 결실이다. … 국가의 유일한 안전은 소유 계급의 불로소득이 늘어나는 것을 없애고, 그것을 노동 계급의 임금 소득이나 공공 소득에 추가함으로써 소비의 수준을 높이는 데 쓰일 수 있도록 하는 것이다.

-존 홉슨, 『제국주의론』(1902년)

서문

세계의 거의 모든 사람들이 세계 무역과 금융 시스템으로 연결되어 있다. 우리가 무언가를 구입하거나 직장에 다니거나 저축할 때마다, 우리의 행동은 수천 마일 떨어진 곳에 있는 수십억 명의 사람들에게 영향을 미친다. 세상 반대편에 사는 사람들이 매일 그들의 일상적인 결정으로 우리에게 영향을 주듯이 말이다.

이러한 경제적 연계에는 많은 이점이 있지만, 한편으로는 한 사회에서 다른 사회로 문제를 전달할 수도 있다. 한 나라의 국민들은 그 밖의 다른 나라의 오염, 너무 비싸서 감당할 수 없는 주택 문제, 부채 위기, 실직 등에 책임이 있는 경우가 많다. 중국 정부는 노동 조직원들을 핍박하고, 부동산 개발업자들에게 은행 대출을 싸게 해주며, 미국 제조업 노동자들은 일자리를 잃는다. 독일 정부가 복지에 쓰는 지출을 줄이면서 독일 기업들은 임금을 삭감하고, 스페인 사람들은 주택 버블을 겪는다.

이 책의 논지는 국가 내 불평등이 증가하면 국가 사이의 무역 갈등이 고조된다는 것이다. 이것은 궁극적으로는 낙관적인 주장이다. 왜냐하면 우리는 세계가, 국가나 경제 블록들 사이의 제로섬* 충돌을 견뎌낼 운명이라고 생각하지 않기 때문이다. 즉, 중국인과 독일인은 악이 아니며, 우리는 다른 나라를 희생해야만 번영할 수 있는 그런 세계에 살고 있지 않다는 말이다. 지난 수십 년간의 문제들은 지정학적 갈등이나 양립할 수 없는 민족적 성격에 뿌리를 두고 있다기보다는 오히려, 막대한 수입이 부자 또는 그들이 지배하는 기업으로 흘러들어감으로써 생겨난 것들이다.

어떤 곳에서든 일반 사람들은 구매력**을 빼앗기고 있으며, 맹목적인 애국주의자와 기회주의자들은 일반 사람들의 이익이 근본적으로 상충하고 있다고 믿게끔 그들을 속이고 있다. 국가 내 경제 계급 간의 전반적인 갈등을, 첨예한 이해관계를 다투고 있는 국가 간의 연속적인 갈등으로 잘못 해석하고 있는 것이다. 자칫하면, 국제 경제 금융 질서의 붕괴가 민주주의를 훼손하고 맹렬한 민족주의를 부추겼던 1930년대 상황이 반복될 위험이 있다. 그 당시 상황은 전쟁과 혁명 그리고 대량학살이라는 참혹한 결과로 이어졌다. 다행스럽게도 지금 상황은 그때처럼 아직 그렇게까지 심각하지는 않다. 그러나 그것이 현실에 안주해도 된다는 변명이 될 수는 없다.

중국과 미국 정부 간의 무역 분쟁이 고조되고 있다는 사실은 그 위험성을 가장 분명하게 보여준다. 2002년과 2010년 사이, 중국산 수입품들과 경쟁하는 상품을 제조하는 기업들이 많이 위치해 있는 의회 선거구의 유권자들은, 좌파와 우파의 양 진영에서 모두 더욱 극단적인 대표자들을 선출했다. 무역, 특히 중국과의 무역에 대한 적대감으로 일부 다른 공화

---

* zero-sum; 어떤 시스템이나 사회 전체의 이익이 일정해서 한쪽이 득을 보면 반드시 다른 한쪽이 손해를 보는 상태.

** 재화나 용역을 살 수 있는 재력.

당원들과 차별되었던 도널드 트럼프는, 2016년 공화당 경선 당시 중국 수입경쟁으로 가장 큰 피해를 입은 100개 카운티 중 89개 카운티에서 승리했다. 미시간, 펜실베이니아, 위스콘신 주 유권자들이 무역으로 인해 급진적으로 변하지 않았더라면 트럼프가 총선에서 패배했을 것이라는 추정도 있다.[1]

트럼프는 대통령으로서 대부분의 중국산 수입품에 보복관세를 부과하고, 중국을 공식적으로 '환율 조작국'이라 지칭하며 중국이 미국 기업에 투자하지 못하도록 차단하는 등의 과정을 밟아왔다. 트럼프의 다른 정책들 대부분과 달리, 무역을 놓고 중국과 대치하는 정책은 미국의 정치판도 전반에 걸쳐 인기를 끌었다. 미 상원의 찰스 슈머 민주당 대표는 '중국은 무역에 관한 한 우리의 진짜 적'이며 '미국의 수백만 개의 미래 일자리를 위협'하기 때문에 2018년의 보복관세는 잘한 일이라며 칭찬했다.[2]

이러한 정치적 합의는 중요한 진실에 바탕을 두고 있다. 즉, 2008년 이전 중국 정부의 정책들은 수백만 명의 미국 일자리를 파괴하고 주택 대출 버블을 부풀렸다. 그 이후 상황은 다소 개선되었으나 이러한 개선의 지속성은 매우 미미했으며, 중국은 여전히 세계 경제의 주요 골칫거리로 남아 있다.[3]

그러나 국가로서 미국과 중국 사이에 경제적 갈등은 없다. 중국 사람들은 적이 아니다. 오히려 중국 내 경제 계급 간 갈등이 미국으로 번지고 있다. 중국인 노동자들에게서 엘리트들에게로 부를 체계적으로 이전하는 것은, 구매력을 옥죄고 소비를 희생하면서 생산에 보조금을 주는 식의 방법으로 중국 경제를 왜곡시킨다. 그것은 결국, 공산품을 과잉 공급하고 주식, 채권, 부동산 가격을 인상함으로써 세계 경제를 왜곡시킨다. 중국의 소비 감퇴는 다른 곳의 일자리를 파괴하고, 그러는 동안 폭등한 자산 가치는 호황, 대폭발, 부채 위기라는 엄청나게 파괴적인 사이클로 이어진다.

중국의 정책은 미국인들에게만 상처를 주는 것이 아니라 평범한 중국인 노동자들과 퇴직자들에게도 피해를 끼친다. 중국 노동자들은 자신들이 생산하는 것의 가치에 비해 상대적으로 낮은 임금을 받는 반면, 세금은 너무 많이 낸다. 충분히 구입할 수 있어야 하는 상품과 서비스에 접근할 방도가 없다. 그들은 더러운 공기를 마시고 오염된 물을 마신다. 왜냐하면 많은 지방정부 공무원들이 정치적으로 연결된 사업주들의 재정적인 이익을 대중의 행복보다 우선시하기 때문이다.

중국 밖에서의 고용 감소와 부채 증가의 일부 조합은 피할 수 없는 결과였다. 미국인들이 치른 이러한 대가 중 많은 부분은 미국의 비즈니스 이해 관계자들이, 중국의 정치인이나 산업계 인사들과 결탁했기 때문인 경우가 많다.

관세와 국수주의적인 미사여구가 중국의 불균형을 해결하지는 못할 것이나, 중국과 미국이 양립할 수 없는 경제적 이익을 추구한다는 잘못된 믿음을 (양쪽 다) 강화시킬 가능성은 크다. 정당한 불만을 잘못 다루면 근본적인 문제조차 해결하지 못한 채 국제 평화를 위협할 수 있다. 계급 전쟁은 이미 과거에서와 같이 무역 전쟁을 일으키고 있다. 계급 전쟁이 더 악화된다면 비극으로 이어질 것이다.

동시에 아무것도 하지 않는 것은 선택사항이 아니다. 중국 외 나머지 국가들이 중국의 내부적 왜곡이 초래한 결과를 수동적으로 받아들이기에는, 중국이 너무나 큰 경제대국이기 때문이다. 중국 국내의 경제 정책을 국제 외교의 주제로 적법하게 여기는 것이 이상하게 보일지 모르지만, 인류가 함께 연결되어 있다는 글로벌 연관성을 강력하게 암시하고 있기도 하다. 중국 엘리트들을 설득해 중국 노동자들이 자신들이 생산하는 것을 상당 부분 더 소비하도록 하는 것이 우리 시대의 큰 정책 과제 중 하나다. 일반 국민에게서 부자에게로 부가 이동했던 지난 30년간의 추세를 뒤집는 것이 중국 국민과 미국 국민 모두에게 이익이다.

유럽의 상황이 군사적 대결구도로 전이될 가능성은 매우 낮지만, 어떤 면에서는 유럽의 지적 혼란과 국내의 병리현상은 훨씬 심해졌다. 지난 몇 년 동안 중국이 아니라 유럽이 세계 경제에 가장 큰 위협이 되었는데, 모두 비슷한 이유였다. 처음에는 독일에서 그다음에는 유럽 전역에서 정부들이 소비에 대한 세금을 인상하고, 노동시장 보호를 축소했으며, 수백만 명의 사람들을 저임금 시간제 일자리로 몰아넣었던 것이다. 중국에서처럼 유럽 노동자들 역시 그들이 생산하는 것을 점점 더 살 수 없게 되었다. 2010년이 시작된 이래로 유럽 지역에서 가계지출의 성장 속도는 전체 생산율의 절반 정도에 불과하다.[4]

물론 중국과 유럽 사이에는 중요한 차이가 있다. 예를 들어, 유럽인들은 교량이나 도로를 사용할 수 없게 될 정도로 사회 기반 시설 투자에 대한 지출을 줄였다. 그러나 중국과 유럽 사이의 유사성이 세계 경제 번영에 어떻게 영향을 미치는지가 더 중요하다. 오늘날 유럽의 내부 왜곡이 가져올 세계적 영향은 2008년 금융위기 전날 최고조에 달했던 중국의 불균형이 미친 영향만큼이나 크다.

2012년 이전에는 특정 국가, 특히 독일 내의 국내 불균형을 다른 유럽, 특히 스페인, 그리스, 이탈리아, 아일랜드, 포르투갈, 발틱3국이 흡수했기 때문에 유럽 전체가 다른 나라들에 비해 불균형하지는 않았다. 독일인들은 자신들이 생산한 것보다 더 적게 소비했고, 자국 내 투자를 잘 하지 않았으며, 주변 다른 나라들과의 사이에서 대규모 흑자를 낳았다.

반면, 같은 시기에 스페인과 그리스 그리고 다른 나라 사람들은 자신들이 번 돈보다 훨씬 더 많은 돈을 쓰고 그 간극을 메우기 위해 돈을 빌리는 호황을 경험했다. 세계 금융위기로 이어지는 몇 년 동안 스페인은 미국 다음으로 세계에서 두 번째로 큰 무역적자를 냈고, 1100만 명에 불과한 그리스는 다섯 번째로 큰 무역적자를 기록했다. 그러나 독일의 병리적 현상, 즉 증가하는 불평등과 침체된 소비와 체계적인 과소투자는, 대륙의 나머지 국가들에게 닥칠 일에 대한 예고편이었다.[5]

민족주의자들은 엘리트들이 근본적인 경제 문제를 회피하도록 허용하면서 민족 편견을 부추기는 것으로 대응해왔다. 독일 정치인들은 호황기에 독일 은행들이 상당수 매입했던 부채의 대부분을 그리스 정부에 섬을 팔아 갚으라고 요구했다. 한층 더 나아가, 타블로이드 신문들은 아테네의 아크로폴리스와 같은 국보를 매각해 빚을 청산하라는 제안까지 실었다. 그리스 정부는 나치의 잔혹 행위에 대한 오래된 배상 요구를 부활시킴으로써 그와 같은 요구에 대응했다. 2017년까지만 해도 당시 네덜란드 재무장관이자 유로그룹 의장인 예룬 데이셀블룸은 이러한 전반적인 위기를 '모든 돈을 술과 여자에게 탕진하고 나서 도움을 청하는 사람들'의 탓으로 돌렸다.[6]

타블로이드판 신문들이 그런 어리석은 발언을 하는 것은 나쁘기만 할 뿐이지만, 정책 입안자들이 위기를 그렇게 심하게 오해하고 국가적 특성에 따라 책임 소재를 따지는 것은 무책임할 뿐만 아니라 잘못된 것이다. 유럽의 위기는 결코 파시즘적인 독일인들과 정직하지 못한 그리스인들 사이의 갈등에 관한 문제가 아닌, 소득 분배에 관한 문제이기 때문이다. 독일 정책은 재통일과 동유럽의 공산주의 해방 후 사태(구매력이 노동자와 퇴직자에게서 초부유층으로 이전된 상황)라는 두 가지 충격에 대응해 발전했고,

이는 독일 이웃 국가들이 실업 증가와 치솟는 부채의 조합을 어느 정도 용인하도록 만들었다. 독일의 지도자들이 현 시대에 가장 긍정적인 변화 중 하나였어야 할, 즉 건강하고 통합된 유럽을 창조한다는 사명을 이루지 못했다는 것이 슬픈 결말이다. 이제는 세계 양대 경제대국인 유럽과 미국이 자국의 무역 전쟁에 돌입해 전 세계의 번영과 세계 민주주의 국가 간의 중요한 동맹관계를 저해하리라는 위험이 있다.

모든 낡은 것을 다시 새롭게

세계 경제가 심화된 불평등으로 인해 왜곡된 사태가 이번이 처음은 아니다. 오늘날의 상황은 많은 면에서 19세기 후반과 20세기 초반의 세계와 닮았다. 그 당시 부유한 유럽 국가들에서 극도로 불평등한 소득분배란, 노동자들이 자신들이 생산한 모든 생산품을 소비할 여유가 없다는 사실을 의미했으며, 반면 부자들은 투자할 돈은 많았지만 국내에서는 마땅한 투자 기회를 찾기가 힘든 상황이었음을 의미했다. 현지 소비자들이 더 많은 상품을 살 수 없는 상황에서 공장을 더 짓는 것은 의미가 없었다. 소득 분배가 덜 불평등하게 이루어졌더라면, 노동자들은 더 많은 소비력을 가지고 자신들이 생산한 모든 것을 살 여유가 있었을 것이고, 부자들은 그들이 원하는 투자 수익을 창출하기가 더 수월하게 그 시절을 보냈을 것이다.

그 시대의 엘리트들은 덜 불평등한 소득 분배를 선택하기를 거부했지만, 그렇다고 그러한 거부로 인해 혁명을 조장할 수 있을 정도로 실업률이 높아지는 것은 원하지 않았다. 해결책은 과잉 생산량을 해외의 전속시장*으로 옮기는 것이었다. 제국의 점령지와 반독립국 내의 외국인들은 현지인들이 살 수 없는 물건을 구입하고, 군대와 포함(砲艦)을 점령함으로써 보장된 비교적 높은 이율로 대출을 받아 그 물건 값을 지불했다. 영국, 프랑스, 네덜란드, 독일 투자자들은 호주, 라틴아메리카, 캐나다, 아프리카, 인도, 중국, 동남아시아의 프로젝트에 자금을 조달했다. 그들은 또한 철도를 건설하고 기계에서부터 군용 하드웨어나 사치품에 이르기까지 모든 것을 수출했다. 난폭한 정복은 극심한 불평등이 초래한 거시경제 왜곡으로 인한 필연적인 결과였다.

당시 명민한 관찰자들은 이것을 정확하게 인식했다. 영국의 경제학자이자 사회 비평가인 존 홉슨은 '국내에서 건전한 투자처를 찾을 수 없는 잉여 자본'이 흘러갈 배출구를 찾아야 한다고 미국과 유럽의 제국주의를 설명했다. 근본적인 문제는 '많은 잉여 자금을 금권정치의 손에 쥐어주는' 경제·정치 시스템이었다. 다른 모든 사람들을 희생시키면서, 이러한 소득이 한 계층에게 집중됨으로써 '사용할 수 없을 정도의 과도한 소비력'을 부자들에게 안겨주었다. 이는 결국 '소비만으로도 자본이 활성화되고 이윤을 낼 수 있다'는 점에서 볼 때 자멸로 가는 길이었다. 따라서 부자들은 '수익성 있는 투자와 투기를 할 새로운 지역'을 해외에서 찾아야 했다. 결국, 이러한 탐색은 국내의 강력한 이익단체들을 부추겼고, '그들의 경제적 자원의 커다란 부분을 점차 현재의 정치적 영역 밖에다 두면서, 새로운 영역을 차지하기 위해 정치적 확장 정책을 펼치도록 촉진시켰다'.

희망적인 소식이 있다면, 불평등과 제국주의의 불량스러운 결합은 소

---

* 선택의 여지없이 특정 상품을 사지 않을 수 없는 소비자 계층.

득분배를 바꿈으로써 평화적으로 해결할 수 있다는 것이다. 홉슨은 "국내시장은 국민들 사이에 '소득'이나 상품을 요구하는 힘이 적절히 분배되기만 하면, 무한하게 확장될 수 있다"고 지적하며 '영국에서 생산되는 모든 것이 영국에서 소비될 수 있기 때문에 새로운 외국 시장을 열 필요가 없다'고 썼다.[7]

홉슨은 1902년에 그러한 주장을 했으나 당시에는 무시되었다. 12년 후, 그가 설명했던 세계는 제1차 세계대전으로 파괴되었지만 그럼에도 역학은 변하지 않았다. 이번에는 1920년대에 부유한 미국인들이 과잉 공급의 원천이 되었으며, 유럽인들이 그것을 흡수하도록 강요당했다. 좀 더 최근에, 미국 재무부의 경제학자인 케네스 오스틴은 미국이 해외의 과잉 공급을 빨아들이는 일종의 싱크홀 역할을 하면서 홉슨의 통찰력이 현대의 중국과 일본과 독일에도 똑같이 적용된다고 언급했다. 19세기 후반과 1920년대 그리고 오늘날, 극도로 불평등한 소득분배로 인한 폐해는 세계 무역과 금융 시스템을 통해 다른 나라로 확산되었다.[8]

홉슨은 특히 불평등이 가장 극에 달한 곳에서는, 부유층에서 일반인에게로 부를 이동하게 함으로써 모든 사람, 아니 거의 모든 사람이 더 나아질 수 있다는 점을 인식했다. 더 나아가 국가 내에서의 온건한 재분배는 그들 사이의 경제적 갈등을 평화적으로 해결할 수 있다는 점도 인식했다. 불행하게도 홉슨의 통찰력은 무시되고 잊혔다. 그러한 통찰력은 또한 20세기 중반의 호황이 한창일 때도 불필요한 듯 보였다. 그러나 냉전이 종식된 이후, 불평등이 급격히 증가하고 국경을 넘나드는 경제적 연계가 심화됨에 따라, 홉슨의 지혜는 그 어느 때보다 더 중요해졌다. 지적인 과제(이러한 관점을 사람들에게 인식시키는 일)와 정치적인 과제(현재의 상황에서 혜택을 얻는 고착된 이해관계를 물리치는 일)를 해결하는 것이 관건이다. 이러한 모든 일이 어떻게 진행되는지 이해하기 위해서는 우리가 여기까지 어떻게 왔는지 역사적 고찰을 하는 것이 도움이 될 것이다.

차례

1

애덤 스미스에서 팀 쿡까지

세계 무역의 변화

예전에는 국제 무역이 간단했다. 다만, 높은 운송비용과 정치적인 제약으로 인해 완제품과 원자재가 국경을 원활하게 통과하기 힘들었다. 18세기 후반과 19세기 초에, 영국 사상가들은 특화 산업을 장려하기 위해 관세와 여러 장벽들을 철폐해야 한다고 주장했고 미국과 독일 사상가들은 다양한 국내 시장을 개발하기 위해 유치산업*을 보호하자고 제안했다. 나폴레옹 전쟁 말기, 증기 기관의 대량 배치, 전신기의 발명 등으로 1870년대 초까지 무역 붐이 일었으나, 세계 최초 동시적인 세계 금융위기라 불

---

* 한 나라의 산업 중 장차 성장잠재력은 있지만 최초의 실험단계에서 벗어나지 못해 국제경쟁력을 갖추지 못했거나 금융적으로 곤란한 아직 발달하지 않은 산업.

리는 1873년의 공황으로 끝이 났다. 1880년대 후반부터 제1차 세계대전까지 19세기 후반과 20세기 초반에 기세를 떨치던 제국주의는, 그들 사이의 무역을 제한하면서 더 큰 블록 내에서의 무역을 증가시켰다

세계대전과 대공황과 혁명은 20세기 전반의 정치와 경제 질서를 뒤엎었다. 비록 이러한 사건들이 부의 대규모 재분배를 야기해 그 어느 때보다도 더 평등하게 소득을 분배하게 만들기도 했지만, 처음에는 그 영향으로 인해 국제 무역이 18세기 후반 이래 가장 낮은 수준으로 짓밟혔다. 결국 이러한 힘들이 훨씬 더 군건하게 경제적으로 통합할 수 있는 공간을 만들었다. 그때까지도 대부분의 무역은 완제품과 원자재들로 이루어져 있었다. 컨테이너 운송의 혁신은 운송비용을 획기적으로 낮춘 반면, 통신기술의 발전은 세계 반대편에 있는 공장을 감독하기에 더욱 수월하게 만들었다. 1990년대 후반까지 무역이 변했다. 기업들은 효율성을 극대화하고 세금을 최소화하기 위해 복잡한 제조 공급망을 여러 나라에 분산시켰다. 오늘날의 무역은 이전과는 전혀 다르게 보인다. 그러나 이러한 모든 변화에도 불구하고 대중이 이해하는 무역은 더 이상 쓸모도 없는 18세기 모델에 기초하고 있다.

핀, 옷감, 와인

애덤 스미스의 『국부론』*은 핀 공장 이야기로 시작한다. 스미스는 핀을 하나 만드는 데 '열여덟 단계의 개별 작업'이 필요하다고 추정했다. 머리

---

* 원제는 Inquiry into the Nature and Causes of the Wealth of Nations(국가의 부의 성질과 원인에 관한 고찰).

부분 하나 만드는 데도 '두세 단계의 개별 작업'이 필요했다. 노동자 한 명이 모든 단계를 직접 수행해야 한다면, 하루에 핀을 수십 개 이상 만들어야 한다는 압박감에 시달렸을 것이다. 핀 제조업자들과 스미스는 각 작업의 노동자가 공정의 특정 부분에 집중함으로써 생산성을 수천 배 높일 수 있다는 사실을 깨달았다.[1]

스미스가 살았던 시대에는 핀을 건물 하나에서 제조하긴 했지만 일종의 무역관계로 이해할 수 있다. 즉, 공장주인이 공급자들에게서 원자재를 구입하고, 첫 번째 노동자가 공장주에게 일부 재료를 구입해 개선된 첫 번째 세트를 만든다. 이 미완성된 물품을 더 많이 개선하는 작업을 하는 다음 단계 노동자에게 판매한다. 이러한 일련의 과정을 거쳐 마지막 노동자는 완성된 핀을 유통업체에 판매한다. 기업은 노동자와 소유주 간의 이러한 묵시적 거래를 단순화하기 위해 존재하지만, 스미스의 통찰력(사람이 전문화된 경우 더 많은 성과를 거두는 것)은 핀 제조업체가 철과 석탄을 채굴하는 것은 고사하고 자체적으로 강철조차 제조하지 않는 이유를 설명한다. 이렇게 분리된 비즈니스는 서로 가장 큰 가치를 부가할 수 있는 방법에 초점을 맞추면서 서로 필요한 것을 교환한다.[2]

국제 무역은 국경을 넘어 행해진다는 것이 다를 뿐 이러한 과정의 연장선상에 불과하다. 영국은 햇빛이 부족하지만 담수가 풍부한 반면, 스페인은 대부분 맑고 건조하다. 따라서 영국과 스페인 사람들은 각각의 기후에서 재배한 음식을 거래함으로써 이익을 얻을 수 있다. 기름과 와인이 필요하니, 영국 농부들에게 소와 양을 기르지 말고 올리브 나무와 포도원을 가꾸라고 강요하는 일은 어리석다. 스미스가 1776년에 다시 말했듯이, "'사는 것보다 만드는 데 더 돈이 많이 드는 물건은 절대 집에서 만들려고 시도하지 않는다'고 모든 신중한 사람들은 말한다. … 만약 다른 나라가 우리가 직접 만드는 것보다 더 싸게 어떤 물품을 판다면, 우리는 다소 유리한 방식으로 만든 자체 산업 생산물의 일부를 주고 그 물품을 사는 것이 더 낫다." 국내에서 만든 물품에 추가 비용을 지불하기보다는 말이다.[3]

데이비드 리카도는 스미스보다 반세기 뒤에 태어났다. 스미스가 스코틀랜드의 학문적인 윤리철학자였던 반면, 리카도는 워털루 전투의 결과에 정확히 돈을 건 후 의회 의석도 살 수 있을 만큼 부유해진 유대인 금융가였다. 리카도는 『국부론』를 읽은 후 경제에 관한 글을 쓰기로 결심했고, 1817년에 『정치경제학과 과세의 원리에 대하여』를 출판했다. 이 책은 금의 가격이 은보다 높은 이유(주어진 수량을 조달하기 위해서는 15배의 노동력이 필요하기 때문에)에 대한 설명부터 '수익률은 결코 올릴 수 없지만 임금은 떨어뜨릴 수 있다'는 이론까지 모든 것을 다루었다. 가장 중요한 것은, 리카도는 두 나라 사이의 무역에서 한 나라가 모든 면에서 다른 나라보다 더 생산적일 때조차도 두 나라를 더 잘 살게 할 수 있다고 주장했다.[4]

리카도의 예에서 포르투갈 노동자들은 영국 노동자들보다 옷감과 와인을 더 효율적으로 만들 수 있다. 얼핏 보면 양국이 교역할 이유가 없다는 것을 암시할 수도 있다. 그러나 포르투갈 자본가들은 옷감보다는 와인을 만들 때 비교적 높은 수익을 얻었고, 영국 자본가들은 와인보다는 옷감을 만들 때 비교적 높은 수익을 얻었다. 특화를 하는 것이 포르투갈과 영국 자본가들 모두에게 좋지만, 양국이 서로 와인과 옷감을 교환할 수 있어야만 효과가 있다. 교환으로 이익을 얻을 수 있는 능력이 없다면, 포르투갈은 '자본의 일부를 그러한 상품들을 제조하는 데 바쳐야 할 것이며, 따라서 양뿐만 아니라 질도 나쁜 물건을 얻게 될 것이다.'[5]

특화를 위한 이러한 논쟁은 단지 그 정도까지 진행되었을 뿐이다. 스미스나 리카도 역시 핀 제조나 직물 제조 단계를 국경을 넘나들며 나누는 것이 타당하다고 생각하지 않았다. 오히려 그들은 세상을 200년 전 그때처럼 생각하고 있었다. 당시 사람들은 먼 거리에 걸쳐 원자재와 완제품을 서로 즐겁게 거래했지만 중간재나 서비스는 거래하지 않았다. 당시 이용할 수 있는 통신 기술(메시지 전달용 비둘기나 말 탄 파발꾼 또는 범선)은 서로 다른 지역에 걸쳐 다양한 생산 단계를 조정하기에 충분하지 않았을 것이다. 여행은 위험했고 전쟁은 흔했다. (그러한 어려움으로 인해 생긴 유일하게 행복한 일이라면, 영국 기업가들이 결코 분쟁이 끝나지 않는 프랑스와의 갈등과 영국으로 가는 긴 여행 동안 전통적인 포르투갈 와인이 부패한다는 두 가지 문제를 해결하기 위해 포트와인을 발명했다는 사실이다.)[6]

오늘날 많은 이들이 잊고 있는 것은 리카도의 주장이 이러한 원시적인 조건에서만 타당했다는 점이다. 리카도는 포르투갈 노동자들의 뛰어난 생산성은 '포르투갈에서 포도주와 옷감을 만드는 것이 의심할 여지없이 영국의 자본가들에게 유리할 것이고, 따라서 옷감을 만드는 데 사용되는 영국의 자본과 노동력을 포르투갈로 가져가야 한다'는 것을 의미한다는 사실을 깨달았다. 이것이 영국에는 좋지 않을 것이라고 생각했지만, '대부분의 자본가'들이 '외국에서 자신들의 부를 불리기에 더 유리하도록 고용을 하기보다는 자국 내에서 낮은 수익률에 만족할 것'이라고 가정했기 때문에 개의치 않았다. 전신과 증기선이 발명되기 전에는 외국에 투자를 한 뒤 감독하는 것이 어려웠다. 리카도는 또한 '모든 사람이 자신이 태어난 나라를 떠나는 것을 내키지 않아 하는 본성' 때문에 자본의 유출을 꺼릴 것이라고 생각했다.[7]

리카도의 미묘한 자유무역 사례는 각국의 지속적인 수익률 차이에 달려 있었고, 이는 결국 투자자들이 해외로 돈을 옮기고 싶어 하지 않는다는 가정 아래 성립되는 것이었다. 이러한 가정은 기술이 향상되고, 통신비용이 붕괴되고, 세계 정치가 변하면서 무너졌다.

해밀턴, 리스트 그리고 '아메리칸 시스템'

대서양 건너편에서 스미스가 『국부론』을 출판한 지 10여 년이 지난 후, 그리고 리카도가 『정치경제학과 과세의 원리에 대하여』를 출판하기 거의 30년 전, 조지 워싱턴과 알렉산더 해밀턴은 경제적인 국정운영기술의 다른 비전을 제시했다. 그들에게 국내 제조능력의 발전은 국가 안보를 위한 필수과제였다. 미국은 외교적으로나 지리적으로 고립되었고, 해상의 통상 금지령에도 취약했으며 잠재적인 동맹국들과는 거리가 멀었다.

　그들은 미국이 새로운 정치적 독립을 확립하기 위해서는 경제적으로 자급자족해야 한다고 생각했다. 워싱턴이 1790년 1월 8일 의회에서 연설한 바와 같이, "자유로운 국민은 무장을 해야 할 뿐만 아니라 훈련을 받아야 한다. … 그들의 안전과 이익을 위해서는 다른 나라들로부터 독립했다고 여길 수 있는 필수적인 그런 경향의 생산품들, 특히 군수품들을 만들어내야 한다." 리카도의 언어방식대로 표현한다면, 미국인들은 어떤 경제 이론이 암시하든 상관없이, 옷감과 와인을 둘 다 만들어야 했다.[8]

　워싱턴은 산업화의 필요성을 인식했다. 미국의 초대 재무장관이자 강력한 연방정부의 주도적인 옹호자인 알렉산더 해밀턴에게 그 방법을 알아내는 일이 주어졌다. 1791년 말에 출간된 해밀턴의 권위 있는 『제조업에 관한 보고서(Report on the Subject of Manufactures)』는 개발도상국가 설립 문서임이 드러났다. 해밀턴은 제조업이 국가 안보에 기여하는 것 이상의 가치가 있다고 믿었다. 보고서는 시민들이 '추구하는 산업의 다각화', 농업 생산성 높이기, 기계에 대한 투자 장려 등을 담고 있다. 게다가 농업 공화국이라는 미국의 위상이 운명이 아니라, 영국 제국 정책의 결과라는 사실도 깨닫게 해주었다. 적절한 조건하에서 새로운 미국은 제조업 강국으로 스스로 변모할 수 있지만, 시장에 알맞은 종류의 제조능력을 창출하도록 장려하기 위해서는 강력한 국가가 필요했다.

해밀턴이 통찰한 바로는 국가들이 국제 수준에서 이러한 개념을 거부하면, 노동 분업으로 생산성 이득만을 얻을 수 있다는 것이었다. 내부 경제 산업의 다각화가 주는 혜택은 국내 특성화와 양립할 수 없었다. 이것은 비교우위론이 미처 쓰이기도 전이었지만, 리카도에 대한 반박이었다.

해밀턴은 미국인들이 완벽한 자유 무역과 규제가 없는 상태의 세계에서 농업에 집중하고 싶어 할 수도 있다는 점을 인정했다. 그러나 현실 세계에서는 '미국은 유럽과 동등한 조건으로 교류할 수 없다'고 재빨리 지적했다. 미국이 수입품에 관세를 거의 부과하지 않았음에도 미국의 수출은 차별을 받았다. 그와 같은 차별대우는 미국인들이 유럽의 제조업에 의존하는 만큼 유럽인들은 미국 농장의 생산량에 의존하지 않는다는 사실에서 비롯되었다. '호혜의 욕구'는 미국인들을 '빈곤 상태'에 머물게 할 것이다. 따라서 행동주의 정부가 필요했다.

해밀턴은 미국 정부가 다른 나라의 정부들이 자국의 제조업 수출업자들에게 주는 '사례와 보수'에 맞추어 미국의 제조업자들을 보호하지 않는 한, 미국인들은 유럽의 생산업자들과 대등하게 경쟁하기 힘들 것이라고 했다. 따라서 외국산 제품에 부과하는 세금을 인상하고, 그 돈을 미국 최우선 순위의 상품 생산업자들에게 '장려금'으로 지불하도록 권고했다. 동시에 구리, 유황, 실크 등 원자재를 수입하는 데 부과된 미국의 관세를 철폐해 미국 제조업체의 원가를 낮추고자 했다. 이런 식의 정부 개입은 미국제 상품을 유럽에서 수입하는 상품에 비해 싸게 만들어 미국인들이 현지에서 구매하도록 유도할 것이다.

목표는 기업가 정신과 투자 촉진이었다. 해밀턴은 내수 시장을 보호하면 미국인들이 섬유, 못, 유리, 총기 제조 등 당시의 첨단 산업 분야에서 새로운 사업을 시작하기가 더 쉬워질 것이라고 믿었다. 해밀턴은 미국인들은 아직 자급자족할 수 있는 사업을 시작할 능력이나 신뢰성이나 자신감이 없기 때문에 '정부의 조장과 후원이 필요하다'고 했다. 새롭고 낯선 것은 항상 어렵다. 유럽이 자국의 제조업체를 격려하고 미국 내 제조업 발전을 막기 위해 부여한 관세와 보조금으로 상황은 더 악화되었다. 결국, 미국의 '유아' 수준인 생산업체들은 정부 지원이 많이 필요하지 않을 정도로 성장하고 성숙해야 할 것이다. 해밀턴은 미국의 소비자들에게 좋지 않을까봐 외국의 경쟁업체를 제거하고 싶지 않았지만, 국내 생산을 높이기 위해 자국에 유리한 상황을 만들기를 원했다.

해밀턴이 수입에 상대적으로 개방적인 것은 '수익성 있는 국내 고용 물품보다는 자본이 많은 일부 유럽 국가들'이 미국 산업화의 비용을 치르는 데 도움이 될 것이라고 예상했기 때문인 것으로 보인다. 리카도는 기술적 한계와 정치적 장벽이 대규모 국제 금융 흐름을 막을 것이라고 가정한 반면, 해밀턴은 '매우 실질적인 이익 차이'가 '외국 자본을 미국으로 이전시킬 수 있다'고 믿었다. 수천 마일이나 떨어져 있는 나라에 투자한다는 위험성은 '그 외 다른 곳과는 전혀 다른 미국만의 이점'으로 충분히 상쇄될 수 있을 것이다.[9]

보고서가 제출된 직후, 의회는 미국 토착민들의 서부 국경 공격에 대항할 보안책을 마련하기 위해 세입을 올리는 방법을 논의했다. 타이밍이 적절했다. 해밀턴은 국방에 쓰일 세금을 올리기 위해 수입산 제품에 세금을 매길 필요가 있다고 주장함으로써 그의 온건한 관세 계획에 대한 반대를 극복할 수 있었다. 그러나 그 돈으로 장려금을 주는 것은, 부패에 대한 우려, 불충분한 수입, 정부의 특혜 산업 보조금이 헌법에 위배된다는 반대 때문에 제정되지 않았다.

아이러니하게도, 혁명적인 프랑스와 반혁명적인 영국 사이의 수십 년에 걸친 전쟁에서 미국이 중립적인 입장을 취함으로써, 결국 수입품에 대해 해밀턴이 제안했던 그 어떤 것보다도 훨씬 높은 장벽을 쌓게 되었다. 토종 제조업은 이에 대응하며 발전했다. 1815년까지 제임스 매디슨 대통령은 유럽에서 평화가 회복된 후, 이러한 새로운 제조 기반을 보존하기 위해 해밀턴이 제안했던 정책보다 더욱 극단적인 버전의 정책을 요구했다. 당시 재무장관의 이름을 딴 이른바 댈러스 관세가 1816년 통과되었다. 그것은 많은 수입 공산품에 대한 세금을 30퍼센트까지 올렸고 외국 선박으로 반입된 수입품에 추가 세금을 부과했다.[10]

미국은 새로운 모델을 개척하고 있었다. 관세와 병행해, 연방정부는 빠르게 성장하는 미국의 영토를 가로질러 사람과 상품을 쉽게 이동하기 위해 내부 개선에 힘쓰고 있었다. 운하가 파이고, 도로와 다리가 건설되고, 강이 넓어지고, 철로가 깔리면서 1803년 루이지애나 매입(Louisiana Purchase; 아이러니하게도, 제퍼슨이 강하게 반대했던 알렉산더 해밀턴이 만든 신용 시스템에 따른 자금 지원)으로 토머스 제퍼슨이 획득한 북서부 영토로 이주자들이 밀려들고 있었다. 미국 제조업체들은 외국 제품들로부터는 보호를 받았지만, 규모가 크고 계속 확장하고 있는 국내 시장 내에서 경쟁해야만 했다.

이렇게 진화하는 미국 개발 모델이 눈에 띄지 않을 리가 없었다. 프리드리히 리스트라는 독일인이 '폭동 선동 행위'로 뷔르템베르크 공국의 박해를 받아 1825년 펜실베이니아로 이주했다. 리스트는 이민을 가기 전에, 나폴레옹 전쟁 동안 발전되었던 제조능력을 회복하기 위해 독일의 주들에게 관세동맹을 결성하라고 설득했다. 독일 산업은 영국과의 경쟁에 대항해 보호받는 반면, 독일 내의 자유 무역은 활기찬 내수 시장을 창출할 것이라고 생각했기 때문이다.

리스트는 아메리카에 들어온 후, 미국이 독일 통일과 경제 발전의 모범적인 사례라고 결론을 내렸다. 1820년대에 일련의 편지들을 썼는데, 일명 '미국 시스템'이라고 부르는 것을 옹호하고 '인류가 국가별로 나뉘어진 상황'을 무시하는 애덤 스미스의 '잘못된' 이론들을 비판하는 내용이었다. 리스트는 부와 똑같이 권력에 중점을 두면서 '권력과 부를 가진 나라'로 국가를 성장시킬 수 있는 방법에 관심을 기울였다. 스미스와 다른 자유 무역업자들의 이론을 '세계 정책적인 경제'라고 비웃었던 것과는 달리, 정치 제도는 '정치적 경제'로 되돌리고자 했다.

리스트는 미국 제조업이 영국의 수출품과 경쟁할 수 있으려면 보호관세가 필요하며, 이는 결국 유럽의 외국 자본과 숙련된 노동자들을 끌어들일 것이라고 믿었다. 더 높은 임금을 통해 생산량을 늘리면 공산품과 미국 원자재에 대한 추가 수요가 창출되고, 노동력과 기계에 대한 수요가 증가하고, 궁극적으로는 국가 경제가 성장하고, 국력을 증대시키는 선순환이 이루어질 것이다. 리스트의 표현대로라면 '소비는 생산을 낳고, 생산은 소비를 낳는다'. 생산은 임금을 통해 소비 수요로 전환되면 지속적으로 성장할 수 있고, 소비는 추가 생산으로 충족이 되면 지속적으로 성장할 수 있다. 각각 서로 앞으로 나아가도록 밀어야 한다. 심지어 리스트의 행동주의 정부가 반드시 필요하다는 신념은 해밀턴이 가진 신념보다 더 강했다. '산업을 자체적으로 내버려두면 곧 망하게 될 것이며, 모든 것을 혼자 내버려두는 국가는 자멸하게 될 것'이라고 경고했다.

리스트는 자신의 정책 권고가 보편적으로 적용할 수 있다고는 생각하지 않았다. '모든 국가는 생산력을 발전시키는 데 있어서 각 국가의 특정한 과정을 따라야만 한다'고 생각했기 때문이다. 리스트는 라틴아메리카, 인도, 중국, 스페인, 러시아가 생산적인 산업을 발전시키는 데 필요한 '자유, 안보, 교육이라는 확실한 재고'가 부족했기 때문에 자신의 프로그램의 혜택을 받지 못할 것이라고 생각했다. 다시 말해서, 그 나라들은 지속 가능한 부를 창출하기에 필요한 제도들이 부족했기 때문에 가난했다. 특히 스페인을 '사제들이 호화롭게 지내며 악랄한 나태를 키운다'는 식으로 비판했다. 그러나 미국은 독일과 마찬가지로 번영하는 제조업 국가로 발전하기 위해 필요한 '자유주의적 제도'를 가지고 있었다.[11]

1841년, 리스트는 자신의 생각을 이론과 역사와 보고가 혼합된 『정치 경제의 국가 시스템(The National System of Political Economy)』으로 확장시켰는데, 이는 새로운 독일 국가가 되기를 바라는 자신의 염원을 정치가들에게 안내하는 의미였다. 리스트의 논지는 '상당히 문명화된 두 나라 사이의 자유 경쟁은 두 나라의 산업 발전이 거의 동등한 위치에 있을 경우에만 상호 이익이 될 수 있다'는 것이었다. 기술화·산업화가 발달되지 않았지만 부유해지기 위한 '정신적·물질적 수단을 갖고 있는' 독일 같은 나라는 오히려 자유무역을 피하지 말고 '자체 국가의 개별적인 힘을 강화해야'만 한다고 주장했다.

높은 대외 관세와 방대한 내부 시장을 가진 미국은 '누구든 배울 수 있는, 정치 경제에 관한 최고의 작품'이었다. 국내 무역과 국내 생산을 촉진하는 행동주의 정부 정책은 미국인들의 타고난 근면함과 결합되어, 영국의 '완벽한 노예 신분'이었던 농업 식민지에서 독립적이고 강력한 민족

국가로 탈바꿈시켰다.[12]

비록 1815년 나폴레옹이 패배한 이후 세계 무역은 유럽의 평화, 영국과 프랑스의 관세 자유화, 그리고 증기선, 철도, 전신 기술의 혁신으로 인해 꾸준히 확장되었다. 하지만 그럼에도 리스트의 주장은 19세기 말까지 논쟁에서 승리했다. 미국은 1870년부터 1913년까지 약 45퍼센트의 공산품에 관세를 부과했고, 19세기에는 토지 매입, 협상 합병, 정복 전쟁 등으로 보호받는 내부 시장의 규모를 공격적으로 확대했다. 미국이 독특한 것은 아니었다. 19세기 후반에는 공산품에 대한 관세가 전 세계적으로 인상되었다. 제1차 세계대전 전날까지 대부분의 유럽 국가들은 제조업에 관세를 20퍼센트 부과하고 있었으며, 영국과 네덜란드는 예외로 눈에 띄었다. 미국과 독일이 세계 경제 생산량에서 한 부분을 담당할 만큼 성장하면서 세계 평균 유효 관세율은 훨씬 더 상승했다.[13]

높은 제국주의와 문호 개방

보호무역주의의 확산은 예측 가능한 영향을 미쳤다. 세계 무역은 1870년대 초반부터 경제 생산량에 비해 줄어들기 시작했다. 국제 무역이 그때처럼 다시 중요해지려면 100년이 걸릴 것이다. 이는 영국에 특별한 문제를 야기시켰다. 영국은 제조업의 과잉 생산량을 소화하기 위해 수출시장에 의존했고, 여기서 식품과 산업 물품을 수입할 수익을 창출했다. 그러나 불행하게도, 세계에서 가장 크고 가장 빠르게 성장하는 경제국들(미국과 독일)이 영국인들의 접근을 가능한 한 제한하기로 결정했다.

하지만 영국은 해법이 있었다. 바로 광범위한 해외 식민지라는 포트폴리오다. 영국은 오스트레일리아, 캐나다, 뉴질랜드의 소위 백인 지배 외에도, 남아프리카의 일부와 인도 아대륙 그리고 홍콩, 말라야, 서반구의 일부 지역을 지배했다. 19세기의 마지막 수십 년 동안 대영제국은 아프리카의 많은 부분과 중동, 그리고 아시아의 상당한 세력권을 포함해 극적으로 확장되었다. 이러한 지역들은 리스트의 '국가 시스템'을 사용해 개발하는 것이 허용되지 않을 것이다. 적어도 영국 상품에 대해서는 관세가 미미할 수밖에 없을 것이다. 제국은 영국의 수출품을 받아들이는 배수구로서 활약하며, 원자재의 안전한 공급처가 될 것이다.

이러한 전략으로 인한 (학자들은 군사비용이 경제적 이익이라고 알려진 무엇을 정당화시키는지는 동의하지 않음) 영국의 명백한 성공은 모방자들을 고무시켰다. 프랑스는 북아프리카와 동남아시아로 옮겨갔다. 일본은 류큐 열도를 점령했다. 러시아는 국경을 남부와 서부로 공격적으로 확대했다. 이로 인해 영국군은 아프가니스탄, 버마, 동아프리카의 상당 부분, 그리고 표면상으로는 인도의 방위를 확보하려고 의도된 대부분의 남부 아프리카 등을 추가로 정복하는 데 겁을 먹었다. 영국은 또한 인도를 잃게 될까봐 두려운 마음에 중앙아시아, 페르시아, 티베트에서도 싸울 것이다. 아프리카를 향한 쟁탈전은 너무나 치열해져서 마침내, 1884~1885년에 베를린에서 유럽 열강들 간의 군사적 충돌을 막기 위한 국제회의(서아프리카 회의)가 열렸다.

제1차 세계대전 전야에 에티오피아와 라이베리아를 제외한 모든 아프리카가 유럽의 지배하에 들어갔다. 일본은 1890년대 중반 대만을 점령하고 한국의 지배권을 확립하기 위해 중국과 싸웠다. 10년 후, 러시아와 일본은 한국과 만주에 대한 지배권을 두고 세계 최초로 기계화된 군대들로 전쟁을 치렀다. 제국주의가 성했던 이 시기는 경제적 고려로만 동기가 부

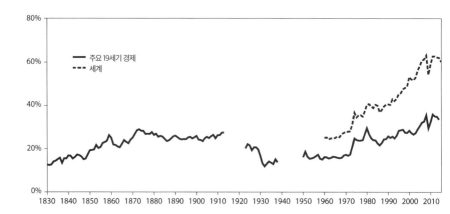

도표 1.1   세계 무역은 1970년대까지 1873년의 최고치를 넘지 못했다. (세계 생산량에서 차지하는 총수출)

출처: 국제결제은행*

여되지는 않았지만, 수출 시장과 투자 기회를 획득하려는 열망이 중요한 고려사항이었다. 한 가지 확실한 결과는 제국주의 블록 내에서 세계 무역의 분열이 점차 증가했다는 점이었다.

미국은 비록 1898년 하와이 왕국을 합병하고 쿠바, 필리핀, 푸에르토리코를 스페인에서 빼앗았지만, 유럽인들보다 식민지의 종속성을 획득하는 데 덜 집중했다. 종종 원주민들을 대거 서부로 이동시킴으로써 국내 이주를 장려하는 데 더 관심이 있었다. 미국의 제국주의 경향은 명백한 운명** 프로젝트를 통해 자국의 국경과 보호받는 국내 시장을 넓히는 데 초점을 맞추었다. 이는 19세기 후반 다른 나라들과의 무역에 임하는

---

*   BIS(Bank for International Settlements); 국제금융 안정을 목적으로 각 나라 중앙은행과 다른 기관 사이의 협력을 증진시키는 국제기구.

**   Manifest Destiny; 19세기 중반에서 후반의 미국 팽창기에 유행한 이론으로, 미합중국은 북미 전역을 정치·사회·경제적으로 지배하고 개발할 신의 명령을 받았다는 주장.

미국만의 독특한 접근방식을 만들었다. 이른바 문호 개방 정책(Open Door Policy)이다.

상인들의 위용을 확신하고 식민지 정복에 상대적으로 관심이 없는 미국인들은, 어떠한 외국 시장에서도 우선권을 요구하지 않았다. 미국 기업들은 사업을 하려 하는 외국 영토를 자국 정부가 직접 통제할 것이라고 기대하지도 않았고, 미국 국내 시장 밖의 외국 경쟁자들로부터 보호해줄 것이라고도 기대하지 않았다. 미국은 해외, 특히 중남미에서 투자자의 권리를 확보하기 위해 군사력을 투입했지만, 다른 외국인 투자자들의 희생을 감수하면서까지 그렇게 하지는 않았다. 미국 투자자들은 19세기 말까지 외국인의 투자가 필요하지 않았다. (제1차 세계대전 직전까지 부에노스아이레스에 미국 은행의 첫 번째 외국 지점은 설립되지도 않았다.) 외교관들은 유럽, 러시아, 일본인들이 중국에서의 배타적 경제 수역을 개척하는 것을 막아주는 정도만을 원했다. 미국은 다른 강대국들이 중국을 분할하지 않는 데 동의한 반면, 미국의 무역상들이 외국의 영향력 아래에 있는 지역에서 동등한 조건으로 경쟁할 수 있도록 하는 데는 성공적이지 못했다.

세계대전에서 세계 질서로

미국의 중립 원칙은 제1차 세계대전 동안 유지되기 어려운 것으로 판명되었다. 독일과의 실질적인 문화적·경제적 연계는 미국이 영국과 훨씬 더 큰 재정적 이해관계로 얽히는 바람에 느슨해졌다. 미국의 민간 부문이 영국으로 기울어진 것은, 왜 독일 잠수함이 미국 상선을 겨냥했는지, 왜 독일 외교관들이 멕시코를 설득해 미국 본토를 공격하려 했는지를 설명해준다. 어찌했든 이러한 두 가지 결정은 미국인들이 독일과의 전쟁에 참여하게 된 충분한 계기가 되었다. 미국은 유럽의 교전국들에 비해 군사력이 거의 없었지만, 풍부한 산업기반과 농장, 뒤늦게 전쟁에 합류시킨 젊은이들로 이러한 부족을 메우고도 남았다. 미원정군이 유의미한 숫자만큼 도착하는 데 1년 이상이 걸렸고, 보병들은 미국의 최신 군사 기술이 부족했기 때문에 영국 무기를 사용해 싸워야 했다. 그러나 한때 프랑스에 있던 미국인들은 서부 전선에서 벌어진 전투에 결정적인 종지부를 찍는 데 도움을 주었다.

평화가 왔다고 해서 바로 번영을 회복하지는 못했다. 유럽의 경제는 인력 손실, 생산능력의 파괴, 전쟁을 치르는 데 총력을 기울이기 위해 수정한 투자 방향 때문에 고갈되었다. 유럽의 재건은 높은 전쟁 부채와 부담스러운 배상 의무로 인해 지연되었다. 러시아 제국은 볼셰비키에 굴복한 반면 중국은 수십 년의 내전으로 치닫고 있었다.

그러나 미국은 교전국들의 공급자로서 이익을 얻었다. 1921년 미국의 경제학자 존 H. 윌리엄스가 발표한 보고서에 따르면 미국은 전쟁 기간 동안 수입한 것의 2배 이상을 수출해 '지금까지 어느 나라에 존재했던 것보다도 가장 큰 무역수지'를 기록했다. 손상되지 않은 최대 강국으로서, 미국은 새롭고 더 나은 질서를 만드는 데 필요한 엄청난 영향력을 가진 셈이었다. 불행하게도 미국은 그렇게 하기를 거부했다. 오늘날 글로벌 기관들에 대해 의혹을 품은 중국을 연상시키면서, 많은 미국인들은 유럽인들이 미국의 힘을 제한하기를 원한다고 우려했다. 그 결과, 연방정부는 세계 무역 시스템을 왜곡하게 되는데도 금을 비축함으로써, 영국과 프랑스가 전시 차관을 상환하도록 하는 데만 근시안적으로 초점을 맞추었다. 결국 국제 무역은 1913년 세계 생산량의 27퍼센트에서 1923~1928년에는

20퍼센트로 급격히 감소했다.[14]

몇 년 후 대공황은 1932년까지, 세계 경제의 단 11퍼센트를 차지하는 수준으로까지 국제 무역을 붕괴시켰다. 제2차 세계대전이 발발하기 전까지 국경을 오가는 상품과 서비스의 흐름은 전 세계 생산량의 15퍼센트를 밑돌았다. 기업 활동과 국경을 초월한 금융 붕괴의 즉각적인 영향을 더욱 악화시킨 것은 1930년 스무트 홀리 관세법*과 미국이 촉발시킨 보호무역주의의 물결이었다. 수입품에 대한 미국의 징벌적인 세금이 세계적인 보복을 부추겼고, 그간 남아 있던 국제 경제체제마저 깨뜨리면서 경쟁적인 통화 평가절하, 관세 인상 그리고 반(反)세계화**를 촉발시켰다.

미국은 19세기 말부터 과잉 생산을 흡수하기 위해 외국인 고객들에게 의존해왔고 당시 세계 역사상 가장 큰 무역수지 흑자를 냈다. 따라서 많은 수출시장에 접근하지 못하도록 만들었던 보호무역주의의 가장 큰 피해국 중 하나였다. 이것이 스무트 홀리의 위대한 교훈이다. 무역흑자가 큰 나라들은 생산하는 모든 것을 소비할 수 없기 때문에 국제 무역이 감소되는 것에 매우 취약하다.

많은 나라들, 특히 자국 통화를 평가절하하지 않은 나라들은 제조업 상품을 교역하기 위해 물물교환 협정에 의존했다. (이 중 가장 악명 높은 것은 나치 독일과 소련 사이의 협정이었다.) 다른 나라들은 그들 제국의 점령지와 교역하는 것으로 한 걸음 물러났다. 프랑스는 본국의 식민지와 보호국, 국제연맹에 대한 수출이 1929년 전체의 19퍼센트에서 1938년에는 28퍼센트로 급증했다. 같은 기간 이탈리아는 아프리카 점령지와 에티오피아에 대한

---

* Smoot-Hawley Tariff Act; 1930년 대공황 당시 미국이 자국 산업을 보호하기 위해 마련한 관세법으로, 수입품에 고율의 관세를 부과하는 것이 골자.

** 국가 간의 경제적 통합이나 상호 의존성을 약화시키는 것.

수출이 전체의 2퍼센트에서 23퍼센트로 급증했고, 일본은 제국 점령지인 한국, 대만, 만주, 중국으로 수출이 전체 35퍼센트에서 63퍼센트로 급증했다.[15]

제2차 세계대전은 평화시대와 비교해서 무역 형태에 극적인 변화를 가져왔다. 제1차 세계대전 때처럼 독일은 동유럽에서 원자재를 장악하는 데 매달렸다. 영국은 제국에서 자원을 수입하는 데 거의 전적으로 의존했으며 정도는 덜하지만 미국에서도 자원을 수입했다. 이 기간 동안 미국은 프랭클린 루스벨트 대통령의 표현대로 '민주주의의 무기고'가 되었다. 분쟁 지역에서 멀리 떨어진 거리와 계속되는 불황으로 인해 충분한 유휴 생산능력*이 생긴 덕분이었다. 1938년과 1941년 사이에 미국의 수출은 45퍼센트 정도 증가했다.

이와는 대조적으로 일본은 중국에서 자행한 약탈에 대한 항의로 미국에서 수입을 할 수 없게 되었다. 그것은 결과적으로 일본인들이 석유와 고무, 다른 산업 물자를 얻기 위해 동남아시아를 침략할 빌미가 되었다. 1930년대에 주로 나치와 물물교환을 하면서 버림받은 국가 취급을 당하며 보냈던 소련은, 1941년 침공 이후 미국 물자의 주요 수입국이 되었다. 미국의 풍부한 생산능력은, 다른 교전국들이 필요 물품을 모두 국내 생산 또는 정복지 생산으로 충족시키기 위해 고군분투했던 양상과는 사뭇 대조적이었다.[16]

연합군이 노르망디에 상륙한 직후, 44개국 대표들이 전후 질서를 논의하기 위해 뉴햄프셔주 브레튼우즈에서 만났다. 목표는 1920년대와 1930년대의 경제적 무정부상태로 돌아가는 것을 막자는 것이었는데, 이

---

* 인플레이션을 유발하지 않으면서 추가로 생산할 수 있는 추가생산 여력.

는 모두가 전쟁의 주요 원인이었다고 동의한 바이기도 했다. 이 회의는 통화 체계와 금융 흐름을 둘러싼 규제를 개혁하는 데 초점을 맞추었지만, 대표들은 '국제 무역의 장애물을 줄이고 다른 방법으로 상호 유리한 국제 상업 관계를 촉진하는' 새로운 국제 무역 기구(ITO)에 대한 제안도 지지했다. 헨리 모겐소 미 재무장관은 회의 맺음말에서 "완전 고용이 평화로운 세계에서 인류의 합리적인 희망을 실현할 수 있는 생활수준으로 이루어지려면 국제 무역의 부활이 필수적입니다."라고 밝혔다.[17]

그러나 이러한 국제 무역의 부흥은 오늘날과는 매우 다른 맥락에서 일어나야 했다. 당시 운송비용은 여전히 매우 높았기 때문에 제조 공정을 광범위한 지역에 분산시키는 것은 말이 되지 않았다. 자본 역시 오늘날과 같이 어디든 이동시킬 수 있는 수준이 아니었다. 사실, 브레튼우즈 협정의 두 주요 설계자인 해리 덱스터 화이트와 존 메이너드 케인스는 국제 무역이 부활하기를 모겐소만큼 열망했지만, 둘 중 누구도 거대한 자본의 이동성을 되찾는 데는 관심이 없었다. 왜냐하면 전쟁 전에 거대한 자본의 이동이 세계 무역을 왜곡시키고, 특히 영국과 미국에서 엄청난 불균형을 초래했으므로, 두 사람 모두 그 점을 우려했기 때문이다.

새로운 국제기구를 만든다고 해도, 전쟁이 끝난 지 1년이 조금 넘었을 뿐인 시점에서는 유럽과 아시아가 뒤죽박죽이라는 사실은 거의 변함이 없었다. 무역을 되살리기 위해서는 자원이 있는 나라에서 자원을 제공받아야 했다. 일본의 장기 점령이 이미 계획되어 있는 한, 미국인들은 유럽인들을 그들만의 자구책에 맡겨두는 것이 위험하다는 사실을 점차적으로 깨닫게 되었다. 왜냐하면 유럽인들이 지속적인 가난으로 절망에 빠져 파괴적인 공산주의에 취약해지면, 이는 다시 세계 무역 시스템에서 중요한 위치를 차지하게 된 미국 경제를 움츠리게 만들 것이기 때문이다.

한편, 미국 군인들이 제대하면서 국내 지출은 매우 활성화되었고, 이는 미국의 농부들과 제조업자들이 외부에서 수요를 찾기를 열망하고 있다는 것을 의미했다. 결국 유럽과의 무역을 확대하기로 결심한 미국인들은 강력한 연합을 만들었다. 이러한 전략의 한 가지 갈래가 마셜 플랜으로, 유럽인들이 미국의 수출품을 구매하고 그들 자신의 생산능력을 재건할 수 있도록 자원을 주었다. 다른 하나는 일단 유럽 시장이 회복되면 무역을 위해 유럽 시장을 개방하려는 법적 노력이었다.

본래 브레튼우즈 회의에서 제안했던 ITO가 당초 국내 경제정책을 관할하겠다는 미국의 반대로 1950년에 사라졌지만, 미국의 주도하에 별도로 관세와 무역에 관한 일반협정(GATT)이 이루어졌다. 그 아이디어는 이른바 관세와 할당량이라는 가장 명백한 국제 교류 장벽을 줄이기 위해, 의향이 있는 국가들로 구성된 연합체를 결성하는 것이었다. 당시 미국은 세계 무역을 지배했고 전체 제조업 수출의 35퍼센트를 차지했다. 그러한 사실은 미국이 자국의 관세를 낮추는 솔선수범을 통해 유럽과 일본의 관세를 낮추도록 이끌어갈 수 있다는 것을 의미했다.

미국인들은 GATT가 확대됨에 따라 세계 무역 안건을 더욱 자유화하도록 계속 유도했고, 1995년에 세계 무역 기구(WTO)로 대체되었다. 모든 서명자들은 기본적인 최소한의 기준에 동의했고, 분쟁이 발생할 경우 공정한 심판위원회의 판결을 따르기로 했다. 만약 그것이 세계 무역을 증진시키는 것을 의미한다면, 각국의 그룹들은 서로에 대한 맞춤형 거래를 추가로 협상할 수 있을 것이다.[18]

자유화를 향한 이러한 움직임에도 불구하고, 전쟁의 종식은 1913년 이전은커녕 덜 중요한 1929년 이전의 상황으로 무역을 회복시키는 데도 실패했다. 사실, 전 세계 생산량과 관련된 상품과 서비스의 국경을 초월한 흐름은 1970년대까지는 1870년대에 도달했던 절정까지 이르지 않을 것이다. 서유럽들이 전례 없는 수준으로 경제를 통합하기 시작했고, 제국을 상실한 일본은 서방과의 상업적 관계를 받아들였다. 이로 인한 발전은 나머지 국가들에서 벌어지고 있던 일들에 비해 훨씬 대단했다. 유럽의 절반은 공산주의자들이 짓밟았으며 얼마 지나지 않아 중국도 그러한 상황이 되었다. 해방된 나라들이 수입 대체*를 통해 미국처럼 산업화를 시도함에 따라, 탈식민지화는 전 세계의 많은 곳에서 새로운 무역장벽으로 이어졌다. 국제 정치 환경은 냉전이 끝날 때까지는 더 이상의 무역 성장을 제한하게 될 것이다.

컨테이너 배송

그러나 전후의 정치적 제약은 세계 무역을 느리게 회복시키는 원인의 일부만을 설명할 수 있을 뿐이다. 또 다른 주요 걸림돌은 해운산업의 비효율성에 따른 높은 운송비였다. 비록 1950년대가 제트기, 로켓(추진)선, 수소폭탄의 시대였지만, 이 몇 년 동안 이곳저곳으로 물건을 옮기는 일은 19세기보다 더 느리고 더 비쌌다. 국제 무역은 총 경제 생산량에 비해, 20세기 중반임에도 불구하고 100년 전보다 중요도가 절반 정도에 그쳤다. 게다가 현존하는 무역은 제조업이 아니라 기본 물품들이 장악하고 있었다. 그러나 1980년대에 세계는 우아한 아이디어, 즉 컨테이너의 상업화 덕분에 혁명을 맞이했다. 일단 사람들이 컨테이너를 사용하는 법을 알

---

* 개발도상국 등이 종래 수입해온 상품 대신에 국내 제품으로 수요를 만족시키려고 하는 것.

게 되자, 장거리 운송은 이 평범한 금속 상자들 덕분에 간단하면서도 훨씬 더 싸게 획기적으로 할 수 있게 되었다. 무역량이 이전에는 불가능했던 수준으로 폭발적으로 증가했으며 국제 상거래라는 세계 경제를 변화시켰다.

1950년대 중반의 화물 운송은 스미스와 리카도가 쉽게 알아볼 수 있었을 것이다. 석유, 석탄, 곡물과 같은 대량 화물 운송은 쉬웠다. 그러나 다른 것은 조심해서 포장해야 했다. 배들은 화물칸이 완전히 채워지지 않는 한 운항하는 것이 이득이 되지 않았는데, 모양, 크기, 무게가 다른 상품을 다룰 때는 온전히 채우기가 어려웠다. 냉간압연강재*, 커피 원두, 옷 등을 함께 실어 제한된 공간을 최대한 활용하는 경우가 많았다. 이러한 화물 하역작업에는 많은 인력(큰 부두에서는 교통을 처리하기 위해 수만 명의 노동자를 고용했다)과 많은 시간이 들었다.

강력한 힘을 가진 노동조합들은 효율성을 줄이는 방법을 찾는 데 있어서 억척스러우리만치 창의적이었다. 예를 들어, 부두 노동자들은 미리 묶음으로 포장되어 도착한 물건들을 일일이 풀었다가 다시 포장한다. 시간당 임금 계산이 되고 시간이 오버되면 추가 수당을 받기 때문이다. 일반적인 화물선의 짐을 완전히 싣는 데 일주일이 걸릴 수도 있고, 목적지에 도착한 후에 짐을 내리는 데 또 일주일이 걸릴 수도 있으며, 다시 돌아오기 위해 배에 다시 짐을 싣는 데 일주일이 더 걸릴 수도 있다. 대서양을 횡단하는 총 화물 운송비의 약 3분의 2는 바다를 횡단하는 항해보다는 항구에서 보내는 시간에 대한 비용이라고 설명할 수 있다.

---

* 열간압연강재를 상온 또는 상온에 가까운 온도에서 압연한 것으로 가열하지 않기 때문에 표면에 스케일(철의 산화물)이 발생하지 않고, 표면이 아름답고 광택이 있다. 또 가열이나 냉각 때문에 일어나는 팽창이나 수축이 적으므로, 정확한 치수와 정확한 형태의 강재를 얻을 수 있다.

배에 화물을 싣고 내리는 것이 가장 힘든 일이었지만, 부두를 드나드는 것도 비용이 많이 들고 시간이 드는 일이었다. 미국 해상 운송의 대부분은 맨해튼이나 브루클린 등을 거쳤는데, 두 곳 모두 뉴욕시의 밀집된 교통을 필사적으로 뚫는 트럭만 접근할 수 있는 곳이다. 런던의 강변 부두는 도시 주변과 좁은 거리로 둘러싸여 있어서 물가로 물건을 옮기기가 어려웠다. 일부 제조업체들은 가능한 항구 가까운 곳에 공장을 건설함으로써 이러한 제약조건에 적응했다. 다른 많은 업체들은 굳이 번거로움을 감수하면서까지 해상 운송 비용을 지불할 가치가 없다고 판단하고 현지 시장 판매에 초점을 맞추었다.

나머지 업체들은 화물선과 같은 번거롭고 힘든 방식으로 상품을 싣는 트럭과 기차에 의존해 상품을 항구로 들여와야 했다. 화물은 배에서 내려진 후, 재포장되어 트럭과 기차로 운반하기 전에, 분류 작업을 하는 동안 항구의 창고에 보관되었다. 이러한 제약으로 인해, 예를 들어 서독 브루클린과 브레머헤븐은 항해 시간이 약 열흘밖에 걸리지 않는 거리인데도, 1950년대 중반에는 미국에서 유럽으로 공산품을 수송하는 데 몇 달이 걸리기도 했다. 고객이 주문하지 않은 이상 수출용 상품을 생산하는 것은 의미가 없었으며, 말 그대로 현지에서 대체품을 구할 수 없는 경우가 아니라면 해외에서 상품을 주문할 이유가 거의 없었다.

표준화된 금속 용기에 제품을 포장하는 것이 이러한 과정에 혁명을 가져왔다. 동일한 상자를 모든 교통수단에 걸쳐 자유롭게 통용할 수 있게 되었다. 트럭과 기차는 항구에 도착해 화물을 내리고 새 컨테이너를 싣고 몇 분 안에 다음 목적지로 떠날 수 있다. 무거운 컨테이너도 크레인을 작동하는 소수의 사람들이 빠르고 안전하게 옮길 수 있다. 짐을 싸고 짐을 푸는 힘든 일은 각 여정이 시작하고 끝나는 부분이 아니라 전체 과

정의 시작과 끝부분에서만 이루어진다. 이로 인해 손해를 볼 위험성이 줄어들었고, 고객은 더 낮은 보험료로 많은 추가 혜택을 받았다.

컨테이너화는 또한 부두 노동자들과 트럭 운전사들에게 물품을 도난당하는 일도 줄여주었다. 이는 스카치위스키 수출업자들이 왜 가장 초기에 컨테이너화를 채택했는지를 설명해준다. 더욱이 컨테이너선은 기존 화물선과 달리 적재와 하역 작업이 동시에 가능했다. 첫 번째 컨테이너선이 도입되었을 때, 이러한 혁신으로 항구에서의 작업 시간이 며칠에서 몇 시간으로 단축되었다. 선박은 현재 1960년대보다 약 10배나 많은 컨테이너를 운반하고 있지만, 가장 큰 컨테이너선은 또한 여전히 컨테이너 이전 시대의 일반적인 화물선에 비해 항구에서 보내는 시간이 훨씬 적다.

미국 기업가들은 1950년대 후반부터 컨테이너 수송을 상업화하기 시작했다. 하지만 비용 절감과 속도의 잠재력을 보여준 후에도 1980년대에 이르러서야 그 아이디어가 완전히 실현되었다. 부두 노동자 조합은 자신들의 일자리 대부분을 없애는 변화에 소리 높여 반대했다. 많은 항구들이 수천 개의 큰 상자를 운반하는 큰 배에 필요한 크레인과 정박지, 적재 구역에 투자하는 것을 미루었다. 철도는 포장된 상품을 운반하는 자신들의 기존 사업을 두고 컨테이너와 경쟁하게 될까봐 우려했다. 대양 횡단의 운임을 설정하는 카르텔(기업 연합)은 자신들의 새 컨테이너선이 준비될 때까지 기존 화물선의 가치를 보호하고자 했다. 규제기관은 운송과 포장이 연계되고 운송되는 상품의 가치에 따라 가격이 매겨지길 원하는 세상에 익숙해져 있었다. 컨테이너 운송의 혁신자들조차 운송 플랫폼 간에 상호 호환되는 상자를 만들 공통 표준에 동의하지 않았다.

베트남 전쟁이 변화의 첫 번째 촉매제가 되었다. 사이공에 있는 항구는 표준 화물선이 직접 짐을 하역할 수 있을 만큼 가까이 갈 수 없었기 때문에 브루클린의 부두보다 사정이 더 나빴다. 캘리포니아에서 출발해 사이공에 도착한 보급품들을 화물선에서 바닥이 얕은 바지선으로 옮겨야 했다. 그 후 베트남인 부두 노동자들이 미국과 유럽의 부두 노동자들이 했던 것과 같은 작업을 반복할 수 있는, 몇 개 안 되는 부두 중 한 곳에서 공간을 찾아야 했다. 부패한 베트남 장군들은 갖고 싶은 물건을 훔치는 경우가 많았다. 설상가상으로 보급품이 필요한 대부분의 미군 병사들은 사이공 근처 어디에도 없었다. 부두에서 보급품들을 가져오려면 몇 주 동안 흙길이나 적대적인 지역에서 트럭을 몰아야 하는 경우가 흔했다.

더 나은 결과가 절실했던 미 육군은 컨테이너 운송의 최초 혁신자인 말콤 맥린을 고용해 캄란만에 컨테이너 항구를 건설해서 운영했다. 그는 두 가지 조건을 내걸었다. 각각의 상자는 물건을 한 종류만 담고 있을 것, 그리고 특정 단위로 포장되어 있을 것, 이렇게 두 가지다. 그래야 반환해야 할 경우 돌려주기가 용이하다. 몇 달 만에 맥린은 육군의 물류 문제를 해결했고, 컨테이너화로 무엇이 가능한지 전 세계에 명백히 보여주었다. (그는 또한 캘리포니아로 돌아오는 길에 자신의 배와 빈 상자에 일본 상품들을 실어와 상당한 이익을 챙겼다.)

1970년대에 세계 해운회사들이 컨테이너를 받아들였고, 1960년대에 운반했던 것보다 훨씬 더 많은 상자를 운반할 수 있는 새로운 선박을 만들기 위해 많은 돈을 빌렸다. 초기에는 유가가 네 배 상승하고 세계 경제가 심각한 불황을 겪음과 동시에 온라인 과잉 접속사태가 일어났다. 많은 업체들이 폐업했고 나머지는 살아남기 위해 합병했다. 그러나 1980년대에 이르러 주택담보대출을 차환하고 유가가 안정되면서, 유지하고 있던 동종 업체들은 수요가 점점 더 증가하는 고객들을 위해 운임을 인하할 수 있었다.

이와 동시에 정부는 트럭 운전사와 철도회사와 선박회사들이 할 수 있는 일을 제한하는 번거로운 규제를 없애고 있었다. 제조업체와 소매업체는 마침내 한 나라의 내륙에서 다른 나라의 내륙 행선지로 컨테이너를 수송하는 장기 계약을 체결할 수 있었다. 제품을 옮기는 데 드는 저렴하고 신뢰할 수 있는 비용 덕분에 복잡한 생산 공정을 전 세계에 확산시키는 것이 점점 더 타당해졌다. 전문화의 힘에 대한 애덤 스미스의 통찰력은 그가 상상하지 못했던 규모로 적용될 것이다.[19]

글로벌 가치사슬과 항구가 양국의 교역 데이터를 왜곡하는 방법

미국의 디트로이트에서 남쪽으로 같은 이름의 강을 가로질러 운전하면 캐나다의 윈저 시까지 20분 정도밖에 걸리지 않는다. 거의 한 세기 동안, 미국의 빅 3 자동차 회사들은 미시간과 온타리오의 남부 지역에서 공장을 가동함으로써 이러한 근접성을 이용해왔다. 미국과 캐나다 국경의 5대호* 자동차 제조 단지는 인정받을 만한 최초의 현대적인 글로벌 가치사슬**일 것이다. 부품, 자재 투입물, 완제품 차량과 트럭 등이 국경을 넘어 끊임없이 이동하고 있다. 캐나다와 미시간 사이의 무역은 캐나다와 중국 사이의 무역보다 더욱 가치가 있다. 미국과 캐나다 사이의 자동차와 부품 무역은 양국 전체 무역의 5분의 1 이상 가치가 있다.[20]

---

* 동쪽에서부터 차례로 온타리오 호, 이리 호, 휴런 호, 미시간 호, 슈피리어 호.

** 기업이 제품 또는 서비스를 생산하기 위해 원재료, 노동력, 자본 등의 자원을 결합하는 과정.

특히 해상 운송비의 붕괴 덕분에, 국경을 오가는 제조 네트워크는 크라이슬러, 포드, 제너럴 모터스가 캐나다에 공장과 사무실을 처음 열었던 해보다 현재 훨씬 더 흔하고 더 널리 퍼져 있다. 세계 제조업의 대부분은 미국, 독일, 중국(이전에는 약 2007년까지 일본)을 중심으로 하는 3개국 간 제조 네트워크 중 하나에서 이루어진다. 이들 네트워크 내에서 중간에 들어가는 입력 물품의 거래는 모든 국제 무역의 절반 이상을 차지하는 반면, 완제품과 서비스의 국경 간 거래는 3분의 1에 불과하다(에너지와 금속 물품이 나머지를 차지한다). 이는 스미스와 리카도가 그렸던 세계나 심지어 1960년대의 세계와도 거리가 멀다. 이렇게 새로운 세계는 컨테이너화와 자유화 그리고 냉전의 종식이 가져온 결과다.[21]

미국이 캐나다와 멕시코에 수출하는 상품의 가치는 미국이 유럽연합(EU)과 중국, 일본, 한국 등에 수출한 물량을 합한 액수만큼 크다. 그러나 미국이 주변국에 수출하는 상당 부분은 다른 곳에서 나온다. 예를 들어, 미국제 자동차나 경트럭의 안전벨트는 멕시코에서 제조한 섬유로, 풍부한 물을 이용하기 위해 캐나다에서 직조하고 염색한 다음, 멕시코로 돌려보내 바느질한 후, 미국의 어느 한 공장에서 설치된다. 동시에 멕시코에서 수입된 자동차와 부품의 절반 가까이가 원래 미국에서 만든 것이다.[22]

유럽연합(EU) 28개 회원국들(브렉시트 이전) 간의 상품과 서비스 무역은 이 나라들이 나머지 다른 나라들 전체와 하는 교역보다 약 50퍼센트 더 많았다. 독일이 주도하는 자동차 공급망*은 동쪽으로 체코, 헝가리, 폴란드, 루마니아, 슬로바키아에 걸쳐 있으며 남서쪽으로는 포르투갈과 스페

---

* 원재료를 획득하고, 이 원재료를 중간재나 최종재로 변환하고, 최종제품을 고객에게 유통시키기 위한 조직과 비즈니스 프로세스의 네트워크.

인에 걸쳐 있다. 독일의 동부 이웃국가들이 판매하는 수출품의 절반 가까이가 외국산 부품에서 나온다. 독일 자동차 회사가 생산하는 자동차의 절반 이상이 독일 밖에서 만들어지며, 독일 자체 자동차 수출액의 약 3분의 1이 이웃나라에서 나온다.[23]

가장 상징적인 초국가적 공급망은 중국에서 전자제품을 조립하기 위해 개발된 것이다. 2007년에 중국은 겉으로는 2900억 달러어치의 '컴퓨터, 전자, 광학' 제품을 수출했지만 그중 약 40퍼센트는 다른 나라, 특히 한국, 일본, 대만에서 수입한 것이다. 그 후 중국 생산업체들은 수입 부품에 대한 의존도가 훨씬 낮아졌지만, 글로벌 가치사슬은 여전히 양국 무역 데이터에 영향을 미치고 있다. 지금도 중국이 한국과 대만에서 수입하는 가치의 약 3분의 1이 다른 곳에서 발생하는데, 이는 국제 공급망의 한가운데에 있는 이 국가들의 입장을 반영하고 있다. 대만 학자들은 표준 수치가 그 나라들과 중국과의 무역 관계의 가치를 3배 이상 과대평가하고 있다고 추정한다.[24]

이러한 글로벌 가치사슬의 중요성이 높아짐에 따라 기존의 양국 교역 데이터는 더 이상 각국의 노동자와 기계가 창출하는 실제 가치를 측정하는 데 적합하지 않게 되었다. 독일 자동차는 동유럽 부품으로 제작되고 미국 트럭은 멕시코 부품으로 채워지는 것처럼, 중국(또는 오늘날 베트남)에서 조립되어 북미나 유럽으로 배송되는 여러 기구들은 미국에서 만들어진 부품을 포함한 다양한 수입 부품으로 채워진다. 그러나 관세청에서는 수입품의 모든 가치가 어느 나라에서 발생하든 간에 완제품을 선적하는 곳의 통계에 귀속시킨다. 경제학자들은 최근 이러한 초국가 제조 네트워크를 설명하는 대체 무역 통계를 작성하기 시작했다. 미국 통계의 경우, 수입은 약 16퍼센트 과장된 반면, 수출은 약 20퍼센트 과장되었다. 중국

의 수입과 수출은 모두 약 30퍼센트 정도 과장되어 있다.[25]

3대 주요 제조업 네트워크 가운데 대양횡단 해상운송의 성장은 혼란을 가중시킨다. 각 정부들은 상품이 어디서 왔는지 그리고 어디서 처음 발송되는지 추적하는 데 상당히 능숙하다고 해도, 세관들은 수출되는 최종 목적지를 따라가는 것을 훨씬 더 어려워한다. 미국이 유럽 대륙에 수출하는 물품은 프랑스, 독일, 이탈리아의 주요 시장으로 옮기기 전에 앤트워프나 로테르담 같은 주요 항구에 상륙하는 경우가 많다. 마찬가지로 미국의 수많은 수출품들은 동아시아의 다른 곳으로 이동하기 전에 홍콩과 싱가포르에 도착한다.

한 가지 이상한 결과는 미국이 벨기에, 네덜란드, 홍콩, 싱가포르에 꾸준히 대규모의 수출을 보고하고 있다는 것이다. 미국의 공식 데이터에 따르면 미국 기업들은 2018년 이 작은 4개 국가에 약 1510억 달러어치를 수출한 것으로 추정된다. 이는 중국에 대한 미국 상품 수출액(1210억 달러)보다 많고, 프랑스, 독일, 영국에 대한 미국 상품 총 수출액(1610억 달러)과 맞먹는 액수다. 달리 말하면, 벨기에와 네덜란드에 대한 미국의 상품 수출(800억 달러, 총인구 2900만 명)은 표면적으로는 독일과 이탈리아에 수출한 것(810억 달러, 총인구 1억 4000만 명)만큼 가치가 있다. 한편 홍콩과 싱가포르로 수출된 미국 상품의 가치(710억 달러, 인구 1300만 명)는 미국의 대일 상품 수출 가치(760억 달러, 인구 1억 2700만 명)에 조금 못 미쳤다. 이러한 수치는 심각한 경제 지표라기보다는 결함이 있는 국제 무역 보고의 결과물이다.[26]

초국가적 제조 네트워크와 항구들을 결합했다는 의미는, 수출과 수입에 대한 공식 수치가 국제 무역으로 얻는 이익과 고용 수입을 파악해야 하는 국가들에게는 형편없는 지침이 된다는 것을 뜻한다. 그러나 이보다 데이터상의 또 다른 왜곡 요인이 훨씬 더 클지도 모른다.

법인세 회피가 무역 데이터를 왜곡하는 방법

국제 무역은 국가가 아니라 이익에 세금을 내야만 하는 기업에 의해 이루어진다. 기업은 가능한 세금을 적게 지불하고자 하기 때문에 공식적인 무역 자료는 종종 실제의 무역 흐름을 왜곡해서 보여주기도 한다. 무역 데이터와 국경을 초월한 투자 수입과 송금 수치를 결합한 경상수지가 더 나은 측정방식일 수 있다.

그 이유는 법인세 부담은 그 수익이 공식적으로 어디서 비롯되었느냐에 따라 천차만별이기 때문이다. 회계 회사와 대기업의 창의적인 문제 해결사들은 이러한 점을 최대한 이용했다. 이전 시대에 교향곡을 쓰거나 성당을 설계했던 사람들은 지난 20년 동안 수조 달러의 무형 자산을 전 세계에 이전함으로써 기업들이 수천억 달러의 세금을 절약하게 해주었다. 그로 인한 한 가지 결과는 많은 기업들이 외국 매출에 대한 세금을 내기를 꺼린다는 점이다. 또 다른 결과는 많은 나라의 무역 수치가 현재 전혀 쓸모가 없게 되었다는 점이다.

1913년 미국에 소득세가 도입되었을 때, 해외에서 벌어들인 돈에 대해서는 아무것도 평가하지 않았다. 미국 기업들이 낮은 세율을 활용하기 위해 공격적으로 해외 이전을 시작한 1950년대까지는 아무도 개의치 않는 듯했다. 1960년대 초가 되자 이것은 과세표준의 크기에 중요한 영향을 끼치기 시작했다.

케네디 행정부는 미국 기업들이 국제적으로 그들의 사업을 어떻게 구성했는지에 상관없이 미국에 세금을 내야 한다고 했다. 기업들이 외국 정부에 납부한 세금은 미국 세금 고지서에서 공제받을 수 있기 때문에, 두 번 과세되지 않을 것이다. 그러나 더 이상 세금 때문에 일자리와 공장을 이전한다 해도 어떠한 혜택도 없을 것이다. 이러한 세계적인 이익 과세 제도의 근간을 이루는 원리는 '자본 수출* 중립'이라고 불렀다. 대체 영토 시스템이 생산성과 비용 면에서의 근본적인 차이 이외의 이유로 미국에서 나가는 돈을 실질적으로 부추긴다는 생각에서였다. 속지주의 과세의 옹호자들은 모든 나라의 세법이 외국 기업과 국내 기업을 똑같이 다루기를 원한다고 말했다. 그들은 자신들의 입장을 '자본 수입 중립'이라고 불렀다.

1962년 세법은 '적극적인 사업'에서 비롯된 해외 자회사들의 소득과 '수동적인 사업' 소득을 구분함으로써 차이를 두고자 했다. 해외에 위치한 공장에서 생산한 상품을 팔아 얻은 이익은, 그 이익을 해외 사업장에 재투자하는 한 미국 정부에서 과세하지 않을 것이다. 미국 기업들은 배당, 채무 상환, 인수합병을 통해 본국으로 송금되는 이익에 대해서만 세금을 내야 할 것이다.

결과적으로 내국세입법의 서브파트·에프소득**은 이른바 수동적인 사업 소득에 불이익을 주었다. 투자 포트폴리오로 벌어들인 배당금과 이자는 그 이익이 해외에 재투자되거나 미국 투자자들에게 즉시 송금되는지에 관계없이 연방정부는 미국 금리로 과세할 것이다. 결정적으로 로열티와 라이선스 수입은 수동적인 것으로 여겨졌다. 미국 회사들은 자신들의 특허가 기업 구조 내 어디에 있다고 주장하든 상관없이, 특허로 벌어들인 수입에 대해 미국의 법인세율로 전액 지불해야 할 것이다.[27]

---

* 물품의 수출과 대비되는 것으로 차관·투자의 형태로 행하는 자본의 국제적 이동을 말함.

** subpart F; 미국의 주주가 분배된 소득으로 간주된 외국소득을 합해 적어도 50퍼센트 이상을 소유한 법인, 즉 피지배 외국법인(CFC)의 미국 주주들 중에서 그 주식의 10퍼센트 이상을 소유한 주주에게는 그 미분배소득의 일정한 비례부분에 대해 본국으로 송금 했는지와 관계없이 과세할 수 있다는 예외규정.

1996년 재무부 결정 8697로 모든 것이 바뀌었다. '체크 더 박스(check-the-box)'로 알려진 이 새로운 규칙은 세무 서류철을 더 단순하게 만들어, 국세청(IRS) 심사관들의 삶을 더 수월하게 해주었다. 대신, 법인세법에 엄청난 허점을 만들었다. 무엇보다도 로열티와 라이선스로 인한 수입은 이제 외국 공장에서 받는 수입과 동일하게 취급할 수 있다. 국세청은 재빨리 일부 시사점을 인식하고 '서브파트·에프소득의 정책과 규칙에 어긋나는' 협정을 막기 위한 새로운 규칙을 제안했으나, 정치적 간섭으로 인해 어떠한 수정도 이루어지지 않았다. 일단 서브파트·에프소득이 무력화되자, 미국 전역의 법률과 회계 부서의 담당자들은 '불가해성'이라는 새로운 잠재력을 창의적으로 이용하기 시작했다. 노동자로 가득 찬 공장이나 사무실 건물과 달리 특허와 기타 지적 재산은 물리적 공간을 차지하지 않는다. 몇 가지 양식만 적합하게 만족시키면 세계 어느 곳으로든 옮길 수 있다.

이 계획의 간단한 버전은 조세피난처에 자회사를 설립하고 그 자회사가 회사의 나머지 사람들에게 특허권을 매각하는 것이다. 모회사는 특허를 보유하고 있는 자회사에서 정기 지급을 받으며, 종종 총 연구개발비(R&D) 몫으로 인용되며, 자회사는 그 회사가 세계에서 올리는 매출 중 큰 몫을 받는다. 거래를 정확하게 재정비하면 세금이 많은 곳에서 세금이 적은 곳으로 수익이 이전될 수 있다.

이로써 미국뿐만 아니라 모든 나라의 다국적 기업들이 본국 밖에서 벌어들인 이익에 대해서는 세금을 내지 않을 수 있다. 2017년 이전에 미국이 가졌던 세계적인 시스템과, 이제는 세계적인 규범이 된 속지주의 과세 제도에 따라 기업들은 그 이익을 얻은 국가의 정부에 세금을 납부하게 되어 있다. 미국 기업들로서는 캐나다, 중국, 프랑스, 독일, 일본 등 다른 주요 시장에서도 국외 소득이 높은 세율의 범위를 벗어날 수 있어야 만, 국세청을 피하는 것이 가치 있는 일이 된다. 마찬가지로 미국인들에게 물건을 파는 외국 기업들 역시 미국의 법인세를 피할 수 있는 곳으로 가야 하는 강력한 이유가 된다.

결과는 데이터로 확인할 수 있다. 외국에서의 매출 비중이 높아지고 미국의 대기업들은 수익을 더 잘 이전하게 되면서 1990년대 중반 35퍼센트가 조금 넘던 실효세율이 2000년대 초반에는 약 30퍼센트에서 2010년대 중반에는 약 26퍼센트로 떨어졌다. 2017년 말 통과된 세법은 실효법인세율을 20퍼센트 이하로 낮추고 미국의 전 세계적인 법인세 과세 체계를 속지주의 체제로 대체했지만, 수익 이전을 장려하는 혜택을 없애지는 못했다.[28]

이러한 수익 이전은, 특히 기업들이 생산한 것의 가치를 점점 더 많은 무형 자산으로 전환함에 따라 무역과 투자에 관한 공식 수치에도 이상한 영향을 끼쳤다. 다국적 기업이 자국 시장 밖에서 벌어들인 수익의 약 40퍼센트가 중국, 프랑스, 독일, 일본, 미국 등과 같은 고과세 관할권에서 케이맨 제도, 아일랜드, 싱가포르 등 저과세 관할권으로 전환되었다. 고과세 관할권에서의 수출은 인위적으로 위축되고 수입은 인위적으로 증가하며 조세피난처에 있는 자회사가 벌어들인 수익은 터무니없이 크다.[29]

애플을 생각해보라. 각각의 아이폰은 애플이 생산하지 않는 부품으로 별도 업체인 폭스콘에서 조립한다. 애플은 상품 자체를 거의 만들지 않고, 대부분 다른 업체들에 상품을 만드는 값을 지불한다. 그런데도 애플은 각 아이폰의 많은 가치를 주주들에게 지불되는 이익의 형태 또는, 소프트웨어를 개발하고 완제품을 디자인하고 회사의 사업 운영을 경영한 미국인 노동자들에게 지급되는 임금의 형태로 잡아두어야 한다. 따라서 각 아이폰의 생산은 부품을 만드는 나라(주로 한국, 일본, 대만), 조립하기 위해 그러한 부품을 수입하는 나라(중국), 조립한 나라에서 온 완제품을 수출하는 나라(다시 중국), 운영 시스템과 다른 번들 소프트웨어를 생산했던 나라에 수출하는 나라(미국) 등을 위해 수출을 창출해야 한다.

이런 일은 우연히 발생하지 않는다. 대신 애플의 미국식 운영에서 창출되는 가치의 상당 부분은 조세피난처의 수출로 간주된다. 애플이 창출하는 가치의 대부분은 미국 내 노동자에게서 나오지만, 애플이 해외에서 제품을 팔 때 벌어들이는 수입의 상당 부분은 애플의 조세피난처 자회사에 공식적으로 지급된다.

이것의 정확한 역학은 복잡하며 시간이 흐르면서 진화했을 가능성이 높지만, 단순화된 버전은 다음과 같은 방식으로 진행된다. 먼저, 애플의 아일랜드 자회사는 연구 개발 비용을 부담하기 위해 캘리포니아 쿠퍼티노에 있는 모회사에 수수료를 지불한다. 이것은 미국에서 아일랜드로 서비스를 수출한 것으로 간주된다. (미국의 R&D 서비스 수출 대부분은 조세피난처로 가고, 아일랜드의 R&D 서비스 수입 대부분은 미국에서 온다.)

다음 부분은 까다롭다. 〈뉴욕타임스〉가 2016년 말 발간한 조사에 따르면 전체 아이폰의 절반 정도를 조립한 중국 정저우에 있는 폭스콘 조립공장은 기술적으로 중국에 있는 것이 아니라 '보세 구역'이라는 세관 경계선으로 둘러싸인 특별한 (어느 측에도 속하지 않는) 무인 지대에 있다. 이에 따라 폭스콘은 중국 관세를 내지 않고도 부품을 수입할 수 있다. 더욱 중요한 것은 보세 구역은 애플이 중국에 기술적으로 진출하기 전에 폭스콘에서 완제품을 구입해 아일랜드 등 조세피난처에 기반을 둔 자회사에 판매한 뒤, 이윤을 두둑하게 추가한 후 아이폰을 전 세계에 판매할 수 있도록 한다는 점이다.[30]

이를 통해 애플은 중국 항구에서 휴대폰이 출고된다고 하더라도 세금을 가장 적게 내는 국가에서 수익의 대부분을 신고할 수 있다. 이로써 애플은 약 25퍼센트의 세율을 낼 것으로 예상했지만, 결과적으로 2017년 회계연도에 세 공제 전 수입의 약 18퍼센트만 현금세로 납부했다. (2018년 자료는 새로운 세법의 1회 조항 때문에 대표성이 없다.)[31]

애플만 유별난 것이 아니다. 마이크로소프트는 2015~2017년 회계연도의 평균 유효세율*도 약 18퍼센트였다고 보고했다. 그 이유 중 하나는 마이크로소프트가 그 3년 동안 미국에서의 평균 매출에 전체 이익의 12퍼센트만을 간신히 귀속시켰기 때문이다. 회사 자체에서 언급했듯이 '더 낮은 세율로 세금을 부과하는 국외 소득'은 마이크로소프트의 미국 법인세율에서 약 19퍼센트를 삭감할 수 있도록 해주었다. 구글 역시 평균 약 18퍼센트의 평균 유효세율을 지불했다. 이 중 일부만이 미국의 주요 교역 상대국들의 낮은 법인세율을 적용받았다고 할 수 있다. 적어도 이 기업들은 국가에서의 수익을 '0'에 가까운 실효세율**로 신고할 수 있는 능력이 중요하다고 본다.[32]

창의적인 과세

소프트웨어 기업만이 각국의 조세제도의 약점을 이용할 수 있는 것은 아니다. 제약회사들은 신약을 연구하고 개발하기 위해 수십억 달러를 쓴다.

---

* 재무제표 손익계산서상 법인세 비용을 세전이익으로 나눈 값.
** 납세자가 실제로 부담하는 세액의 과세표준에 대한 비율.

일단 그 약들이 승인되면, 그것을 제조하는 비용은 하찮을 만큼 낮아지는 경우가 많다. 가치는 알약이 만들어지는 식물보다는 특허를 창출하는 실험실에서 나온다. 특허 업무를 해외에 배치하고, 유리한 조세 관할권에서 유효 성분을 제조하면 실효세 부담을 낮출 수 있다. 예를 들어, 존슨 앤드존슨은 2017년 세법이 바뀌기 전 몇 년 동안 평균 약 17퍼센트의 실효세율을 납부했다. '국제적인 운영'으로 계속해서 헤드라인 비율*을 약 17퍼센트 포인트 낮추었다.[33]

거의 모든 다국적 기업들이 세금 부담을 낮추기 위해 창의력을 발휘해서 이러한 속임수를 사용할 수 있다. 스타벅스는 네덜란드에 있는 자회사가 회사의 '지적 재산'을 사용하는 권리에 대한 비용으로써 미국 외 지역의 전체 매출에서 6퍼센트를 거두어들이도록 했다. 이렇게 함으로써 회사는 스타벅스가 영국에서 지속적으로 손실을 입었거나 적어도 이익에 대한 세금을 영국 재무부에 내라는 요청을 받을 때마다 위와 같은 사실을 핑계로 댈 수 있었다. 더욱 인상적인 것은 로열티 수입을 모두 챙긴 네덜란드 자회사 역시 일부 사무 공간과 몇 십 명 남짓한 직원에 대한 비용만 들었음에도 불구하고 돈을 벌지 못했다고 주장했다는 점이다.[34]

많은 미국 기업들은 상품과 서비스를 해외에 팔아 돈을 벌기 때문에 미국에 귀속되는 수출 수익이 아니라, 해외 사업에서 해외에 직접 투자해 수익을 창출한다. 이 수입의 약 3분의 2는 공식적으로 버뮤다, 케이맨 제도, 아일랜드, 룩셈부르크, 네덜란드, 싱가포르, 스위스 등 미국의 다국적 기업에 세금 혜택을 주는 것으로 알려진 7개의 작은 나라들에서 나왔다. 2017년 세금 변경으로 이 관행이 불이익을 받기 전까지 기업들은 미국

---

* headline rate; 왜곡 요인이 제거되기 전의 인플레이션, 과세 등의 기본 비율.

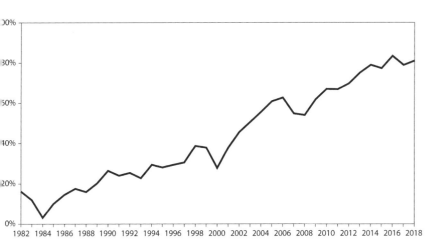

도표 1.2　대부분의 미국 국외 직접 투자 소득은 현재 조세피난처(카리브해 지역, 아일랜드, 룩셈부르크, 네 덜란드, 싱가포르, 스위스에 있는 자회사에 귀속되는 순이익의 지분)에 등록되어 있다.

출처: 경제분석국; 매튜 클라인 계산

자회사를 미국 세금 고지서를 최소화하기 위해 수익성이 없는 것처럼 보 이게 했으며, 종종 그들의 모회사에서 높은 금리로 돈을 빌리도록 했다. 결국 미국의 해외 직접 투자가 미국에 대한 외국인 직접 투자보다 꾸준하 게 약 4퍼센트 더 많은 수익을 올린다는 결과가 나온다. 또 다른 하나는 미국 법인의 국외 자회사가 벌어들인 순이익의 4분의 3 이상이 조세피난 처인 작은 나라들에서 기인한다.[35]

　미국과 유럽 기업들의 해외 사업의 높은 수익성에 대한 대응책이 공 식적으로 유럽에서 가장 부유한 나라들 중 하나인 아일랜드 공화국의 남 서부 쪽에 있다. 코크는 이 지역에서 가장 큰 도시이며 1980년부터 애플 유럽 본사의 본거지이기도 하다. 현재 약 6000명의 사람들이 물류에서부 터 주문 제조용 아이맥에 이르기까지 다양한 부서에서 일하고 있다. 화이자, 글락소스미스클라인, 존슨앤드존슨 등 주요 제약사들도 코크에 있다. 더 북쪽에 위치한 더블린은 페이스북, 구글, 마이크로소프트의 자회사들의 몰려 있는 본거지다.[36]

미국 기업들이 아일랜드에 진출하는 데는 많은 정당한 이유가 있다. 고학력 영어 구사 인력, 유럽연합의 방대한 소비 시장에 대한 손쉬운 접근, 대다수의 미국 주요 도시로의 짧은 직항 노선이 그 이유다. 1990년대까지 아일랜드 공화국은 유럽 주변부에 있는 가난한 나라였다. 대체로 시골 섬에 불과했고 주요 이웃 국가와의 복잡한 관계 이력이 있다.

이러한 단점을 극복하기 위해 아일랜드 정부는 해외 투자를 유치하려 했다. 그래서 조세우대 정책을 오래도록 사용해왔다. 공식적인 법인세율이 12.5퍼센트에 불과하다. 이것은 세계에서 가장 낮은 세율 중 하나이며 오랫동안 아일랜드에서 그토록 많은 제약회사들이 세워지는 주요 이유 중 하나였다. 그러나 미국 기업들에게 있어 이러한 낮은 공식 세율이 주는 이점은, 법인세율이 '0'인 케이맨 제도나 버뮤다 제도의 '거주자'가 되기 위해 아일랜드에 '등록된' 운영 능력보다 덜 중요하다. 이 준아일랜드 자회사들 중 두 개를 합치면, 중간에 있는 네덜란드 법인과 함께 독일 같은 고과세 관할구역에서 아일랜드와 같은 저과세 관할구역으로 이익을 이동시킬 수 있고, 다국적 기업은 그들의 국제소득에서 '0'에 가깝게 실효세율을 산출할 수 있다.[37]

가장 최근의 포괄적 데이터가 있는 2018년, 미국 기업의 아일랜드 자회사들은 약 530억 달러의 이익을 창출했는데, 이는 캐나다(310억 달러), 중국(130억 달러), 일본(130억 달러)의 미국 법인이 창출한 이익과 거의 같은 금액이다. 2018년에 미국 기업의 네덜란드 자회사들은 호주(100억 달러), 브라질(40억 달러), 영국(470억 달러), 프랑스(20억 달러), 독일(70억 달러), 홍콩(80억 달러), 멕시코(90억 달러) 등 870억 달러의 수익을 올렸다. 이것은 실제 경제 관계로는 설명할 수 없다. 세금 의무를 최소화하기 위한 수익 이전으로만 설명할 수 있다. 7개의 조세피난처들은 2018년 미국의 직접 투자 소득 3240억 달러 이상을 함께 책임졌다.

1996년 재무부의 실수로 서브파트·에프소득이 대부분 무용지물이 되었을 수도 있지만, 2017년 세법이 바뀌기 전까지는 1962년 세법상 여전히 미국 기업들은 국외 수익을 해외에 재투자해야만 세금을 피할 수 있다는 것을 의미했다. 배당금과 주식 환매는 허용되지 않았다. 그러나 그 밖의 다른 것은 거의 허용되었다. 그 결과 조세피난처에 위치한 미국 다국적 기업의 자회사들이 지난 20년 동안 수조 달러의 금융 자산을 축적하게 되었다. 1998년부터 2017년까지 7개의 조세피난처에서 운용하고 있는 미국 기업들은 2조 1000억 달러 이상을 '벌었고' 그런 다음 '재투자'했다. 같은 기간 동안, 나머지 전 세계에 진출한 미국 기업들은 대략 6400억 달러의 차이를 보이는 1조 5000억 달러 미만의 수익을 올리며 재투자했다.[38]

이 돈의 대부분은 세금 목적으로 국외 보유로 간주되었지만 고정 소득 투자로 미국으로 다시 돌아왔다. 회사 보고서는 이에 대해 투명하게 밝히고 있다. 애플의 2017년 연례보고서는 금융 자산의 대부분을 '국외 자회사들이 보유'하고 있다면서 '달러표시 기준 재산'에 투자하는 방식을 기술하고 있다. 마이크로소프트의 2017년 연례보고서는 금융자산의 96퍼센트가 '우리의 국외 자회사들이 보유하며 물리적인 송환세 효과의 대상이 될 것'이라는 내용을 담고 있긴 하지만, '투자는 주로 미국 달러표시 증권'이라고 밝혔다.[39]

경제분석국에 따르면 2012년 초부터 2017년 말까지 미국 기업들은

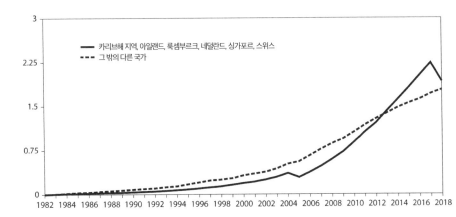

도표 1.3 **은닉재고** (국외에서 벌어들여 보유하고 있는 미국의 기업 이익, 수조 미국 달러)

출처: 경제분석국; 매튜 클라인 계산

주요 조세피난처에 약 1조 2000억 달러를 재투자했다. 같은 기간 미국 재무부가 투자자들을 대상으로 정기적으로 조사한 결과 카리브해 지역, 아일랜드, 룩셈부르크, 네덜란드, 싱가포르, 스위스 지역 주민들이 보유한 재무부와 기관, 회사채의 가치가 1조 2000억 달러 상승했다고 한다. 이것은 우연의 일치가 아닌 듯하다. 예를 들어, 2017년 말 아일랜드 거주자들은 표면적으로 미국 재무부와 기관, 회사 부채에서 6880억 달러 이상을 소유했는데, 이는 2012년 초의 2000억 달러보다 늘어난 것이다. 같은 기간 애플은 '장기 시장성 증권'을 약 560억 달러 보유에서 1950억 달러 보유로, 마이크로소프트는 금융투자 630억 달러 보유에서 1330억 달러 보유로 전환했다. 두 회사의 정확한 재무상태는 알려지지 않았지만, 두 회사만으로도 아일랜드 거주자들의 미국 채권 보유량 총액의 절반 가까이를 설명할 수 있을 것으로 보인다. 이러한 합의는 특히 아일랜드의 자체 수출입(그리고 점점 더 국내 비즈니스 투자)에 관한 한, 무역·투자 데이터를 왜곡한다.

2017년 미국 법인 소득세 변경안이 통과된 것은 미국 기업들이 이러한 해외 저축액의 상당 부분을 배당과 주식매수 등을 통해 주주들에게 돌려줄 수 있다는 것을 의미했다. 지금까지는 그 영향이 비교적 미미하다. 미국 회사들은 2018년에 국외 자회사들에서 2500억 달러만 인출했다. 그러나 조세피난처에 있는 기업에 미치는 영향은 훨씬 더 컸다. 그곳에서 인출액은 2018년에 3190억 달러의 가치가 있었다. 2017년 11월부터 2018년 6월까지 주요 조세피난처 주민들이 보유한 미국 채권 가치가 2560억 달러 감소한 것은 당연한 결과였다.[40]

표준 무역 데이터는 미숙련 분석가에게 잘못된 정보를 줄 수 있다. 국제적 조세회피가 중요하다는 사실은 표준적인 쌍방의 수치가 심각하게 오도되고 있다는 것을 의미한다. 다행히 한 가지 대안은 있다. 경상수지는 무역 흐름과 자산소득 흐름, 해외 송금을 결합해 자료상 조세회피의 영향을 사실상 상쇄한다. 한때는 무역을 독자적으로 연구하는 것이 이치에 맞았는지 모르지만, 돈이 국경을 넘어 어떻게 움직이는지에 대해서 포괄적으로 이해하지 않고는 세계 경제를 더 이상 이해할 수 없게 되었다. 다시 말해서 국제 금융 시스템이 어떻게 현재의 형태로 발전했는지에 대한 지식이 필요하다. 현대사의 많은 부분에서 국제적인 자본 흐름은 대부분 무역금융으로 구성되었고, 그래서 주로 무역 불균형을 반영했지만 이제 더 이상 그렇지 않다. 이제 금융 불균형이 무역 불균형을 결정한다.

2 세계 금융의 성장

무역은 공간을 가로질러 상품을 이동시킨다. 이것은 시간이 걸리고 위험이 수반되는 일이다. 판매자들이 불량품을 선적하거나, 해적들이 화물을 훔치거나, 악천후로 화물이 파손될 수도 있다. 구매자들은 애초에 동의했던 가격을 지불하지 않을 수도 있고, 만약 제품이 늦게 도착해 가질 수 없게 된 수입품은 팔겠다고 약속했을 수도 있다. 따라서 교환하려는 의지만으로는 무역을 성사시키는 충분조건이 되지 않는다. 시간과 공간을 가로지르는 구매력을 좌지우지하는 금융이 필요하다. 무역과 금융은 수천 년 동안 연계되어왔다.

그런데 이러한 관계에 대해 생각할 수 있는 대략 세 가지의 다른 방법이 있다. 각각의 정신적 모델은 무역 불균형의 근원과 결과에 대해 근본적으로 다른 가정을 포함한다.

첫째, 국제적인 흐름은 주로 무역금융으로 구성될 수 있다. 다시 말해서 금융거래는 비교 생산과 운송비에 의해 움직이는 셈이다. 게다가 국제무역의 확산은 리카도의 비교우위 원칙에 따라 주도될 것이기 때문에, 무역 불균형이 특별히 커지거나 수년간 지속될 수 없다. 사실 지속적으로 적자나 흑자가 이어지게 되면 이러한 불균형을 없애기 위해 국내적으로 조정을 할 것이므로 자연스럽게 스스로 수정이 될 것이다. 비록 이익 분배에 문제가 있을 수 있지만, 전체적인 세계 경제는 이러한 형태의 무역에서 명백하게 이익을 얻는다.

둘째, 국제 금융 흐름은 주로 전 세계에서 가장 생산적인 기회를 찾는 합리적인 투자로 구성될 수 있다. 이러한 시나리오에서 금융은 부유하고 성숙한 국가에서 빠르게 성장하는 개발도상국으로 흘러갈 가능성이 높기 때문에, 무역 불균형은 전자의 무역흑자와 후자의 무역적자로 구성될 가능성이 높다. 이것은 대략 19세기 대부분의 무역을 묘사한다. 다시 말하지만 비록 이익 분배에 문제가 있을 수 있으나, 전체적인 세계 경제는 이러한 형태의 무역과 투자에서 이익을 얻는 것이 명백한 사실이다. 왜냐하면 그렇게 함으로써 덜 생산적인 국가들을 기술적 변방에 있는 사회와 융합하도록 도와주기 때문이다.

그렇지 않으면 국제적인 금융 흐름은 합리적인 투자, 투기, (외국으로의) 자본 도피, 일시적인 유행, 공황, 상업주의, 안전에 대한 욕구 등을 포함한 매우 다양한 요인이 주도할 수 있다. 그러나 무역 불균형이 이러한 금융 흐름의 조합으로 야기된다면, 증가하는 무역과 더욱 폭넓은 번영 사이의 연관성은 어떤 것이든 단지 우연일 뿐이다. 세계 경제가 왜 이익을 볼 것인지에 대한 명확한 이유가 존재하지 않게 된다. 더 정확히 말하면, 금융 흐름이 가장 수익성이 높은 기회를 찾는 합리적인 투자자 이외의 다른 것에 따라 주도된다면, 무역 불균형은 아마도 세계의 성장을 저해하고 많은 사회의 구성을 왜곡시킬 것이다.

셋째, 정신적 모델은 현실과 가장 밀접하게 관련된 것이다. 주요 금융 기술인 자본, 부채, 보험 중 어느 것도 새롭지 않다. 그러나 국제금융이 거대한 규모를 갖게 된 것은 비교적 최근의 현상이다. 1855년까지만 해도, 국경을 넘는 금융 청구 총액은 1년 간의 세계 경제 생산량 중 16퍼센트에 불과했다. 그러나 1870년까지 그 수치는 94퍼센트로 뛰어올랐고, 오늘날에는 400퍼센트가 넘는다.[1]

이러한 성장은 호황과 불황의 순환 속에서 일어났다. 매번 국제적인 대출 붐이 먼저 일어나고 똑같은 경제 현상이 동반되는 듯 보인다. 첫째, 일부 구조적 변화는 화폐의 정의와 액수를 크게 확장시켜 급속한 신용 인플레이션*이 발생한다. 예를 들어, 영국에서는 은행 수가 3개에서 113개로 증가했을 때인 1826~1837년과 은행 수가 98개에서 128개로 증가했을 때인 1857~1873년에, 규제 변화로 인해 은행 수가 공격적으로 늘어났다. 두 시기 모두 개발도상국에 대한 주요 대출 붐, 당시의 첨단 벤처기업과 기타 위험한 프로젝트의 거품이 특징이었다. 둘째로, 국내 시장의 자산 붐은 성공적인 투자자들이 점점 더 위험한 행동을 조장하면서, 대체로 더 큰 베팅을 하기 위해 더 많은 돈을 빌려서 생겨났다. 이러한 베팅이 성과를 거두면서 투자자들은 시장에 계속 투자하기를 원하게 되고 더 큰 이익을 얻는다. 마지막으로, 어떤 사건은 외국 증권을 유행시켜 종종 위험한 개발도상국으로 돈이 쏟아지게 했다.[2]

---

* 금융 기관이 예금액 이상으로 대부를 해서 신용 통화가 다량으로 유통됨으로써 생기는 인플레이션.

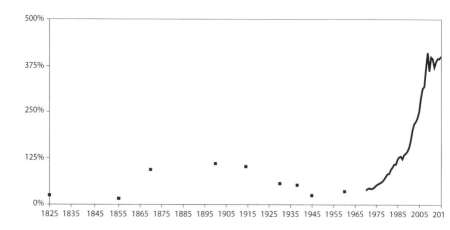

도표 2.1　**국가 간 금융**(세계 생산량에서 차지하는 국제 자산과 부채)**의 성장**　　　　출처: 국제결제은행

각각의 경우(신용 인플레이션과 국내 시장의 자산 붐), 기존에 제외되었던 세계 일부 지역에 대한 대출과 외국인 투자가 비교적 짧은 시간 내에 크게 확대된다. 이 새로운 신용을 받는 사람들은 보통 세계적인 금융 중심지와는 멀리 떨어져 있다는 것 외에는 공통점이 거의 없다. 이러한 붐은 대체로 갑작스럽게 확대된 대출이 훨씬 더 느닷없이 끝나면서 사그라든다.

표준경제이론에서는 성장률 전망의 차이를 활용하기 위해 국경을 넘어 투자가 들어오고, 각 국가가 별도로 평가받는다고 한다. 이러한 관점에서 신중한 투자자들은 광범위한 국가에 걸친 투자 기회를 지속적으로 평가해 국내와 비교한다. 국내 투자수익률 대비 해외 투자수익률이 충분히 높을 때에만 투자자들은 해외로 돈을 옮긴다.

이 이론이 정확한지 아닌지 쉽게 시험할 수 있는 방법이 있다. 만약 외국 금융 흐름이 순전히 다른 투자 기회의 상대적 매력 때문이라면, 국가 간 대출의 분배는 무작위로 보여야 한다. 금융 중심지에서 주변 국가로의 동시발생적인 여신* 팽창은 없을 것이다. 결국, 각각의 나라는 모두 독특하며, 투자자들은 지역 정치 상황, 기술 혁신, 지역적으로 생산된 중요한 상품의 수요나 공급의 변화, 인구 통계학적 변화의 영향을 평가할 수 있어야 한다. 그러나 지난 수백 년의 역사는 동시 발생적인 신용 주기로 가득 차 있다.

이러한 패턴은 두 국가가 비즈니스 사이클**을 긴밀하게 연결했던 18세기와 19세기 동안 영국과 미국 사이의 관계에서 분명히 볼 수 있다. 그 연결의 일부는 근본적인 유대관계로 설명할 수 있다. 미국은 영국 섬유공장의 주요 목화 공급원이었고 영국 공산품의 주요 시장이었기 때문에, 한 곳에서 발생한 근본적인 경제 성장이 다른 곳에서도 근본적인 경제 성장을 이끌었던 경우가 많았다. 그러나 더욱 중요한 것은 이러한 비즈니스 사이클이 영국의 재정 상태와 훨씬 더 높은 상관관계를 띠고 있다는 점이다. 잉글랜드 은행(영국의 중앙은행)이 금 보유고가 떨어지도록 편하게 놔둘 때, 두 나라 모두 재정이 확장되는 경향이 있었으며 양국 사이의 자본과 상품의 흐름 또한 팽창되었다. 그러나 잉글랜드 은행이 세계 금융 시스템의 나머지 나라에서 금을 다시 끌어들이고 있으면, 두 나라 모두 위축되는 경향이 있었다. 다시 말해서, 미국의 경제 위기와 공황은 다른 어떤 것보다도 영국의 금 불균형에 더 많이 연관되어 있는 것처럼 보였다.[3]

지난 200년간의 국제적인 대출 호황기에 발생한 이러한 과정의 결과를 보면, 단순히 국경을 넘나드는 금융의 역사를 되짚어보는 것이 아니라, 종종 세계 금융 여건의 변화가 국내 성장 전망보다 훨씬 더 중요하다는

---

* 금융 기관에서 고객에게 돈을 빌려주는 일.
** 직무, 조작, 프로세스 따위의 일련의 작업이나 그 순서.

세계 금융 주기의 역사

기간	주요 차입자들	주요 출처	결과
1822~1825년	스페인, 나폴리, 덴마크, 프로이센, 그레이터 콜롬비아, 멕시코, 오스트리아 - 헝가리, 칠레, 러시아, 브라질, 그리스, 페루, 아르헨티나	영국	1824년부터 시작되는 주요 국제 채무불이행.(전체 외국인 투자의 약 20~25퍼센트)
1834~1839년	미국, 포르투갈, 스페인, 멕시코	대부분 영국, 일부 프랑스	1837년에 시작된 주요 채무불이행. 면화 가격 폭락 이후, 주로 미국 9개 주가 전체 외국인 투자의 약 20~25퍼센트를 차지한다.
1864~1875년	미국, 러시아, 오스만 제국, 이집트, 스페인, 오스트리아 - 헝가리, 페루, 루마니아, 미국 남부, 콜롬비아, 튀니지	대부분 영국과 프랑스, 일부 독일	1867년부터 시작되는 세계의 주요 채무불이행은 전체 외국인 투자의 약 25퍼센트를 차지한다.
1886~1890년	미국, 호주, 아르헨티나, 포르투갈, 브라질, 그리스	영국	아르헨티나 채무불이행으로 베어링 브라더스에 미치는 영향 때문에 크게 다가오지만, 1890년에 시작된 비교적 작은 위기 기간. 무상환 채권의 형태로 전체 외국인 투자의 5퍼센트 미만이다.
1905~1919년	러시아, 캐나다, 남아프리카, 아르헨티나, 다양한 발칸 국가, 오스만 제국, 오스트리아 - 헝가리, 브라질, 멕시코, 쿠바	영국, 프랑스와 독일순으로, 일부 미국	채무불이행은 전체 외국인 투자의 20퍼센트 이상을 차지했지만, 러시아, 오스만 제국, 멕시코에서의 전쟁과 혁명이 원인이었다. 그와는 달리, 제1차 세계대전이 야기한 높은 물가는 확실한 (채무)상환 기록을 보장했다.
1924~1928년	독일, 프랑스, 아르헨티나, 쿠바, 칠레, 페루, 호주, 캐나다, 브라질, 루마니아, 뉴질랜드, 남아프리카공화국, 유고슬라비아, 그리스, 오스트리아, 콜롬비아, 폴란드, 터키	미국과 영국, 순으로, 일부 네덜란드	세계적인 주요 채무불이행은 1931년, 전체 외국인 투자의 30~35퍼센트를 차지하는 무상환 채권으로 시작되었다.
1970~1981년	브라질, 멕시코, 스페인, 베네수엘라, 한국, 아르헨티나, 알제리, 터키, 유고슬라비아, 폴란드, 루마니아, 이집트, 인도네시아, 필리핀, 칠레, 소련	미국, 영국, 일본, 독일, 프랑스	후진국 대출 위기와 1980년대의 잃어버린 10년.

세계 금융 주기의 역사(계속)

기간	주요 차입자들	주요 출처	결과
1991~1997년	아르헨티나, 멕시코, 브라질, 한국, 러시아, 터키, 베네수엘라, 인도네시아, 태국, 다양한 CIS 주, 콜롬비아, 파나마, 파키스탄	미국, 독일, 프랑스, 일본, 영국	아시아 금융위기, 러시아 채무불이행, 터키 초인플레이션, 아르헨티나 위기, 그리고 예방적 저축 증가.

출처: 크리스티안 수터, 「세계 경제의 부채 주기: 외채, 금융위기, 부채정리, 1820~1990년」[*] (볼더, 콜로라도: 웨스트뷰, 1992), 53, 66~67.

사실을 확인할 수 있다. 주목할 점은 세계적으로 신용 공급을 늘리거나 줄이게 된 제도적 변화가 개별 국가의 실물경제를 바라보는 투자자들의 인식을 어떻게 변화시켰는가 하는 점이다. 때로는 이것이, 세계적인 금융 중심지들에 외국이나 국내의 위험자산[**]으로 자본이 넘치면서 대출 붐으로 이어지기도 했다. 저축이 줄어들면서 재정 여건의 변화가 야만적인 파산으로 이어지기도 했다. 이러한 금융 흐름은 반드시 무역 흐름과 일치하며, 금융회계의 큰 변동은 항상 무역회계에서 정반대의 변동을 동반했다.

달리 말하면, 무역 흐름은 금융 흐름에 따라 결정되었다. 예를 들어, 1820년대 초 영국의 자본이 라틴 아메리카로 대량 유출되게 한 금융 혁신은, 같은 기간 영국이 라틴 아메리카에 대규모 무역흑자를 낸 것과 직접적인 관련이 있다. 이러한 무역 관계는 영국의 제조업 효율성이나 라틴 아메리카 생산업체의 비교 우위에 대한 분석으로는 설명할 수 없다. 국경을 초월한 금융 흐름이 경제를 변화시켰고, 그로 인해 얼마나 수출하고

---

[*] Christian Suter, Debt Cycles in the World Economy: Foreign Loans, Financial Crises, and Debt Settlements, 1820-1990.

[**] 일정기간의 투자수익률이 사전에 불확정적인 투자자산(증권).

수입하는지를 조정하도록 몰아붙였다는 것이 더 알맞은 설명일 것이다.

금융사학자 크리스티안 수터는 19세기와 20세기에 거대한 금융 중심지에서 '개발도상' 국가로 이어지는 자본 유출의 물결이 어떤 모습이었는지를 개략적으로 설명했다. (앞 페이지 표 참조)

첫 번째 세계 신용 붐: 1820년대

이러한 투자의 파장을 탐구하면서, 각 사이클에서 주요 자본의 흐름이 근본적인 무역 조건이나 심지어 근본적인 성장 전망에 대한 변화에도 반응하지 않는 것처럼 보인다는 사실을 알게 될 것이다. 주요 자본의 흐름은 그러한 변화들보다는 주로, 금융시장의 투자 호황과 붕괴와 관련된 유동성 여건이 변한 결과다.

19세기 초반의 영국을 보자. 나폴레옹 전쟁에서 승리한 후, 영국은 급속한 경제 성장과 기술적 진보의 시기가 시작되었다. 수십 년 동안 전시의 불확실성과 어려움을 겪은 후에, 영국의 부유한 저축자들은 다시 한 번 수익성 있는 투자처를 찾기를 열망했다. 결국 존재하지도 않는 나라에 투자하려 대출을 한 번 이상 받거나 지구 외딴 곳에서 가장 황당한 몇몇 프로젝트를 펼치는 등 광란에 가까운 결과를 가져왔다. 이로 인한 국제 대출 붐은 글로벌 금융위기에 이은 첫 번째 세계적인 신용 붐을 의미한다. 1870년대 말에 프리드리히 엥겔스는 그러한 붕괴를 '최초의 총체적 난국'[4]이라고 불렀다. 이것은 이어지는 후속 대출 붐을 평가하는 데 유용한 본보기이므로 자세히 논의할 가치가 있다.

1820년대의 호황을 촉발시킨 영국 재정 상태에는 적어도 네 가지 중요한 변화가 있었다. 첫째는 제2차 파리 조약에서 프랑스에 부과된 7억 프랑의 배상금이다. 프랑스는 주로 런던의 상업 은행인 베어링 브라더스 주선으로 프랑스 국채 의무인 임대료 사안을 통해 지불할 수 있었다. (전후 배상금은 종종 재정 상태에 큰 변화를 야기했다.) 둘째, 영국 정부는 1822년에 5퍼센트 쿠폰을 가진 오래된 무기한 채권을 4퍼센트 쿠폰을 가진 새로운 채권으로 전환할 것이라고 발표했다. 투자자들은 오래된 채권을 정부에 되팔고 원금과 미지급 이자를 현금으로 받을 수 있었다. 이 일로 거의 280만 파운드가 영국 투자자들의 손에 들어갔다.

셋째, 1822년에 의회는 지방 은행들에 화폐를 발행할 수 있도록 허가해서 이자 부담 대출에 자금을 조달할 수 있도록 했다. 이것은 매우 수익성이 있었다. 한 논객에 따르면, 은행들이 '전국을 지폐로 넘쳐나게 했으며, 이는 당시의 증가하는 물가와 보편적인 투기 상황 속에서 준비된 배출 수단을 찾았다'고 했다. 마지막으로, 전쟁의 종식은 나폴레옹의 대륙 봉쇄령*과 유럽 수출 시장의 회복을 의미했다. 군비 지출의 붕괴로 인해 1821년 400만 파운드에서 1824년 말 1400만 파운드로 잉글랜드 은행의 금 보유량이 크게 늘었다.[5]

영국의 재정 상태는 근본적인 경제 전망에 대한 좋은 소식이 있던 시기에 변화가 일어났다. 말하자면 나폴레옹에 대항해 승리하고, 기차, 증기선, 가스등, 섬유 중심의 기술 혁신 붐 등이 좋은 소식이다. 기술 변화와 세계의 새로운 지역들이 갑작스럽게 열리는 상황이 맞물려 나타난 성장 기회에 투자자들의 열기가 뜨거웠다. 그리고 무엇보다도 투자자들은,

---

* 프랑스 제국과 그 동맹국의 지배자였던 나폴레옹 1세가 당시 산업혁명이 진행 중인 영국을 봉쇄한 뒤 프랑스와 통상을 맺게 해서 유럽대륙의 경제를 지배하고자 내놓은 경제봉쇄 명령.

독립전쟁에서 스페인이 패배하고 영국이 지배하는 자유주의적 통치와 세계 경제 안으로 새롭게 유입된 중남미 국가들 그리고 그곳의 풍부한 금, 은, 광물 자원에 특히 열광했다.

경제력, 군사적 승리, 느슨한 금융 규제 등으로 인해, 영국 자본가들과 임대업자들은 확신을 갖고 투기적인 투자 열기에 동참했다. 이는 또한 1822년과 1825년 사이에 소비자 물가 수준이 30퍼센트나 상승하는 사태를 동반했다.[6] 60년 후 한 관찰자는 다음과 같이 설명했다.

따라서 1824년 초, 자본가들은 불평과 불만 대신, 만족스럽게 중얼거리며 상승된 이익을 기대하는 기쁨의 소리를 내질렀다. … 사업은 매우 활발했다. 모두가 부자가 되겠다고 서두르고 있었다. 모험적인 거래의 한계를 훨씬 뛰어넘는 가장 무모한 투기적인 특징을 보였다. … 지방 중심가와 마찬가지로 런던에서도 은행에 자금이 싸여갔다. 막대한 자본은 위험천만한 벤처기업을 찾아댔다. 운하, 터널, 다리, 전차, 도로 등을 건설하려는 모든 종류의 거대 프로젝트들이 열렬히 환영받으면서 기꺼이 받아들여졌다.[7]

그 결과 위험을 감수하려는 영국 투자자들이 크게 증가한 것으로 보인다. 1824년 12월 9일 아야쿠초 전투에서 스페인이 최종적으로 패배하면서 라틴아메리카 혁명은 비로소 안정을 찾았다. 이 소식은 두 달이 더 지나서야 영국에 전해졌다. 그러나 라틴 아메리카의 대출 광풍은 1822년 콜롬비아 신공화국에 200만 파운드의 차관을 준 것으로 시작되었다.[8]

애국자에서 악당으로 변절한 프란시스코 안토니오 지이가 런던에서 협상한 이 대출은 콜롬비아 측에는 몹시 불리한 거래였다. 발행액의 절반은 콜롬비아가 스페인으로부터 독립하기 위한 전쟁 중에 발생한 비용을 부풀려 청구한 금액에서 20퍼센트 할인된 가격으로 즉시 교환되었고, 잔액의 상당 부분은 채권 발행 비용과 판매 수수료를 지불하거나 이자·원금 상환 선납금으로 공제되었다. 공화국은 현금을 거의 받지 못한 채, 그후 곧 시장에 내놓아야 했다.

그러나 이는 투자자와 자본시장에는 커다란 성공을 안겨주었고, 새롭게 부상하고 있는 국제 대출 시장이 그 뒤를 이었다. 은행가들은 제한된 위험으로 매우 큰 이익을 챙겼다. 자국 정부의 무기한 채권으로 4퍼센트를 받는 영국 투자자들은 많은 홍보업체와 언론인들이 제안했듯이, 40년 전 미국과 별반 다를 것이 없는 것처럼 보였던 국가에서 액면가의 80퍼센트에서 84퍼센트에 이르는 초기 가격으로 6퍼센트 쿠폰을 받는 고정소득을 구매하고자 했다. 콜롬비아 채권은 증권거래소에서 빠르게 거래되었다.

1822년 콜롬비아 대출의 성공 덕분에, 그 해에 몇몇 다른 나라의 차용자들이 시장에 나왔다. 칠레는 100만 파운드, 페루는 45만 파운드, 덴마크는 200만 파운드, 나폴레옹 패배의 주역이었던 러시아는 무려 650만 파운드의 채권을 발행했다. 가장 흥미로운 거래는 포야이스 왕국의 20만 파운드 거래였다. 이 나라는 중앙아메리카에 있다고 하는 가공의 국가로, 스스로 임명한 왕 그레고르 맥그리거 경은 스코틀랜드의 모험가로, 독립 전쟁 중에 시몬 볼리바르 편에 서서 싸운 적이 있다(그리고 카라카스에 동상이 헌납되어 있다). 그 채권이 발행된 후 투자자들은 그런 나라가 없다는 것을 깨닫기 전까지 그 채권을 실제로 거래했으며, 곧 실의에 빠졌다. 맥그리거는 자신의 왕국을 창안해, 은행가들을 속여 채권을 인수하게 하고 그의 상상 속의 차용자를 위한 성장 전망을 홍보하게 했다.[9]

그 후 3년 동안 몇 개의 다른 외국 채권이 시장에 나왔다. 오스트리아와 포르투갈은 1823년에 500만 파운드를 발행했다. 콜롬비아, 멕시코, 나폴리 왕국, 브라질, 아르헨티나의 수도 부에노스아이레스, 그리스, 페루 등이 1824년에 거의 1500만 파운드를 발행했다. 호황이 절정을 이루던 해이자 마지막 해인 1825년에 덴마크, 멕시코, 브라질, 그리스, 페루, 멕시코 과달라하라, 과테말라(마지막 2개국을 제외하고 모두가 반복 대출이다) 등은 합해서 1500만 파운드가 넘는 신규 채권을 발행했다. 또한 1824년과 1825년에 50개 이상의 주식회사들이 라틴 아메리카에서 운영을 목적으로만 조직되었다. 그들이 승인받은 자본금은 3500만 파운드 이상이었지만, 이 중 대부분은 채권이 폭락할 때까지도 여전히 마련되지 않았다.[10]

처음에는 투자자와 차용자 모두에게 괜찮은 상황이었다. 대출, 투자 그리고 실버 붐은 라틴 아메리카, 미국, 남부 유럽 그리고 다른 신흥 경제 국들에 연료를 쏟아부었다. 라틴 아메리카에서 그들은 독립, 공화주의 그리고 세계 경제로의 통합이 그 지역을 미국처럼 빠르게 성장시킬 것이라고 믿으며 새로운 정부의 지배를 강화시켰다. 라틴 아메리카의 소비는 크게 증가했으며, 1825년 영국에서 들어오는 수입품은 불과 4년 전보다 두 배 가까이 늘었다.

1825년까지 여러 문제들이 이미 드러나기 시작해, 나중에는 익숙해지는 패턴이 되기 시작했다. 예를 들어, 투자 중 많은 부분이 매우 의심스럽다는 것이 명백해졌는데, 이는 작은 나라가 대규모 금융을 유입하려고 시도할 때마다 나타나는 공통적인 문제였다. 이용 가능한 생산적인 기회가 충분하지 않을 뿐이다. 대신, 그 초과액은 항상 재정적인 부도, 치솟는 소비재 수입, 또는 1820년대에 종종 그랬듯이 스페인에서 독립한 직후 발발한 많은 내전들에서 싸우기 위한 무기를 수입하는 것으로 이어진다.

이 중 어느 것도 잉글랜드 은행이 금 보유고를 국내로 다시 들여오기 위해 통화정책을 강화하기 전까지는, 해외 투자 흐름에 영향을 주지 않는 것으로 보였다. 전후 영국의 경제 호황은 부분적으로 금을 수출함으로써 지불된 수입의 급증으로 이어졌다. 동시에, 금은 외국 대출 붐 때문에 영국에서 나가고 있었다. 이로 인해 잉글랜드 은행의 금 보유량은 1824년 1400만 파운드에서 1825년 말에 200만 파운드로 떨어졌다. 은행 관계자들은 다른 나라에서 금을 가져오기 위해 할인율을 인상하는 것으로 대응했다. 그래서 1827년까지 보유분은 약 1000만 파운드로 안정되었다.[11]

금리 상승으로 상품을 보유하기 위해 필요한 자금을 조달하는 비용이 증가하고, 사재기하는 사람들에게 판매 압력을 가했다. 가격이 하락하면서 커피, 주석, 철, 설탕, 면화 등에 대해 대출을 해주었던 몇몇 영국 은행들은 문제가 생기기 시작했다. 1825년 10월, 국내외 대출 시장 모두 런던에서 거래가 저조했다. 11월에 면화 무역 회사들 사이에서 발생한 여러 번의 실패로 인해 잉글랜드 은행은 유동성 상태*를 보호하기 위해 신용을 더욱 엄격히 관리했다. (개인 리스크의 변화를 상쇄하기 위해 중앙은행이 대출을 늘려야 한다는 생각은 1870년대에나 나올 수 있는 것이다.) 이는 전반적인 경제 상황을 악화시켰고 추가적인 자산 가격 하락을 야기했다. 12월 중순, 주로 요크셔 직물 지역에 있는 지방 은행 수십 개의 대리인 역할을 하던 런던의 주요 은행 두 곳이 붕괴되었다. 이것이 전국적인 공황을 유발했다.

그 후 몇 주 동안 공황상태에 빠진 매도세가 상품 가격을 강타하면서, 런던 은행 몇 개와 60개 이상의 지방 은행들이 문을 닫아야 했다. 영국과 스코틀랜드에 있는 806개 은행 중 76개 은행은 위기 기간 동안 영

* 유동성이 높은 정부단기증권 등의 유가증권이나 은행이 갖고 있는 현금 등의 합계.

구적으로 문을 닫았다. 19세기 후반 영국의 대표적인 경제학자인 월터 배 젓은 잉글랜드 은행 자체는 지불을 거의 중단하도록 강요당했다고 썼다. 나머지 은행들은 그들의 대차대조표를 보호하기 위해 최대한 빠르게 대 출을 요청하고 유동성을 증가시키기 시작했다. 이로 인해 산업회사들은 생산을 줄이고 노동자들을 해고해야 했다.[12]

1826년 여름, 위기는 베를린, 암스테르담, 상트페테르부르크, 비엔나, 로마, 파리로 확산되었다. 호황기에 대출을 받은 사람들에게 미치는 영향 은 거의 즉각적으로 나타났다. 첫째, 유럽 수요의 붕괴는 상품 가격을 하 락시키고 라틴 아메리카와의 수출 수입을 무너뜨렸다. 동시에 수많은 은 행들의 실패는 세계 금융 여건을 극적으로 옥죄었고 심지어 살아남은 은 행들도 금 사재기에 필사적이었다. 1825년 중반부터 1828년 말까지, 영국 시장에 새로운 외국 채권은 등장하지 않았다.

소득을 빼앗기고 새로운 자금을 조달할 수 없게 된 중남미 신생 공화 국들은 부채 이자와 원금 상환을 할 수 없었다. 1826년부터 대출에 대한 지급이 연이어 차례로 중단되었다. 1829년까지 브라질을 제외한 모든 라 틴 아메리카의 차용자들은 채무불이행을 경험했지만, 1829년에는 브라 질마저도 이자를 상환하기 위해 8만 파운드의 긴급 신규 자금 대출을 요 구했다. 영국 투자자들의 손실은 컸고, 영국 금융 언론들은 페이지마다 분노와 비난으로 가득 채웠다.

돌이켜보면 라틴 아메리카와 유럽의 대출 붐은 전형적인 투기 거품으 로 이해할 수 있다. 그러나 당시 많은 해설자들은 투자 결정이 실질적인 경제 전망을 반영한다고 주장하며 다르게 생각했다. 그들은 합리적인 투 자자들은 독립과 공화주의라는 정치적 여건의 변화에 이끌려 국제 무역 을 증대시키고 성장을 가속화할 것이라고 믿었다. 대신에 혁명과 전쟁은 수십 년간의 불안정을 초래했다. 대출 붐의 잔인한 끝은 투자자들의 희망이 얼마나 빗나갔는지를 보여주었다. 라틴 아메리카의 차용자들이 국제 시장에 완전히 접근하기 위해서는 한 세대는 지나야 할 것이다.

1830년대와 제2차 국제 대출 붐

1820년대의 교훈을 잊는 데는 오랜 시간이 걸리지 않았다. 라틴 아메리카의 광풍이 있은 지 불과 10년 후, 영국 자본 시장은 또 다른 투기적인 국제 대출 열기로 어려움을 겪었다. 대부분의 다른 글로벌 대출 주기와는 달리, 1830년대와 1840년대의 붐과 추락은 단일 대출국(영국)과 단일 채무국(미국) 사이의 긴밀한 연계가 주도했다.

1830년까지 영국은 1825년에 있었던 붕괴에서 회복하기 시작했다. 1830년대 초 대풍작으로 영국은 곡물 부족이 해소되고 곡물 가격이 낮아지기 시작했다. 그것은 농부가 아닌 대다수 영국인들의 구매력을 높였다. 이 근본적인 동인은 유동성 조건의 변화 때문에 증폭되었다. 1826년에 은행법은 적어도 5파운드 상당의 지폐를 발행할 수 있는 권한을 가진 새로운 은행의 설립을 허용했다.

이전의 금융 공황 덕분에 초기 영향은 작았다. 1833년까지는 34개의 발행 은행만이 새로운 법에 따라 만들어졌다. 그러나 1833년과 1835년 사이에 34개의 은행이 더 만들어졌고, 1836년 한 해에만 42개의 새로운 발행 은행이 설립되었다. 동시에 잉글랜드 은행의 할인 절차 변화와 지점들의 대폭적인 확장은 현재 유통되고 있는 신용증권의 양을 크게 증가시켰다. 화폐의 급속한 창출은 면화 가격을 포함한 자산과 상품 가격의 상

승을 동반했다.[13]

한편 미국은 금융 여건이 완화되면서 자체적으로 증폭된 경제 호황을 겪고 있었다. 1828년 앤드류 잭슨 대통령이 당선되기 전, 미합중국 제2 은행은 정기적으로 다른 은행들이 발행한 지폐를 사들이고 그 지폐를 금으로 상환함으로써 통화 기강을 유지해왔다. 이는 작은 은행들의 증권 발행을 고정된 금속 공급에 묶어, 인쇄할 수 있는 돈의 양을 효과적으로 제한했다.

그러나 잭슨은 취임한 후, 연방정부의 예금을 제2 은행에서 정치적으로 연결된 '펫' 은행*으로 옮기기 시작했다. 새로운 예금과 함께 그 은행들은 빠르게 성장했다. 그로 인해 다른 은행의 증권 구매를 줄일 수밖에 없었던 제2 은행은 예금 손실이 악화되었으며, 전체 은행 시스템의 급속한 확장이라는 복합적인 결과가 나왔다. 주의 은행 숫자는 이미 1829년 329개에서 (자본금 1억 1000만 달러) 1834년 506개, 1837년 788개로 (자본금 5억 달러 이상) 증가했다.[14]

동시에 연방정부는 엄청난 양의 공공용지를 팔고 그 수익금을 펫 은행에 예치하고 있었다. 이는 차용금으로 공공용지의 투기적 매입을 부추겼고, 미개발지를 사실상 주택담보대출로 전환함으로써 훨씬 더 느슨한 금융 상태가 되었다. 신용의 창출은 영국과 미국 양측의 자산 가격을 상승시켰다. 담보 가치의 상승은 은행 수익성을 높이고 훨씬 더 많은 은행의 설립을 촉진시켰다.

영국의 투자자들은 미국의 성장 스토리를 받아들여 막대한 자금을 미국의 대출과 투자에 쏟아부으면서, 활발한 경제 활동과 급상승하는 시

---

* pet bank; 본질적으로 잭슨 정부에 충성했던 국가 소유의 은행들.

장에 대한 보도에 대응했다. 남북전쟁 이전 시기에 준독립국 차용자로 간주되었던 미국의 여러 주 정부들이 자금을 받았다. 돈은 또한 철도와 운하에도 쏟아졌다. 산업 활동은 면화와 제조업에 사용되는 다른 상품들의 가격을 상승시켰다.

그 결과로 유입된 자금은 미국의 수입 붐을 일으켰다. 미국의 무역적자는 1823년부터 1830년까지 연평균 200만 달러에서 1831년부터 1836년까지 연평균 2400만 달러로 급증했다. 이전의 10년과 마찬가지로 영국 금융 상태의 변화는 소비력의 급격한 증가, 국내 증시 호황, 상품 가격 상승 그리고 궁극적으로 해외 대출의 엄청난 증가를 가져왔다.[15]

1836년 중반에 대서양 양쪽에서 상황이 바뀌었다. 7월에 잭슨 대통령은 모든 토지 매입에 대해 실제 금이나 은으로 지불할 것을 요구했다. 은행권 지폐는 더 이상 사용할 수 없었다. 부동산에 대한 은행 대출이 갑자기 실제 보유중인 금 예금으로 제한되었다. 잭슨의 '정화유통령(specie circular)'은 토지 붐을 부채질했던 신용 팽창을 효과적으로 제거했다. 비슷한 시기에 잉글랜드 은행은 금 보유고의 유출을 막기 위해 할인율을 4퍼센트에서 4.5퍼센트로 올리기로 결정했다. 8월에는 할인율을 5퍼센트로 또 올렸다.

처음에는 금리 인상과 개인 은행 시스템의 예금 감소가 거의 효과를 보지 못했는데, 그 이유는 영국 은행들이 잉글랜드 은행의 긴축 정책을 보완하기 위해 자체적으로 자금 조달을 늘렸기 때문이다. 그들은 단순히 더 많이 대출을 받았고, 고정된 금 보유량 대비 더 많은 증권과 화폐를 발행했다. 그러나 한때 이 정화유통령 소식이 영국에 전해지자, 잉글랜드 은행의 이사들은 미국에 '과도하게' 노출된 영국의 금융회사들에게 더 이상 대출하지 않기로 결정했다. 그들의 서투른 발표는 그 후 상당히 빠

르게 전 세계에 신용을 위축시켰다.[16]

우선, 미국과 함께 사업을 하는 영국 은행들은 인출을 충당하기 위해 면화 재고를 팔았다. 그 결과, 미국 주요 수출품의 가격은 1837년 초에 30퍼센트까지 떨어졌다. 이는 미국 채무자들이 그들의 의무를 이행할 수입이 적다는 것을 의미했고, 뉴올리언스와 뉴욕의 미국 금융 회사들은 1837년에 문을 닫기 시작했다. 자국의 경기 침체로 어려움을 겪기 시작한 영국인들은 모든 추가 대출을 중단했다. 아이러니하게도, 공황으로 인해 영국의 민간 은행들은 잉글랜드 은행에서 자신들의 금 보유분을 회수하겠다고 나섰다. 잉글랜드 은행은 보유고를 다시 채우고 싶었지만 계속해서 잃을 뿐이었다. 결국, 프랑스 은행*에 200만 파운드의 엄청난 금 대출을 신청해야 했다. 대출에도 불구하고 금 보유고는 240만 파운드까지 떨어졌다.[17]

영국 투자자들은 1835년에 공공부채를 전부 갚은 미국 연방정부에 결코 대출을 해주지 않았다. 대신, 다양한 개인 차용자들과 몇몇 주 정부에 대출을 해주었다. 주들은 특히 세수가 일반적으로 낮고 대부분의 세입이 토지 판매(지금은 정화유통령으로 인해 매우 줄어든)와 다양한 형태의 수입 소득으로 구성되어 있었으나, 지금은 수입 기반이 무너지고 있기 때문에 가장 큰 부담을 안고 있었다.

이러한 차용자들이 수입 소득 감소, 경제 활동 둔화, 자금 조달 정체와 동시에 직면했을 때, 지불해야 하는 금을 충분히 조달할 수 없었다. 결과는 뻔했다. 1842년, 가장 부유한 주 중 하나이자 가장 많은 돈을 빌린 펜실베이니아 주가 경기 침체의 바닥에서 이자 지급을 중단했다. 그때 이

---

* 프랑스 국립은행.

미 아칸소, 플로리다, 일리노이, 인디애나, 메릴랜드, 미시간, 미시시피 주는 대부분의 미국 은행 시스템과 함께 채무불이행 상태였다. 펜실베이니아는 이자·원금 상환을 재개했지만 미시시피, 아칸소, 플로리다 등은 '신중하게 합리화된 주장'으로 빚을 노골적으로 거부했다.[18]

국제적인 대출 위기가 전적으로 미국의 위기는 아니었지만 막대한 부와 전망과 대출금액을 감안할 때 주로 미국의 위기로 인식되었다. 개인 차용자를 제외한 주들은 1억 2000만 달러의 대출금을 연체하거나 재조정했다.[19] 유럽인들은 격분했다. 지난 10년 동안 로스차일드 가문의 프랑스 수장을 맡고 있는 제임스 메이어 드 로스차일드는 미국 재무부 대표에게 특유의 거만한 태도로 다음과 같이 말했다고 보도되었다. '당신이 유럽의 금융 수장인 남자를 만났는데, 그가 당신은 돈을 한 푼도, 단 1달러도 빌릴 수 없다고 말했다고 당신 정부에게 말해도 좋소.' 영국 투자자들이 느낀 분노와 배신감은 미국 악당들에 대한 증오와 경멸로 분출되었고, 영문학은 뒤이어 나온 수많은 신랄한 비판들로 더욱 풍부해졌다.[20]

제1차 세계 금융위기: 1873년

유럽은 1850년대 후반 미국 남북전쟁과, 독일과 이탈리아 통일 등 다양한 전쟁을 거치면서 장기 확장에 돌입했다. 1873년까지 영국, 미국, 프랑스, 오스트리아, 벨기에에서 수입과 수출이 두 배 이상 증가했다. 철도, 증기선, 전신 케이블 등의 첨단산업에 대한 투자가 붐을 이루었고, 미국은 농산물 생산의 혁명을 이끌었다.

실물경제가 또 다른 금융혁신의 폭발과 동시에 강력하게 성장했다. 미국에서는 재무장관 새먼 P. 체이스가 새로 등장한 제이 쿡 은행의 도움으로 남북전쟁에 자금을 대기 위해 북부의 중산층 미국인들에게 채권을 판매했다. 루이 나폴레옹 황제가 통치하던 프랑스는 최초의 보편적인 투자 은행들을 설립했다. CIC(Crédit Industriel et Commercial, 1859년), 크레딧 리요네(Crédit Lyonnais, 1863년), 소시에떼 제네랄(Société Générale, 1864년) 등이다. 이러한 발전은 중산층 가계저축을 모으고 새로운 투자 프로젝트로 전환하는 은행 시스템의 능력을 획기적으로 향상시켰다. 1860년대 중반까지 파리는 새로운 국제 대출 시장으로서 런던과 경쟁하기 시작했다.[21]

금융 혁신이 프랑스와 미국에만 국한된 것은 아니었다. 독일도 은행 시스템과 합자 기업들의 설립에 있어서 유사한 확장을 보였다. 1866년부터 1973년까지 수많은 합사 회사들이 생겨났는데, 그 시기는 독일에서 그륀더차이트* 또는 창설자들의 시대로 오늘날에도 여전히 알려져 있다. 대부분의 새로운 독일 은행들은 1850년대에 만들어졌지만, 재정적으로 뒤처지고 단편화된 시장에서 지방 자금과 신용 시장을 개발하고 통합하는 데 거의 20년이 걸렸다. 오스트리아에서도 마찬가지로 1866년에 1억 9000만 굴덴**이었던 은행 자본이 1872년 말에는 5억 8000만 굴덴으로 폭발했다. 1873년 첫 3개월 동안 15개의 은행이 더 설립되었고, 7200만 굴덴의 추가 지불 자본을 가지고 있었다.

아마도 그 이후 버블의 가장 중요한 계기는 프랑스가 단 3년 만에 갚았던 50억 프랑으로, 1870~1871년 프로이센-프랑스 전쟁에서 패한 후

---

* Gründerzeit; 독일과 오스트리아의 19세기 경제적 시기, 1873년 주식시장 붕괴에 앞선 경제적 국면을 칭한다. 당시 중앙유럽에서는 1840년에 시작된 산업화가 진행 중이었다. 1848년 독일 혁명을 그륀더차이트의 시작으로 일반적으로 인정한다. 프로이센-프랑스 전쟁에서 승리하고, 독일의 통일로 많은 자본이 밀려들었고, 경기가 번영했다.

** 영어로는 길더.

프랑스에 부과된 것이었다. 배상금 지급은 프랑스에서 독일로 부를 이전한 계기가 되었으며, 이는 두 나라 국내총생산(GDP)의 약 20에서 25퍼센트에 해당하는 금액이었다.

세계적인 대출 붐은 유럽 강대국과 주변국들 사이의 증가하는 무역에 조달할 자금이 필요했기 때문에 더욱 활발해졌다. 페루의 구아노(비료에 사용됨)에 대한 유럽의 수요는 수출 수익을 증대시키고 투자자의 신뢰를 회복시켰다. 1850년대에는 라틴 아메리카 정부가 자본 시장으로 돌아와 오래된 채무불이행의 재원을 마련하거나 구조조정을 할 수 있게 했다. 1860년대까지 라틴 아메리카 정부는 마침내 대출 문제를 해결했고, 그들의 신용 가치는 상품 가격의 상승으로 인해 높아졌다.

한편, 캘리포니아와 호주의 금 호황은 국제적인 금 보유량과 사람들의 이주를 늘어나게 했다. 엄청난 숫자의 노동자들과 광부들은 유럽, 미국의 동해안, 칠레, 동아시아에서 금 채굴 중심부까지 긴 여정에 올랐다. 자산 가격은 1860년대 동안, 특히 1860년 말에 꾸준히 상승했는데, 이는 1850년대에 시작된 장기적이고 크게 방해받지 않은 경제 호황이 신뢰를 굳건히 했기에 가능한 것이다. 영국인들보다는 적지만 네덜란드와 독일 국민들 역시, 미국의 남북전쟁 기간 동안 엄청난 양의 미국 정부 채권을 저가로 사들였다. 급속히 발전하고 자신감 넘치는 북군의 승리는 이러한 투자를 매우 성공적으로 만들었고, 국제적인 대출에서 더 위험한 모험을 감행하도록 전 세계적으로 욕구를 자극했다.

시장 흐름은 1860년대 동안 속도가 붙어 1870년과 1873년 사이에 시장이 변하는 듯 보였고 투기 활동이 눈에 띄게 증가했다. 지난 10년 동안 상승세를 보였지만 대체로 보합세를 보였던 세계 상품 가격이 갑자기 급등했다. 독일과 오스트리아에서는 프랑스 배상금으로 자금을 지원받은 모기지(담보대출) 시장을 전담하는 새로운 은행들이 갑자기 폭발적으로 늘어나 건설 붐에 자금을 조달할 수 있도록 했다. 이는 증권 가격 급등과 함께 오토 폰 비스마르크 정부에 스캔들을 몰고 올 뻔했던 악명 높은 일련의 주식 사기극이었다.[22]

미국 뉴욕 증권거래소는 철도주와 채권을 둘러싼 투기 광풍에 휩싸였다. 제이 굴드와 '다이아몬드' 짐 브래디와 같은 증권시장의 수완가들은 매우 정직하지 못한 시장이 되어버린 곳에서 빠르게 선두를 차지한 주자이자 악명 높은 인물이 되었다. 영국의 주식 시장은 급상승했고, 영국 투자자들은 1860년대 내내 라틴 아메리카 채권을 5700만 파운드 사들인 후, 1870년대 첫 3년 동안 5900만 파운드를 쓸어 담았다. 멕시코 경제사학자 카를로스 마리찰은 이 기간 동안 "모든 중남미 국가들은 자신들을 금융 분쟁으로 몰아넣은 유럽의 대금업자들에게 포위당했다. 상황이 이렇다 보니, 국제 경제 기상이 급변할 수 있는 상황에 대처하는 예방 조치를 취한 정치인이나 은행가가 거의 없다는 것도 놀라운 일은 아니다."라고 썼다.[23]

유럽의 급속한 통화 창출은 다시 한번, 먼 시장에서 투기 활동이 폭발하는 것으로 이어졌고, 이어서 국제 대출의 확대 그리고 무역 불균형의 급증으로 자동적으로 이어졌다. 무역에서 가장 심각한 피해를 입은 곳은 새로 설립된 독일 제국이었다. 독일 제국은 통화가치가 점점 더 높아져 제조회사들을 세계 시장에서 몰아내면서 무역수지가 막대한 적자에 빠졌다. 당시 제조업 약세는 서비스업 호황뿐 아니라 부동산과 금융시장의 강세 이상으로 보완되어 있어 외국 상품 수입이 급증했다고 특별히 걱정하는 사람은 없는 것으로 나타났다.

1873년의 위기는 5월 8일 주식 시장의 폭락과 함께 비엔나에서 시작되었다. 뉴욕에서는 이 소식이 이전의 호황기에 발행된 미국 철도 채권의 투자자들을 불안하게 했다. 투기꾼들은 이러한 유가증권을 대출 담보로 삼아 철도 채권을 훨씬 더 많이 사들였고, 이는 상대적으로 소폭의 가격 하락에도 민감하게 만들었다. 9월 18일, 미국 최대의 민간 은행이자 미국 정부의 금융 대리인인 제이 쿡 회사는 보유한 북태평양 철도 채권 때문에 문을 닫아야만 했다.[24]

제이 쿡의 폐점 소식은 뉴욕 증시를 깨기에 충분했다. 판매자들이 시장에 쏟아져 나왔다. 토지나 철도 채권 등을 사기 위해 자금을 빌렸던 투기꾼들은, 현금을 마련하고 빚을 갚기 위해 보유 주식을 싼값에 팔아야 했다. 그 직후, 전국의 은행들은 예금주들에게 지급을 중단했다. 뉴욕 증권거래소는 문을 닫은 채 그달 말까지 문을 열지 않았다. 미국은 당시, 그후 대공황으로 불렸던 5년의 기간을 맞이했다.

10월이 되자 독일 시장이 폭락하면서 대서양 전역으로 위기가 감돌았다. 영국에는 11월에 들이닥쳤다. 잉글랜드 은행은 할인율을 인상함으로써 경기 침체를 가중시키면서 금의 유입을 막았다. 러시아와 스칸디나비아 국가들은 곧 공황상태에 빠졌다. 프랑스는 프로이센-프랑스 전쟁에서 패배하고 그에 따른 배상금 지급이 시장 호황을 피하는 데 도움이 되었기 때문에, 가장 적게 영향을 받았다.

전 세계 은행들은 붕괴되었고, 생존자들은 그들의 자산을 팔고 금을 사재기했다. 다시 한번 국제 신용 위축을 통해 국제 대출자들은 빚을 갚는 데 필요한 자금을 조달할 수 없게 되었다. 중동과 유럽 국가들은 대출금을 연체했다. 칠레는 은행 시스템을 청산하고 금을 모두 잃는 대가로만 외국 채권의 채무불이행을 피할 수 있었다. 1878년, 국가는 더 이상 화폐를 금으로 바꿀 수 없을 것이라고 선언했다.

베어링 위기와 20세기 최초의 대출 붐

아르헨티나는 1820년대와 1860년대에 런던 시장에서 대출을 받기는 했지만, 이 대부분의 기간을 견디기에는 경제적으로 매우 미미한 정도였다. 또한 1873년의 위기에서 비교적 아무 탈 없이 벗어났다. 게다가 1870년대 후반에 아르헨티나는 유럽 시장에 밀, 가죽, 냉장육의 주요 수출국으로 부상했다. 1881년까지는 통화와 은행 부문을 개혁했고, 훌리오 아르헨티노 로카 장군의 지도 아래 사회 기반 시설 투자와 군사 지출을 충당하기 위해 많은 돈을 빌리기 시작했다. 그 후의 경제 호황은 아르헨티나를 세계에서 가장 부유한 나라 중 하나로 만들었고 국제 투자자들의 사랑을 받게 했다. 1889년까지 영국 시장 밖으로 투자된 영국 자금의 40퍼센트 내지 50퍼센트가 아르헨티나에 투자되었다.[25]

그러나 1880년대 말까지 아르헨티나 대통령 미겔 후아레스 셀만의 인플레이션 정책은 정치적 반대를 야기했고, 이것이 영국 투자자들의 눈에는 통화의 지속 가능성을 저해하고 있는 듯 보였다. 문제가 임박했다는 가장 큰 징후는 아르헨티나의 선도 은행인 베어링 브라더스*가 부에노스아이레스 상하수도 회사에 200만 파운드의 대규모 상품을 제안해놓고 투자자들에게 15만 파운드만 줄 수 있었을 때였다. 나머지는 은행 자체가 가지고 있어야 했다.

아르헨티나 정부는 외국인 채권자들의 우려를 완화하기 위해 페소표시 증권(외국 금융의 가장 큰 구성요소였던 주택담보대출 채권)을 금으로 표시된 증권으로 전환했다. 국내 부채를 금에 묶는 것은 환율 유지에 대한 정부의

---

* 영국의 베어링 형제가 설립한 233년의 역사를 지닌 금융 그룹.

의지를 나타내는 것으로 여겨졌다. 외국 채권자들의 신뢰를 회복하면 차입 비용을 낮추고 만기가 돌아오는 부채를 상환하기 위한 새로운 자금을 더 수월하게 조달할 수 있을 것이다.

이것은 대중적인 전략이다. 예를 들어, 멕시코는 1994년에 페소 부채의 일부를 달러로 환산해 비슷한 일을 했다. 그러나 항상 위험이 따른다. 만약 차용자들이 빚을 갚지 못한다면, 결국 채무불이행이 될 것이다. 그것이 얼마나 고통스러울지 상관없이 말이다. 공교롭게도 아르헨티나의 전략은 실패했다. 문제의 일부는 잉글랜드 은행이었다. 은행이 금 유출을 막기 위해 할인율을 연초 3퍼센트에서 10월까지 6퍼센트로 점차 인상했기 때문이다. 런던에서 받는 대출은 줄어들고, 아르헨티나는 통화량을 지원하기 위해 새로운 자금을 조달하는 것이 점점 더 어려워지고 있다는 사실을 알았다. 신규 대출은 1888년 2300만 파운드에서 1889년 1200만 파운드, 1890년 500만 파운드로 감소했다.

아르헨티나는 또한 자국 내 문제도 있었다. 1890년 7월, 아르헨티나 재무장관은 셀만 대통령의 인플레이션 통화 정책에 반대하며 사임을 표했고, 우려했던 환율 위기를 촉발시켰다. 통화의 하락은 인플레이션의 상승으로 이어지며, 금으로 표시된 증권을 발행하는 데 드는 비용을 증가시켰다. 그 달 말, 군사 쿠데타 시도로 셀만 대통령은 도피해야만 했다. 시간이 흐르면서 평가절하, 정치적 위기 그리고 아르헨티나가 유럽에 이자를 갚지 못한다는 소식이 들려왔다. 일단 소식이 퍼지자, 아르헨티나 증권의 가격은 결국 액면가의 40퍼센트 이하로 떨어졌다.

11월까지 아르헨티나 채권의 손실(외부 투자자들에게 매각할 수 없었던 채권 포함)은 베어링 브라더스를 거의 파산시켰다. 잉글랜드 은행은 베어링의 붕괴가 영국의 금융 시스템을 무너뜨릴 것이라는 우려 때문에, 베어링을 구제하기 위해 민간 은행들로 컨소시엄(협력단)을 구성함으로써 이에 대응했다. 1998년 미국 뉴욕 연방준비은행이 러시아의 국가부도 사태 이후 헤지펀드* 장기자본운용의 구제금융을 조직하면서 비슷한 일이 벌어졌다. 그러나 이번 개입은 금융공황 확대를 막기에는 미흡했다. 아르헨티나 사태에 대응한 영국의 대부업체들은 외국인 대출을 줄임으로써 향후 3년 동안 전 세계에서 일어난 일련의 세계적인 공황의 한 원인이 되었다.[26]

아르헨티나의 위기는 결국 해결되었고, 라틴 아메리카에 대한 국제적인 대출은 제1차 세계대전까지 재개되었다. 결국 미국 시중은행들이 아르헨티나를 포함한 첫 해외 지사를 설립한 것은 1910년대였다. 특이하게도 이것은 대규모 채무불이행으로 끝나지 않은 유일한 주요 국제 대출 붐 중 하나가 되었는데, 왜냐하면 교전국들의 전쟁이 오래된 부채를 상환하는 데 사용될 수 있는 수출 수익의 급속한 증가를 (차용자들에 의한) 초래했기 때문이다. 러시아, 멕시코, 오스만 제국 등이 유일하게 채무불이행 국가들이고, 혁명이나 외세의 침략 또는 두 가지 다 겪은 후에 채무불이행을 했다.

전쟁 중에 미국인들은 유럽인들에게 대출을 해주었고, 유럽인들은 이 돈을 미국의 식품과 제품을 수입하고 지불하는 데 사용했다. 전쟁이 끝난 후, 미국의 최우선 과제는 돈을 돌려받는 것이었다. 그러나 그러한 노력은 실패했기 때문에, 이전의 교전국들이 더욱 빠르게 재건해 결국 옛 대출을 갚을 수 있기를 바라는 마음으로 다시 대출을 해주는 것이 미국의 새로운 전략이었다. 프랑스가 영국에 빚을 갚을 수 있도록 독일이 프랑스에 배상금을 지불했고, 이 돈은 미국이 독일에게 대출해준 것이었으

---

* 국제 증권·외환 시장에 투자해 단기 이익을 올리는 민간 투자 자금.

니, 이는 결국 미국에 다시 빚을 진 셈이었다. 이 순환 대출 전략은 1924년 독일에 도스안(Dawes Plan)을 적용한 이후 잘 작동하는 것처럼 보였다. 미국인들은 해외 대출이 점점 편해졌고, 국제 대출 시장은 활기를 띠었다. 라틴 아메리카에서, 이러한 새로운 대출의 급속한 확장은 '백만 명의 춤(Dance of the Millions)'이라고 불렸다. 그 후의 투자 열풍은 라틴 대출, 선박, 주요 상품 그리고 물론 미국 주식과 같이 다양한 자산의 가격을 상승시켰다.

1929년의 주식 시장 붕괴와 미국 은행 시스템의 후속 붕괴는 1920년대의 국제적인 대출 붐을 갑작스럽게 종식시켰다. 1930년 상반기에 갑자기 국제 대출이 폭발적으로 증가했지만, 그것은 너무 미미해서 도움이 되지 못했다. 미국에서 신규 자금을 조달할 수 없고 원자재에 대한 수요 감소로 수출 수입에 있어서도 많은 것을 벌 수 없었기 때문에, 금융 시스템의 변방에 있는 소규모 국가들은 스스로 빚을 갚을 능력이 없다는 것을 깨달았다. 다시 한번 대규모 채무불이행이라는 결과로 이어졌다.

저개발국 대출 붐

대공황, 제2차 세계대전, 냉전의 시작, 자본 통제 도입, 마셜 플랜의 성공은 1970년대까지 다음 주요 대출 붐의 시작을 지연시켰다. 그 붐은 소련이 달러를 몰수당하지 않기 위해 달러 예금을 스위스 은행으로 옮기기 시작한 1950년대에 뿌리를 두고 있다. 시간이 흐르면서, 유럽과 일본의 은행들은 소위 유로 달러를 미국 외 나라의 차용자들에게 빌려주었고, 뉴욕에 기반을 둔 규제 대상 금융 시스템과 연결되지만 구별되는 별도의 달러표시 금융 시스템을 만들었다.

대규모 인플레이션은 유로달러 시장과 그것의 사촌인 머니마켓 뮤추얼 펀드의 성장에 주요 자극제였다. 1930년대 이래, 미국은 은행들이 예금을 유치하기 위해 지나치게 높은 이자를 주는 것을 제한했다. 경쟁을 제한하면 은행의 위험이 줄어들고 위기를 막을 수 있다는 이론이었다. 미국 은행들과 예금주들은 예금이 인플레이션보다 더 많은 이익을 주었을 때는 이 합의에 개의치 않았다. 그러나 1960년대 후반과 1970년대 초반까지 인플레이션이 가속화되면서 당좌예금이나 정기예금에 돈을 넣어둔 예금주들은 돈을 잃고 있었다. 미국과 국제 은행들은 은행 규제를 회피할 수 있는 우아한 해결책을 생각해냈다. 즉, 상호 펀드에 단기부채*를 팔아서 일반적인 은행 계좌의 특징을 그대로 재현하자는 계획이었다. 이러한 자금 시장 펀드는 훨씬 더 높은 수익률을 보장해주었고, 유럽 은행이 (나중에는 일본 은행들도) 대출 융자에 접근할 수 있게 해주었다.

이러한 역외 달러의 매력은 1970년대에 유가가 배럴당 2달러에서 거의 40달러로 오른 후에 명백해졌다. (원인은 수요 급증, 미국 대륙에서의 생산 감소, 중동에서의 공급 차질이었다.) 석유 수출업자들은 막대한 수익을 창출했고 달러로 넘쳐났다. 최선을 다했지만, 그들은 그 돈을 충분히 빨리 쓸 수 없었고 결국 유로달러 시장에 횡재한 대부분을 예금했다. 세계 주요 은행에 달러 예금이 축적되면서 중남미, 소비에트권, 심지어 북한까지 대출 붐이 일었다. 초기 대출은 매우 성공적이었고, 1차 유가상승의 어려움에서 살아남은 후, 저개발국(LDC)들은 더 빠른 경제 성장 속도와 소비재 수입의 급증으로 신용의 유입에 대응했다. 몇 년 안에 세계에서 가장 큰 은행들

---

* 신종 기업 어음: 고정 이율의 기업 어음과는 달리 기업과 투자자 사이에 금리를 자율 결정하는 어음, 略 CP.

중 다수는 자기 자본의 몇 배를 개발도상국에 대출해주었다.

1825년과 마찬가지로 1970년대의 저개발국 대출 광풍은 급작스럽고 의도적인 통화 위축 때문에 사라졌다. 이번에는 1970년대의 인플레이션을 종식시키기 위해 1980~1982년에 연방준비제도가 고안한 것이다. 헬무트 슈미트 서독 총리가 '예수 탄생 이후' 실질금리가 최고 수준이라고 말할 정도로 금리가 치솟았다. 그것은 원자재 수출 수입이 붕괴되는 동시에 부채 관리 비용을 치솟게 했다. 은행들은 유로화 달러의 예금을 잃었기 때문에 신규 대출에 자금을 대는 것을 꺼리게 되었다. 결과는 예측 가능했다. 어느 시점에서는 저개발국이 유지하기에는 자금의 순 유출이 너무 커졌다. 그래서 1982년 8월 멕시코를 시작으로, 채권자들에게 채무 완화를 요구하기 시작했다.[27]

유럽 은행 과잉과 2008년 위기

지난 20년 동안 재정적으로 가장 중요한 발전은 1999년 유로화의 출범이었다. 단번에 십여 개의 개별 통화가 단일 통화로 대체되었다. 많은 사람들이 보기에 채무불이행 위험은 변하지 않은 채로 남아 있었지만, 외환 위험은 제거되었다. 대부분 자국 시장에만 국한되었던 유럽 은행들은, 갑자기 대륙 통화 동맹에 걸쳐 대출을 해줄 수 있게 되었다. 프랑스 은행들은 네덜란드와 독일 은행들에 접근해 이탈리아와 그리스에서 필요한 사람들에게 대출을 해줄 수 있었고, 스페인 은행들은 프랑스와 독일 은행들에서 돈을 빌려 포르투갈과 이탈리아에 대출을 해줄 수 있었으며, 이탈리아 은행들은 오스트리아 은행들에서 돈을 빌려 독일인들에게 빌려줄 수 있었다. 그 가능성은 무궁무진했다. 유럽 은행들은 이전보다 훨씬 더 많은 돈을 빌리고 빌려줄 수 있었다.

이로써 유럽 내에서 국경을 초월한 엄청난 차입 붐이 일어나는 결과가 나타났다. 유로 지역 거주자들이 다른 나라 거주자들에게 진 빚은 2002년과 2008년 사이에 8조 유로 이상 증가했다. 그러나 적어도 중요한 것은 유럽을 벗어난, 특히 미국으로 유럽 은행들이 확장한 것이었다. 2007년까지 미국의 비(非)은행권의 민간 부문에 대한 전체 은행 신용의 40퍼센트 이상이 미국 밖에 본사가 있는, 주로 유럽에서 온 대부업체였다.

유럽의 은행들은 사실상 미국의 은행이 되었다. 그들은 미국인들에게 단기부채를 발행해 달러를 빌렸고, 그 수익금을 미국에서 대출과 주택담보대출 채권을 사는 데 사용했다. 유럽에서 미국으로, 미국에서 유럽으로, 그리고 유럽 국가끼리 이어지는 돈의 흐름은 모두 2008년 이전의 다른 주요 국경을 넘는 금융 흐름보다 훨씬 더 컸다.

그 결과 진정으로 대서양을 횡단하는 금융 시스템이 형성된 것이다. 소위 민간 상표의 미국 모기지 채권을 발행하는 데 관여한 가장 큰 투자은행들 중 다수는 유럽계였다. 도이치 은행은 골드만삭스, 뱅크오브아메리카, 씨티그룹, J.P.모건, 컨트리와이드보다 서브프라임 모기지 채권을 더 많이 인수했다. 유럽 투자자들은 위기 전날 미결제된 미국 자산유동화증권 중 약 20퍼센트를 소유하고 있었다. 2008년 공황 기간 동안 연방준비제도의 긴급 대출금의 대부분은 미국 외, 주로 유럽에 기반을 둔 은행들에게 돌아갔다. 신현송 경제학자는 2011년 글을 통해 '미국 이외 은행의 미국달러표시 자산은 위기 이전 10조 달러가 넘는 미국 시중은행 총자산에 버금가는 규모'라고 관측했다.[28]

한 가지 관점에서, 이 제도는 1820년대에 존재했던 것과 근본적으로

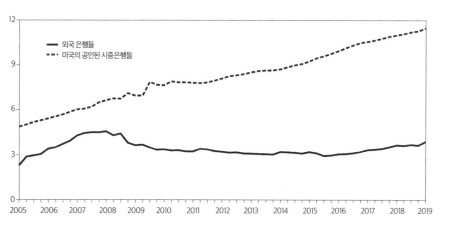

도표 2.2 **미국의 신용 호황과 불황에서 외국 은행들의 주요 역할** (은행 국적상, 미국의 비금융 부문에 제공되는 은행 신용, 미국 달러 조 단위)　　　출처: 국제결제은행; 연방준비제도이사회; 매튜 클라인 계산

다르다. 당시만 해도 영국의 한 은행이 콜롬비아 은행에서 돈을 빌려, 그 대출한 돈의 상당 부분을 다시 콜롬비아에 지원한다는 것은 터무니없는 일이었을 것이다. 그러나 어떤 면에서는 2000년대의 이러한 이야기가 어떻게 국경을 초월한 금융 흐름의 본질적인 원동력이 그대로 유지되었는지를 보여주기도 한다. 은행 규제의 구조적 변화는 시작 지점이 되는 시장에서 나머지 전 세계로 유입된 대출 붐으로 이어졌다. 유럽의 재정상황이 바뀌면 미국의 재정상황에 유의미한 영향을 미쳤다. 나중에, 미국의 주택담보대출 부실로 인해 주택담보증권 보유자들이 손실을 입게 되면서, 미국의 상황은 결국 유럽으로 되돌아갔다. 금융과 무역이 함께 세상을 연결한다.

　무역에 관한 정책 논의에 많은 부분을 할애하고 있음에도 불구하고, 우리는 더 이상 국제 흐름이 대부분 무역금융으로 구성된 세계에 살고 있지 않다는 사실을 알았을 것이다. 우리는 국제 금융 흐름이 주로 전 세계에서 가장 생산적인 기회를 찾는 합리적인 투자로 구성되는 것이 아니라, 주로 신용 조건의 변화와 투기 정서 때문에 움직인다는 것을 밝혀냈다. 다음으로 무엇이 국제 자본의 흐름을 이끄는지를 이해하기 위해서는 먼저, 무엇이 저축을 촉진하는지를 이해해야 한다. 장기적인 성장은 주로 저축으로 자금을 조달하는 생산적 투자의 성장에 따라 결정되지만, 국가는 투자라는 목적을 위해 필요한 것 이상으로 저축을 할 수 있으므로, 그 간극을 메우려면 수입하거나 수출해야 한다. 앞으로 보게 되겠지만, 한 나라의 저축률은 문화적인 요인이나 절약에 대한 태도가 아니라, 소득이 국내적으로 어떻게 분배되느냐에 따라 결정된다.

3 저축, 투자, 불균형

결핍은 인류 생존을 위한 대부분의 문제를 규정해왔다. 비교적 최근까지는 단순히 기아 방지를 위한 충분한 식량을 확보하는 것이 주요 과제였다. 오랜 결핍의 시대를 거치는 동안, 사람들은 생산적인 자산에 투자하기 위해 유한한 자원을 사용할지 아니면 즉각적인 수요(소비)를 충족시킬지를 선택해야 했다. 역사적으로 소비가 이겼다. 증가하는 인구는 항상 부가적인 생산량을 다양하게 소비했고 이는 부의 창출을 제한하고 생활수준을 결정했다. 과거에는 가치 있는 투자에 자금을 댈 수 있도록, 소비되는 것보다 더 많이 생산하기 위해 소비를 억제(저축을 권장)하는 것이 필수였다.

그러나 자원이 풍부할 때, 덜 소비하고 저축하는 것은 일종의 낭비이자 역효과만 낳는다. 일할 수 있는 사람들이 욕망이 충족되지 못하는 바로 그 순간에 방치되어 있는 셈이다. 배고픈 사람들이 굶주린 채 들판에 드러누워 있다. 공장과 기계는 사용되지 못한 채 녹슬어간다. 투자할 수 있도록 흑자를 내기 위해 노력하기보다 소비를 줄이는 데만 힘쓰면 생산량 감소로 이어질 뿐이다. 게다가 초과 용량은 결국 신규 투자를 저해하고 궁극적으로 생활수준을 떨어뜨린다.

세계적으로 모든 경제적 산출물은 생산적인 자산을 개발하기 위해 소비되거나 사용된다. 세계 전체로 볼 때, 저축과 투자는 개념적으로는 대등하다. 그러나 대부분의 나라에서 저축과 투자는 같지 않다. 국내에서 사용하는 양보다 생산량이 많은 나라가 있는 반면, 필요량보다 생산량이 적은 나라도 있다. 이러한 차이는 무역을 통해 조정된다. 과잉 생산된 것은 내부 수요(소비와 투자를 더한 것)가 GDP보다 더 큰 곳으로 수출된다. 흑자와 적자가 그 결과다.

이는 다음과 같은 간단한 방정식으로 나타낼 수 있다.

글로벌 수요 = 글로벌 생산

수요 = 소비 + 투자

생산 = 소비 + 저축

내수 = GDP + 수입 − 수출

수출 − 수입 = 국내 저축 − 국내 투자

무역 불균형은 한 사회의 과잉 공급이 다른 사회의 부족을 보완하도록 용납한다. 이러한 흑자와 적자는 올바른 상황에서라면, 폐쇄적인 경제로 가득한 세계에 비해 모든 사람들을 더 잘 살게 만든다. 인구 통계적으로나, 기술 발전의 선두에 있는 위치 때문이거나, 그 이유가 무엇이든 매력적인 국내 투자 기회가 거의 없는 나라는 순수 수출국이어야 한다. 수출시장이 없다면 이들 국가는 풍부한 생산능력과 내수부진 사이의 불균형으로 인해 영구적인 침체에 빠질 것이다. 반면에 그러한 수출을 수령하는 곳은 당연히, 필요한 자본재와 사회 기반 시설이 없는 나라들이 될 것이다. 다른 나라의 생산에 기대지 않고서는, 적자국에서의 투자는 제한된 자원을 놓고 국내 소비와 경쟁해야 할 것이다. 현대사에서 가장 최악의 두 기근(1929~1933년 소련, 1958~1962년 중국에서 일어난 기근)이 다른 나라들과 관계를 단절한 채 고립되어, 급속한 산업화에 전념한 권위주의 정권이 자행했다는 사실은 우연이 아니다.

그러나 무역 불균형이 사람들을 더 궁색하게 만드는 때도 있다. 수입이 단순히 부족을 해소하는 정도가 아니라 국내 생산을 압도하는 경우다. 이것은 지난 몇 십 년간의 결정적인 문제였다. 특정 국가의 사람들은 너무 적은 돈을 쓰고 너무 많은 돈을 저축하고 있다. 이는 그들 국가의 가계들이 특히 검소하기 때문이라거나 정부가 이례적으로 신중하기 때문이 아니다. 매력적인 투자 기회가 부족한 것에 사업적인 대처를 매우 이성적으로 하고 있기 때문도 아니다. 오히려 그러한 나라들 내의 엘리트들이 부와 소득을 재화와 서비스에 더 많은 돈을 써야 하는 노동자나 연금 수급자들에게가 아닌, 추가수입을 사용해 추가 금융 자산을 축적하는 그런 부자들에게로 전가하는 선택을 했기 때문이다. 이는 나머지 국가들에게 어쩔 수 없는 선택을 강요한다. 즉, 추가 소비(저축을 줄이고)를 통해 과잉으로 공급된 양을 받아들이거나 또는 세계적인 수요 부족으로 인한 침체를 견디는 수밖에 없다.

두 가지 개발 모델: 고저축 대 고임금

사회는 더 많은 노동력을 투입하고 노동자들을 더 효율적으로 만들어 생산능력을 높임으로써 생활수준을 높인다. 그러므로 발전하려면 투자는 필수적이다. 국내 생산이 이미 최대 용량으로 가동되고 있을 때 이러한 투자를 하는 데는 두 가지의 기본 방식이 있다. 국내 소비자들에게서 자원을 이전하는 방식(고저축 모델)과, 수출 대비 수입을 올려 다른 나라들에서 자원을 이전하는 방식(고임금 모델)이다.

다음과 같이 나타낼 수 있다.

투자 = GDP + 수입 − 소비 − 수출

대부분의 국가는 산업화에 대한 대가를 치르기 위해, 위의 두 가지 개발 전략을 조합하는 방법에 의존해왔는데, 각 접근 방식은 국내 정치와 국제 무역에 뚜렷한 영향을 미친다. 저축이 많으면 내수와 비교해서 생산량이 올라가기 때문에 무역흑자로 이어지는 반면, 고임금은 외국인 투자 유치를 위해 내수를 기존의 생산능력 이상으로 끌어올리기 때문에 무역적자가 발생하는 경향이 있다.

고저축 모델은 정부와 기업이 더 많이 소비할 수 있도록 일반인들에게 소비를 줄이게끔 강요한다. 이것 자체는 새로운 것이 아니다. 전 세계의 엘리트들은 수천 년 동안 농민들을 억압하고 그들의 농업 흑자를 전용해왔다. 고저축 개발 전략이라는 혁신은 정교한 기념물이나 군비에 값을 치르기보다는 사회 기반 시설과 자본재에 생산적인 투자를 하기 위해 소비를 압박하는 방법이다. 올바르게만 되면, 이러한 투자는 일반 사람들의 생활수준을 높인다. 생산량에서 그들이 담당하는 몫이 감소하더라도 말이다. 따라서 고저축 모델은 낙수효과* 성장의 오리지널 버전이다.

국가 저축률을 높이는 방식은 대체로 퇴행적이며, 제대로 시행하기 위해서는 권위주의적 정치 문화나 고도의 중앙집권화가 필요하기 마련이다. 다음은 18세기 영국에서 처음 시행했던 방법이다. 우선, 귀족 지주들은 근근이 살아가는 농부들을 공권력을 이용해 쫓아낸 뒤 그들의 재산을 몰수해 폐쇄된 사유지에 통합시켰다. 농촌에서 도시로 강제 이주한 농민들의 희생으로 농업 이익이 증대되었다. 시간당 생산량이 증가했지만, 늘어나는 농민들의 수는 도시 고용주와 협상할 때 불리하게 작용해 실질적인 임금은 오르지 않았다. 그 결과 제조업체들의 수익이 증가했고 제조업체들은 그렇게 불어난 수익을 추가적인 생산능력을 개발하는 데 재투자했다.

1740년 영국에서는 생산량의 단 4퍼센트가 국내에서 소비되지 않고 저축되었다. 1820년대까지 국가 저축률은 14퍼센트로 증가했고 영국은 과잉 제조된 생산량을 세계의 나머지 나라들, 특히 제국 식민지와 급성장하는 미국으로 수출하는 산업 초강대국이 되었다. 강제 저축으로 인해 생산적인 투자가 가능했는데, 이 추가 생산은 추가 투자를 창출하는 데 사용되었다. 저축만으로 부를 창출하는 것이 아니라, 저축이 투자 자금을 조달하는 데 쓰일 수 있기 때문에 부의 창출 과정에 도움이 되었다.

그러나 영국은 농지를 소유하지 못한 농민들을 배타적으로 제외시켜 그들에게 산업화의 첫 수확을 지불하지 않았다. 산업화는 또한 고임금 모

---

* trickle-down; 사회의 최부유층이 더 부유해지면 더 많은 일자리 창출 등을 통해 그 부가 서민들이나 그 아래층으로도 확산된다고 보는 이론.

델의 요인들을 활용해 발전했다. 농민들은 산업혁명 동안 그들이 생산한 것의 가치에 비해 점점 더 제대로 된 보수를 받지 못했다. 그렇지만 영국 노동자들은 유럽의 대부분 지역에 있는 노동자들보다 더 높은 임금을 달라고 계속 요구했다. 그들의 높은 생산성과 우호적인 사업 환경 덕분에 해외에서 자본을 끌어들였고, 이로써 투자 지출은 나폴레옹 전쟁이 끝날 때까지 국민 저축을 지속적으로 초과했다. 이러한 차이는 네덜란드인들이 만회해주었는데, 이들은 18세기 영국 총 투자의 약 3분의 1을 차지한다고 추정한다. 네덜란드인들은 영국 정책들(보호관세와 오늘날 지적 재산권 침해라고 불리는 것을 포함해)이 매우 매력적으로 느껴졌기 때문에 네덜란드에 투자하는 것보다 영국에 투자하는 것을 더 선호했으며, 당시 네덜란드는 투자가 더 필요 없을 정도로 성숙한 경제상태이기도 했다.[1]

영국과 마찬가지로 미국도 19세기에 산업화가 진행 중일 때 두 가지 개발 전략 요소를 사용했다. 남북전쟁 전에 남부는 면화, 담배, 여러 현금 작물들을 생산하기 위해 농경에서 예외적으로 잔인한 형태의 봉건제를 사용했다. 남부의 농업 생산물은 영국 제조업자들에게 필수적인 물품이었고, 미국이 수출해서 벌어들이는 소득의 상당 부분을 차지했다. 노예의 노동력을 잔혹하게 예속시켜 강화된 부와 소득의 극단적인 불평등이 주를 이루는 남부의 사회 시스템 또한 소비를 짓눌렀다.

높은 저축률을 보였지만 농장주들은 경제 발전에 거의 관심이 없었다. 그들은 잉여금으로 자본재를 구입하는 대신, 노예 노동자와 토지를 추가로 구입했다. 남부 사람들은 높은 관세 장벽 뒤에 갇혀, 북부에서 생산된 상품을 어쩔 수 없이 구매함으로써 미국의 산업화에 기여했다. 따라서 노예 노동으로 발생한 남부의 농업 수출은, 당시 북부가 제조 역량을 증가시키기 위해 수입했던 선진 유럽 기술과 기계의 대금을 간접적으로

지불한 셈이었다.[2]

북부가 산업화에 자금을 대기 위해 고임금 모델을 사용한 점은 미국의 경제 발전에 훨씬 더 중요한 역할을 했다. 노예주* 외에서 풍부한 토지와 자유주의 제도 그리고 양키**의 독창성은, 미국 노동자들이 지속적으로 세계에서 가장 높은 임금을 받고 생활수준의 급격한 상승을 즐긴다는 것을 의미했다. 동시에 높은 출산율과 많은 이민은 인류 역사상 미국의 내수 시장을 가장 인상적인 성장 스토리로 만들었다. 미국 인구는 1790년 인구조사 당시 400만 명에서 1870년 인구조사에서는 4000만 명, 1900년에는 약 8000만 명으로 늘어났다. 보호관세는 수입품보다 미국 상품에 더 유리하도록 시장을 편향되게 만들었다.

미국의 경제 개발에 대한 투자가 유럽의 저축자들, 특히 영국인들에게 엄청나게 매력적이라는 복합적인 결과가 나왔다. 따라서 외국인의 저축 덕분에 미국은 국내 저축을 보완해 자본재 수입 대금을 치를 수 있었고, 소비를 위축시키지 않은 채 투자를 증가시킬 수 있었다. 19세기 말까지 미국은 제조 생산량이 급증했음에도 수출보다 수입량이 더 많았다.

18세기 영국-네덜란드 경제 관계처럼 19세기 영국-미국 경제 관계는, 작지만 더 선진화된 사회에서 급속한 산업화를 겪고 있는 더 커다란 사회로, 초과 생산량을 이전하는 방식을 기반으로 했다. 그와 똑같은 힘이 수백만 명의 이민자들을 유럽에서 미국으로 끌어들였다. 그들이 도착한 후, 이러한 이주자들 중 많은 사람들이 고국에서 가져온 발전된 기술과 솜씨를 사용해 사업을 시작했다. 경제학자들은 이러한 인적 자본의 유입

---

* 남북전쟁 이전에 노예 제도가 합법화되었던 남부의 주.

** 미국 북부, 특히 뉴잉글랜드 지방사람.

이 19세기 내내 전통적인 외국인 투자 가치보다 몇 배나 되는 가치를 지녔다고 추정한다. 남북전쟁에서 북부가 승리한 이후, 미국의 국토경계선이 확장됨으로써 고임금 모델에 대한 의지가 굳어지면서 산업 잠재력은 더욱 높아졌다. 남북전쟁이 끝난 후 수십 년 동안 북부의 불평등이 심해지면서 결국 생산 대비 소비가 위축되었고, 이는 내부적으로 더 많은 투자를 받을 수 있다는 사실을 의미했다. 20세기 초반이 되었을 때 미국은 이미 순 수출국이 되어 있었다.[3]

미국이 이룬 업적은 특히 독일과 일본에서 숭배자와 모방자를 끌어모았다. 미국 시스템의 초기 이론가 중 한 명인 프리드리히 리스트는, 내부적으로는 활기차지만 외부적으로는 보호받는 미국 시장이 통일 독일의 경제가 추구하는 모델이라고 분명히 주장했다. 10년 후, 페샤인 스미스는 『정치적 경제의 매뉴얼(Manual of Political Economy)』(1853년)을 출판했는데, 이것은 아마도 미국 발전의 정신적 상태를 가장 이론적으로 옹호한 중요한 책이다. 남북전쟁 이전 미국의 많은 사람들처럼 스미스도 노예제 폐지주의와 무역보호주의 그리고 대규모 이민을 자유 무역과 노예제도에 반대하는 공통 프로그램의 일환으로 보았다. 그의 견해에 따르면, 높은 관세와 풍부한 토지 그리고 남부 이외의 주와 인간의 자유를 보호하는 미국의 고임금이 미국의 뛰어난 생산성을 초래했다. 고가의 노동력으로 인해 기업들은 더 효율적이 되고 자본 장비에 투자하게 되었다. 이와 동시에 급속한 인구 증가가 국내 시장을 확대하고 추가적인 사업투자를 보상했다고 주장했다.[4]

스미스의 주장은 일본 청중들의 환영을 받았다. 1853년 미국 해군 함정들이 도쿄만에 도착해 서방과의 불리한 상업 조약을 받아들이도록 강요했을 때, 막부는 전혀 준비가 안 된 상태였다. 그러한 조약들은 일본이 수입품에 5퍼센트 이상의 관세를 부과하지 못하도록 했다. 뒤이은 경제적 혼란과 외국인에 대한 정권의 전반적인 대처에 불만을 품은 일본의 엘리트들은, 1868년 메이지 천황의 국가 원수 복원을 전제로 하는 반란을 일으켰다. 1871년 스미스는 새 정부에 국제법에 대해 조언하기 위해 도쿄로 초대되었다. 그는 일본에 가서 일본 정부의 영향력 있는 조언자가 되었다. 일본은 1899년까지 관세를 조정할 수는 없었지만, 미국 제도의 몇 가지 인정할 만한 요소들을 채택했다.

첫째, 정부는 내부 개선, 특히 도로와 철도에 적극적으로 투자했다. 둘째, 알렉산더 해밀턴의 충고를 반영해, 정부는 배와 군사 장비들을 만들어내는 '모델 공장들'에 보조금을 지급했다. 경제사학자 켄이치 오노는 이러한 공장들이 '새로 등장하는 일본 기업가들에게 강력한 전시 효과*를 주었다'며 '이후 공장에서 일하게 된 많은 일본 기술자들을 양성하거나 또 다른 공장을 설립했다'고 관측한다. 정부는 이러한 지출을 모두 새로운 토지 세금과 일본 부자들에게서 강제로 대출한 자금으로 지불했고, 추가 투자를 지원하기 위해 더 많은 비용을 절감했다. 결국 수입을 대체할 토종 생산능력을 개발하겠다는 것이 명백한 목표였다.

그러나 그때까지는 일본 역시 외국인에게 의존해 근대화를 진행했다. 미국에서처럼 스미스를 비롯한 전문직 종사자들의 이민은 서구에서 인적 자원을 이전시켰다. 반면, 일본 학생들은 해외로 나가 서양 대학에서 배울 수 있도록 돈을 받았다. 일본도 무역적자가 커서 다른 나라에 수출한 것보다 수입이 더 많은 상태였다. 면화와 같은 원자재뿐만 아니라 철도 엔진과 전기 발전기 등을 포함해 거의 모든 첨단 기계를 수입해야 했다.[5]

---

* 남의 소비 행동에 따라 개인의 소비지출이 영향을 받는 일.

고저축 모델을 가장 극단적인 방식으로 되풀이한 나라는 이오시프 스탈린 휘하의 소련이었다. 1917년 볼셰비키 쿠데타와 이후 러시아의 외채 거부로 소련은 세계의 나머지 국가의 저축에 접근할 수 없는 버림받은 국가가 되었다. 게다가 소련은 이념적인 이유로 외국인 투자자들에게 나라를 개방하는 것에 반대했다. 자본이 부족해 주로 농업 사회에 심각한 타격이 가해졌다. 외국 상품은 물물교환이나 절도로만 얻을 수 있었다. 그러나 스탈린은 '자본주의의 포위로부터 사회주의적 경제의 독립성'을 확보한다고 말하며 급속한 산업화에 전념했다. 150년 전의 조지 워싱턴처럼 스탈린은 자국의 생산능력을 개발하는 것이 국가 안보의 필수요건이라고 믿었다. 미국과 달리 스탈린은 해외 투자에서 자금을 지원받는 무역적자에 의지하지 않도록 능력을 개발하기로 선택했다. 따라서 소련은 첨단 기술과 상당량 수입하는 자본재*의 대금을 치르기 위해 수출품을 팔아야만 했을 것이다.

1920년대와 1930년대에 그러한 수출품들은 비금속들과 금 그리고 곡물이 대부분이었다. 기계 없이 금속을 충분히 채굴하려면 많은 노동자가 필요했는데, 이는 정권의 정적들을 강제 노동 수용소로 보내 강제 노역을 시킴으로써 낮은 비용으로 충당할 수 있었다. 농민들에게서 잉여금을 확보하는 것은 더 어려운 일이었다. 볼셰비키 혁명당이 1917년 이후 도시들을 통제하기 위해 싸우는 동안, 농민들은 나이 든 지주들을 상대로 싸우며 별도의 혁명을 일으켰다. 농민들의 승리는 농민들이 소유한 작업용지에서 창출해낸 잉여금을 자신들이 가질 수 있게 되었다는 것을 의미했다.

---

* 인간의 욕망을 직접 충족시키는 최종재인 소비재의 생산과정에서 노동·토지를 제외한 재화.

1920년대 초, 볼셰비키 혁명당은 도시에서 프롤레타리아 혁명의 성공을 보존하려면 새로운 농업 자본가들을 수용할 수밖에 없다고 느꼈다. 블라디미르 레닌은 신 경제 정책을, 러시아 서부 국경의 희생으로 볼셰비키 정권을 구했던 1918년에 제정 독일과 맺은 브레스트-리토프스크 조약에 비유했다. 둘 다 일시적인 편법으로 여겨졌다. 그러나 1920년대 말에 스탈린은 집단화라고 불리는 과정을 통해 힘의 상관관계가 변했고 소련 농민을 폭력적으로 노예화했다고 결론지었다. 비록 농업 생산량이 국가 소유하에 줄어들긴 했지만, 정부가 그 생산량을 완전히 통제했고 농민들을 압박함으로써 상당한 잉여량을 뽑아낼 수 있었다. 1930년대 초, 수천만 명이 굶어 죽는 와중에도 곡물 수출은 급증했다. 1930년대 말까지 전형적인 소련의 국민들은 혁명 전 시기보다 곡물에서 칼로리를 거의 얻을 수 없었고, 보드카에서 훨씬 더 많은 칼로리를 얻었다.

　　이것은 인도주의적으로는 재앙이었지만, 소련의 주요 교역국인 나치 독일에서 산업 장비를 수입할 수 있게 해주었다. 두 사회가 보완적인 관계를 이루는 경제적 필요성에 비하면 이념적 차이는 미미한 수준이었다. 두 나라 모두 국제시장에서 발을 끊은 국제적 떠돌이 신세였고, 서로 무역을 통해 서방세계가 부과하는 한계를 피하고자 했다. 제국주의 독일과 제정 러시아의 19세기 관계처럼, 자원이 빈약한 1930년대의 독일은 재무장하는 데 필요한 원자재를 교환하는 대가로 고급 생산품을 거래했다. 독일은 소련이 군사적으로 위협이 될 만큼 신속하게 현대화할 수 없을 것이라고 생각했기 때문에 자국의 기술을 미움받는 공산주의자들에게 기꺼이 내주었다. 소련은 정반대의 견해를 가지고 있었고 (나치는 서방과의 싸움에 초점을 맞출 것이라고 믿었다), 그래서 그들은 자신들의 산업 변혁에 대한 대금으로 나치에 중요한 보급품을 제공하는 것을 기쁘게 여겼다.

제2차 세계대전 전날, 스탈린은 토착 산업 기반이라는 전략적 목표를 달성했다. 소련이 원시 농경사회로 남아 있었더라면, 제1차 세계대전에서 러시아를 능가했던 독일을 이길 수는 없었을 것이다. 그러나 스탈린은 자신의 영토를 강력한 군사강국으로 변모시켰고, 이것은 엄청난 (자체적인) 대가를 치렀다. 많은 소련인들이 강제 노동에 징집되었다. 수천만 명의 사람들이 서방 제조업에 대한 대가를 치르기 위해 농산물 수출 공급에 힘을 쓰느라 굶주려 죽었다. 소련은 현대적인 전차와 항공기를 구비하고 있었지만, 군인들은 부츠나 라디오 같은 기본적인 물품들이 부족했다. 소비재를 기본적으로 구할 수가 없었다. 소련이 경험한 예는 고저축 성장 모델의 성공과 한계를 모두 보여주었다.[6]

일본은 제2차 세계대전 이후 고저축 모델을 더 인간적으로 변형시켜 개발했다. 노동자, 기업, 정부는 서구와 함께 수십 년간의 급속한 성장과 경제적 융합을 일으키자는 일종의 사회적 합의에 동의했다. 노동자들은 파업을 하지 않고 임금 인상 요구를 자제하기로 합의했다. 기업들은 국내 역량과 기술 개선에 수익을 적극적으로 재투자하기로 합의했다. 정부는 국내 시장을 보호하기 위해 수입 규제뿐 아니라, 정기적으로 저축하는 사람들의 희생으로 제공되는 저리 대출을 회사들에게 지원하기로 합의했다. 일본 내에서는 소수의 대기업들이 소비자를 희생시켜 과점 경제권을 장악했다.

해외에서는 그러한 똑같은 회사들이 서로, 그리고 미국과 유럽의 생산자들과 시장 점유율을 두고 치열하게 경쟁했고, 이로 인해 그들은 효율적이고 혁신적이 될 수밖에 없었다. 일본인 노동자, 소비자, 퇴직자들은 모두 상품과 서비스 비용을 과다하게 부담하고, 서구의 노동자, 소비자, 퇴직자들보다 국가생산량에서 더 낮은 몫을 집으로 가져가며, 구매력을 가계에서 기업으로 이전하기 위해 고안된 금융 시스템을 사용함으로써 산업발전에 보조금을 지급했다. 일본 기업들은 제조업의 기반을 개선시키고, 노동자들에게 생산성 증가라는 이익을 전달하며, 과도한 임원 보수는 자제하는 식으로 보답을 했다. 정부는 일류 사회 기반 시설에 투자했다. 게다가 급속한 성장에도 불구하고 일본의 수출은 계속해서 다른 나라에서 들여오는 수입을 초과했다.

일본이 서구의 생활수준으로 성장하면서 일본식 개발모델은 문제점들을 야기했다. 교육받은 근면한 노동자가 풍부하지만 충분한 물리적 자본과 기술이 부족한 사회일 때, 명백하게 투자할 가치가 있는 프로젝트들이 많다. 따라서 구매력을 노동자에서 기업과 국가로 이전하면 국가 발전을 가속화할 수 있다.

불행하게도 일본은 소비에 대한 투자를 선호하는 제도적 편견이 있어서, 최고의 프로젝트가 완료된 후에도 투자를 계속해야 한다는 압박을 느꼈다. 그래서 가계 지출을 제한하고 기업에 보조금을 지급하기 위해 전쟁 후에 개발되었던 메커니즘을, 그 유용성이 떨어졌는데도 1980년대 초까지 계속 지속했다. 추가 투자로 증가되는 이익은 꾸준히 감소했고, 가계 지출에 부과된 체계적인 제약은 투자수익을 감소시켰다. 일본 사회는 결국 1990년대와 2000년대에 와서 적응했지만 기업 투자가 급감하고 실업률이 높아지며 가계저축률이 '0'으로 떨어지는 등 불필요하게 고통스러운 방식을 통해서였다. 일본이 개발 모델을 좀 더 일찍 벗어났더라면 이런 일은 피할 수 있었을 것이다.

식민지에서 독립한 이후의 많은 국가들이 소련이나 일본의 고저축 모델에 따라 현대화를 시도했다. 1948년 분단 이후, 한국은 두 가지 버전을 모두 경험했다. 1970년대까지만 해도 공산국가인 북한은, 일본식 모델의 많은 특징을 모방했던 시장지향적인 남한보다 더 성공적인 것처럼 보였다. 그러나 시간이 지남에 따라 물리적인 자본의 급속한 발전이라는 소련 시스템의 주요 장점은, 낮은 생산성, 혁신 불능 그리고 시스템적 부실 투자라는 심각한 단점이 크게 부각되면서 묻히고 말았다.

이와는 대조적으로, 의식적으로 일본식 모델의 경험을 반영한 한국의 대기업들은 세계 시장에서 경쟁하기 위해 기술을 향상시켜야 했다. 1970년 한국의 생활수준은 미국의 10분의 1 정도에 불과했다. 1997년 한국의 금융위기 이후, 한국의 생활수준은 미국의 약 절반이었다. 그러나 2016년 현재, 한국의 생활수준은 미국의 거의 70퍼센트에 이르면서 일본, 뉴질랜드, 프랑스의 생활수준에 필적한다.[7]

19세기에 미국의 고임금 성장 모델은 영국의 흑자를 보완했다. 아르헨티나, 호주, 캐나다도 영국 저축의 열렬한 수혜자였다. 아르헨티나를 제외하고 해외에서 자원을 받는 사회는 일반적으로 그것들을 가장 잘 활용할 수 있는 사회였기 때문에, 세계는 이 협정으로 인해 전체적으로 번영했다. 동시에 과도한 생산이라는 문제가 가장 부유하고 가장 선진적인 사회에서 시작이 되고 있었다. 20세기 말에는 상황이 바뀌었다. 가난한 나라들은 부자들의 소비를 보조하고 있는 경우가 많았으며, 이는 두 나라 모두를 희생시켰다.

초과 저축과 엄청난 과잉

20세기의 마지막 4분기가 가까울 때쯤, 결핍은 부유한 세상에서 더 이상한 심각한 문제가 아니게 되었다. 물건을 만드는 것이 그 어느 때보다도

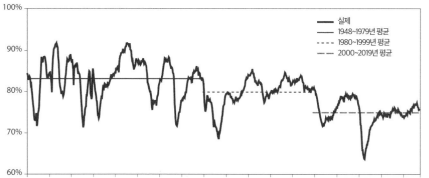

도표 3.1　**엄청난 과잉** (미국 제조 용량 활용률)　　　　출처: 연방준비제도이사회; 매튜 클라인 계산

더 쉽고 저렴한 일이 되었다. 부족은 과잉이란 문제로 대체되었다. 오늘 더 많이 소비하는 것과 내일 더 많이 생산하는 것 사이의 오래된 균형은 사라졌다. 투자는 이제 오래된 자원 경쟁보다는 불충분한 소비로 인해 제약을 받고 있다. 그러므로 현대의 상황은 풍부한 유휴 자원과 채워지지 않은 물질적 욕구의 비뚤어진 우연으로 정의된다. 이것은 저축, 투자, 무역 사이의 관계에 깊은 영향을 끼쳤다.

생산에는 두 가지 기본적인 투입변수가 있다. 바로 노동력과 자본이다. 수십 년 동안 두 가지 요소가 모두 풍부했다. 부유한 세계의 실업률은 1970년대 이후 이전보다 체계적으로 높아져왔다. 1인당 근로시간을 줄인 시간제 일자리 고용이 늘고, 직장을 다니지 않는 근로연령층 비중이 꾸준히 증가하고 있는 점을 감안하면 상황은 더욱 극단적으로 보인다. 만약 해야 할 일이 많다면, 그 일을 대신할 사람들을 쉽게 찾을 수 있을 것이다. 문제는 그들의 노동력이 필요하지 않다는 것이다.[8]

생산적인 자본의 공급에 대해서도 비슷한 이야기를 할 수 있다. 연방준비제도이사회(FRB)는 1948년부터 미국 제조업의 생산능력과 생산량과의 관계를 추적해왔다. 그때부터 1979년 말까지, 미국 제조업체들은 평균적으로 생산능력의 83퍼센트를 제품을 생산하는 데 사용했다. 1980년 초부터 1999년 말까지는 평균 80퍼센트였다. 2000년대 초반부터 생산능력 활용률은 1990년대에 만들어진 초과 생산능력과 이후 국내 생산량 성장 제한의 결합으로 평균 75퍼센트에 그쳤다. 제조 생산능력은 2008년 이후 약간 줄어들었지만 생산량은 훨씬 더 많이 줄어들었다.[9]

기업의 투자 행태 역시 드러나고 있다. 대체로 사업 부문은 현금 유동성*에서 창출하는 것보다 생산력을 확장하는 데 더 많이 지출해야 하며, 그 차이는 가계저축으로 충당한다. 추가 투자는 현금 유동성을 높여 추가 확장비용을 충당하는 동시에 저축자들에게 상환하는 데도 도움이 된다. 비록 일부 기업들이나 심지어 전체 산업에 성장 기회가 부족해질 수도 있고, 재투자하기 위해 수익을 보유하기보다는 주주들에게 이익을 분배하는 쪽을 택할 수도 있지만, 사업 부문이 하나의 전체로서 성장하기 위해서는 다른 이들의 저축이 필요하게끔 되어 있다. 하지만 지난 수십 년 동안 이 메커니즘은 제대로 기능해오지 못했다. 현재 많은 나라의 사업 부문들은 그들이 현금 유동성에서 창출하는 것보다 덜 지출하고 있다. 결과적으로 생기는 기업 흑자는 미국처럼 주주들에게 분배되거나 독일, 일본, 한국처럼 그 회사들이 보유하게 된다. 게다가 부유한 세계에서 가치 있는 투자를 할 기회는 과거에 비해 훨씬 적다. 남아 있는 기회들은 대부분 기반 시설과 주택으로, 과도한 자본비용보다는 정치적 제약에 방해를 받는다.[10]

---

* 한 사업체의 수입과 지출의 흐름.

공산품 가격이 꾸준히 하락하는 것도 하나의 결과다. 미국의 자본 설비 가격은 1991년 이후, 말 그대로 30퍼센트 하락했다. 주로 자동차, 가전제품, 가구 등 내구소비재 가격은 1995년 정점을 찍은 이후 36퍼센트 이상 떨어졌다. 의류와 신발 가격은 1980년대 중반보다 지금이 더 싸다. 1990년 이후, 미국의 인플레이션 대부분은 정부가 공급을 엄격히 규제하고 수요를 많이 보조하는 모든 부문, 즉 의료(의사의 처방전이 필요한 약을 포함해서), 주택, 교육 부문의 높은 가격에서 비롯되었다. 나머지 경제 부문에서는 물가가 제자리걸음을 하고 있다.

미국인의 평균 가처분소득에 비해 공산품 구입비용은 1940년대 후반 이후 90퍼센트 이상 폭락해 1980년대 중반 이후 감소세가 대부분이다. 유럽과 일본에서도 비슷한 상황을 찾아볼 수 있다.[11]

금융시장 데이터도 큰 폭의 과잉과 일치한다. 자산 가격은 다른 모든 가격과 마찬가지로 공급과 수요의 균형에 따라 결정된다. 다시 말해, 주식과 채권의 가치평가는 기업과 정부가 신규 투자 자금을 조달하려는 (자산 공급) 욕구와, 가계가 향후 더 많은 소비를 할 수 있다는 기대로 오늘 더 적게 소비하려는 의지를 (자산에 대한 수요) 모두 반영해야 한다. 낮은 자산 가격(저축자를 위해 미래에 높은 수익으로 돌아올)은 자원이 부족할 때 기업이 자금을 유치하기 위해 치러야 하는 값을 나타낸다. 그러나 생산능력이 풍부할 때는 추가 투자에 대한 기대수익률이 낮아야 한다. 가치평가는 높고 수익은 낮을 것이다.

실제로 폴 볼커 연방준비제도 지도부 시절인 1980년대 초반의 물가 하락과 관련된 비정상적인 상승 이래로, 인플레이션 때문에 조정된 장기 금리는 전 세계적으로 꾸준히 하락해왔다. 수십 년 동안 실질 차입 비용은 실질 경제 성장에 대한 장기 전망치보다 낮으며, 거의 '0'에 머물고 있

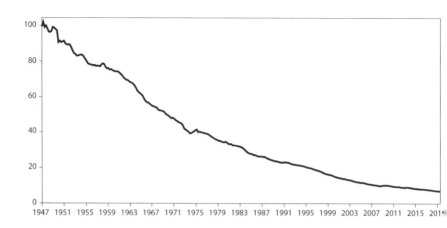

도표 3.2 **공산품의 가격이 가처분소득에 비해 폭락했다.** (평균 가처분소득으로 나눈 공산품가격지수, 1947
년 1월=100)
출처: 경제분석국; 매튜 클라인 계산

다. 특히 부유한 세계에서 기업 가치는 꾸준히 상승하고 있는 반면, 신용
스프레드*는 금융위기 기간 이외에는 예외적으로 긴축적이다. 어떤 조치
들 때문에 지난 수십 년 동안 부유한 국가들의 재정 상태는 그들이 지금
까지 거의 그랬던 것만큼 느슨하다. 상품 가격은 평균 수입에 비해 꾸준
히 하락해왔다. 사모펀드 회사들은 그동안 효율적으로 사용할 수 없었던
수조 달러의 자금에 부담을 느끼고 있다. 채권과 대출의 약정은 대출자에
게 유리하게 꾸준히 느슨해져왔다. 생산적인 투자를 하는 능력은 얼마나
풍부한 물적 자원을 확보하느냐에 따라 한정되었을 수도 있지만, 이제 그
런 시대는 수십 년 전에 끝났다.

엄청난 과잉은 표준 경제학이 그것을 묘사하는 데 어려움을 겪었기
때문에 부분적으로 매우 악영향을 주고 있었다. '절약(저축)'의 교과서적

---

* 회사채 신용 등급 간 금리격차를 의미함.

인 정의는 '소비하지 않는 것'이다. 성경에 나오는 요셉과 파라오의 이야기를 생각해보라. 요셉과 파라오는 풍년이 7년간 계속되는 동안 잉여 곡식을 비축해 7년간의 흉년을 준비한다. 모든 산출물이 사용되거나 또는 자산을 개발하는 데 소비되거나 하기 때문에 저축은 필연적으로 '투자'와 같다. 비록 이러한 정체성이 정의상 사실이긴 하지만, 그럼에도 심각한 오해로 이어질 수 있다.

저축률이 높아지면 투자 또한 추가적으로 늘어난다고 생각하는 것이 가장 큰 실수다. 그렇다, 소비를 제한하면 노동자, 기계, 자재를 투입하지 않아도 된다. 따라서 결핍의 시기에는 더 많이 저축하는 것이 더 많은 투자를 하기 위한 전제 조건이다. 그리고 가치 있는 투자 기회가 많아지면, 유휴 자원을 비교적 신속하게 재배치할 수 있다. 그러나 이러한 과정 중에서 저절로 되는 것은 없다. 오히려 특정 경제 상황에 따라 좌우된다. 그러한 조건들이 적용되지 않을 때, 저축률이 높아지면 단순히 낮은 생활수준을 의미할 뿐이다.

많은 면에서 교과서적인 표현을 거꾸로 뒤집어 생각하는 편이 나을 때가 있다. 예를 들어, 더 많은 투자가 더 많은 저축으로 이어진다는 식이다. 정의상 가치 있는 프로젝트는 사회가, 투입하는 노동과 물적 자원과 비례해 추가적으로 생산할 수 있게 만든다. 그리고 그러한 생산량의 대부분은 소비되어 전반적인 생활수준을 끌어올린다고 한다. 그러나 추가 생산의 일부를 추가 투자비용을 지불하는 데 사용하는 한, 총 저축액은 증가하게 될 것이다. 생산 대비 소비가 증가하더라도 저축액은 증가할 수 있다. 더 나아가, 무역적자를 발생시키지 않고 저축률이 하락해도 총 투자액은 증가할 수 있다. 효율성 향상(동일한 입력 값에서 더 많은 출력을 생성)을 통해 사회는, 소비되는 생산량의 점유율을 늘리면서도 계속 추가로 생산능력에 투자할 수 있다.

더 중요한 것은 그 반대의 경우도 사실이라는 점이다. 더 많은 저축을 통해 추가 투자를 촉진하는 것은 종종 역효과를 낳는다. 저축률을 올리는 가장 간단한 방법은 소비재와 서비스에 지출을 덜 하는 것이다. 그러나 당장 투자가 늘어나 소비 감소를 상쇄하지 않는 한, 총생산이 줄고 총저축이 낮아져 결국 신규 투자가 위축되는 결과가 나온다.[12]

소득분배의 변화는 이러한 모든 변수에 영향을 미치므로 중요한 경제적 결과를 초래한다. 대부분의 사람들은 그들이 버는 모든 것을 상품과 서비스에 소비하지만, 부자들은 그렇지 않다. 아무리 취향이 사치스럽다해도 사람이 소비할 수 있는 양은 한계가 있다. 대부분의 사람들에게 여분의 돈을 주면, 머지않아 그것은 다른 사람들에게 일자리와 수입을 제공하는 무언가를 사는 데 쓰일 것이다. 그러나 부자에게 같은 여분의 돈을 주면, 아마도 추가 자산을 축적하는 데 사용될 것이다.

세계적으로 불평등이 증가한다는 것은, 그러한 자산의 가치가 국민소득에서 점점 더 비중에 작아지는 사람들이 지속적으로 지출을 하는지에 따라 좌우된다는 것을 의미한다. 이 일을 해결할 수 있는 유일한 방법은 빚을 늘리는 것이다. 경제학자 마이클 쿠모프, 로맹 랑시에르, 파블로 위난은 1920년대 미국의 소득 집중 증가와 대공황 이전 몇 년 동안의 미국 가계부채 사이에 거의 완벽한 관련성을 찾아냈다.[13]

프랭클린 루스벨트의 연방준비제도이사회 의장인 마리너 에클스는 이것이 전후 번영의 명백한 표시임에도, 1920년대에 미국 경제가 그렇게 취약한 이유라고 이해했다. 에클스는 미국의 소득 분배가 대중에서 엘리트들에게로 옮겨지는 것이 근본적인 문제라고 보았다. 그는 회고록에 '대중 소비자의 손에서 구매력을 빼앗음으로써 저축자들은 새로운 공장에 자본축적이라는 형태로 재투자한 자신들의 행위를 정당화시킬 수 있는, 그들 제품에 대한 일종의 유효수요*를 스스로 거부했다.'고 썼다. 사람들이 원하는 것을 더 많이 생산하기 위해 투자하지 않고는 소비가 성장할 수 없다는 것은 명백하다. 그러나 이러한 투자가 수익성이 있으려면 소비가 증가해야 한다는 사실은 덜 명백하지만 똑같이 중요하다. 트럭 공장이나 아파트 단지, 발전소를 짓는 일은 아무도 더 이상 트럭을 사지 않는다거나 아파트에 살지 않거나 여분의 전기가 필요 없다면 어떤 의미에서도 '투자'가 아니다. 그냥 낭비일 뿐이다.[14]

이것이 바로 저축률이 높지 않아도 저축 과잉에 시달릴 수 있는 이유다. 저축률 자체는 의미가 없다. 중요한 것은 가치 있는 투자 기회의 공급과 비례하는 소비되지 않은 생산량이다. 실제 자원이 즉각적인 욕구의 충족에 쓰이지 않고, 낭비적인 투자를 개발하기 위해 전용될 때 저축이 과도하다고 말할 수 있다. 물론, '가치 있는'과 '낭비'를 구별하는 것은 오직 돌이켜 생각할 때만 가능한 경우가 많다. 그러나 과도한 저축은 반드시 낭비적인 투자로 이어진다. 왜냐하면 과잉 저축은 과잉 건설을 조장하기 때문이고, 소비를 억제하면 가치 있는 프로젝트를 실행할 가능성을 감소시킬 수 있기 때문이다.

어떤 사회('스크루지빌'이라고 부르자)가 저축률을 높일 때, 그것은 정의상 생산하는 것에 비해 덜 소비한다는 의미다. 세계의 소비와 투자를 합쳐전 세계 생산량과 같아야 하기 때문에, 다음 세 조합의 결과들이 나온다.

• 스크루지빌에서 투자율이 상승한다.

---

* 재화와 용역을 구입하기 위한 금전적 지출을 수반한 수요.

- 나머지 국가에서의 투자율이 상승한다.
- 나머지 국가에서 저축률이 하락한다.

이 세 가지 가능성은 다음과 같은 네 가지 시나리오와 같다.

- 전 세계적으로 생산적인 투자가 증가한다.
- 전 세계적으로 낭비적인 투자가 증가한다.
- 스크루지빌 외부에서 소비가 증가한다.
- 스크루지빌 외부에서 생산이 감소한다.

이러한 결과 중 두 가지, 즉 낭비적인 투자와 스크루지빌 외부의 생산 감소는 단연코 좋지 않다. 스크루지빌 외부의 높은 소비는 좋을 수도 있지만 추가 지출이 어떻게 자금을 조달하느냐에 따라 위험할 수도 있다. 생산적인 투자의 증가는 분명히 좋을 것이지만, 그것은 오늘날 선진국에서 가장 가능성이 낮은 결과이기도 하다. 투자에 대한 요구가 과도한 자본비용 때문에 충족되지 않는다는 증거는 전혀 없다. 오히려 투자는 글로벌 수요가 약화되어 야기된 매력적인 투자 기회 부족 때문에 제한되거나, 비합리적인 정치적 제약 때문에 억제되어 왔다.

공교롭게도 국제통화기금(IMF)은 1980년 이후 세계 생산량에서 차지하는 저축률과 투자율이 안정세를 보이고 있다고 보고한다. 대폭적으로 높아진 일부 지역(특히 중국)의 저축률은 다른 지역의 훨씬 낮은 저축률로 상쇄되었다. 한 가지 시사점은 세계적으로 가치 있는 투자 프로젝트에 들어갈 자금이 부족하지 않았다는 점이다. 만약 부족했다면 세계 경제의 한 부분에서 큰 폭의 저축 증가는, 글로벌 투자에서의 증가와 일치했을 것이다. 그런 일은 일어나지 않았다. 대신, 생산과 관련된 소비를 압박하는 곳들이 단지 다른 곳의 소비와 비교해서 생산을 감소시켰다. 이것은 무역에 중대한 결과를 가져왔다.[15]

예를 들어, 중국의 투자율은 1980년대 이후 급증했지만 훨씬 더 큰 상대적 소비 감소(저축 증가)를 상쇄하기에는 충분하지 않았다. 2008년까지 그것은 국내 수요와 비교해서 생산의 급증을 가져왔고, 나머지 국가들은 그 차이를 흡수할 수밖에 없었다. 중국은 호황을 누렸지만, 중국 내 지출의 분포는 전 세계에 심각한 왜곡을 초래했다. 2008년 이후 중국의 흑자는 GDP의 투자 비중이 높아졌기 때문에 줄어들었다. 그러나 소비가 차지하는 비율은 지난 몇 년 동안 미미한 움직임밖에 없었다. 그 결과 중국의 저축률은 생산적인 산출량의 10퍼센트에 해당하는 무역흑자를 냈을 때보다 지금 더 높은 것으로 나타났다.

이와는 대조적으로 독일의 흑자는 내수부진이 작용한 것이다. 국내 소비와 투자가 거의 30년 동안 지지부진하게 성장했다. 전체 생산량도 통일 이후 약세를 보였지만 내수보다 소폭 빠르게 성장했다. 중국에서처럼 그 차이는 독일 수출에 대한 순 외국인 지출에서 왔다. 독일의 저축률과 투자율은 따로 보면 유별나지 않다. 그러나 이 두 비율의 차이는 그러한 규모의 국가로서는 거의 전례가 없는 일이다.

미국에서는 상황이 정반대로 돌아갔는데, 독일처럼 내수가 약세를 보이고 있는 반면, 생산 증가율은 훨씬 더 악화되었다. 외국인의 저축은 무역적지의 형태로 미국 국내 생산을 압도했다. 이와는 대조적으로 스페인의 대규모 적자는 투자 붐 때문에 야기되었다. 스페인의 생산이나 소비 습관에 의미 있는 변화는 없었다. 이에 따른 흑자 전환은 가계저축률 변화보다는 투자 위축에 따른 것이다. 그리스 역시 투자 호황과 불황이 있

었지만 스페인과 달리 소비 호황과 불황으로 이를 증폭시켰다.[16]

정의에 따르면, 이 나라들 중 일부 나라에서 일어난 일은 다른 나라에서 일어난 일과 연결되어 있었다. 일부 국가에서의 흑자와 다른 국가에서의 적자를 연계시킬 수 있는 설명은 세 가지 뿐이다.

- 중국, 독일, 기타 흑자 국가 내의 변화는 국내 생산 대비 내수가 감소하게 만들었고, 이로 인해 나머지 국가들은 생산량 감소, 투자와 소비 증가를 통해 생산 대비 지출을 늘려야 했다.
- 미국, 스페인, 그리스, 기타 적자 국가 내의 변화는 생산량이 지출에 비해 감소하게 만들었고, 이로 인해 다른 나라 국민들은 국내 수요를 충족시키기 위해 필요한 양 이상을 생산해야 했다.
- 그리스의 상업의 신인 헤르메스 또는 아마도 부를 지배하는 인도의 신인 락슈미는 국가별로 무역, 투자, 저축을 관리하는 데 모든 시간을 쏟느라 매우 바빴으며, 모든 시점마다 놀라운 우연의 일치로 전 세계 수백 개의 많거나 적은 자치단체의 모든 저축률과 모든 투자율은 완벽하게 균형을 이루었다.

지난 30년간의 사건들을 자세히 살펴보면 첫 번째 설명이 최선이라는 것을 알 수 있다. 흑자 국가 내 정치적·사회적 변화는 수입의 대부분을 상품과 서비스에 쓰는 노동자에서 금융 자산 축적을 선호하는 엘리트에게 구매력을 이전시켰다.

이것은 여러 나라에서 다양한 방식으로 일어났다. 예를 들면, 중국의 후커우 시스템(호적 제도)은 수억 명의 도시 노동자들이 세금을 내는 정부의 혜택을 받지 못하게 하고, 독일 기업들은 상승하는 수익성과 해외 투자의 정기적인 손실에도 불구하고 국내 투자를 거부하고 있다. 이러한 선택들은 기계적으로 생산과 관련된 소비와 투자를 억제하고, 이는 결국 전 세계가 생산보다 더 많이 소비하도록 강요한다.

국제 수지

예금은 금융시장을 통해 국제적으로 이동한다. 무역흑자를 낸 국가들은 초과 생산량을 다른 나라에 기부하지 않고 향후 생산량에 대한 청구권과 교환해 판매한다. 그러한 청구권은 무역흑자로 벌어들인 소득으로 처리되거나 훨씬 더 많은 청구권을 발행함으로써 처리된다. 국제 수지는 이러한 거래들을 추적한다. 경상수지는 무역 흐름과 무역 불균형의 자금 조달 비용을 살펴보는 반면, 금융계정은 통화 시장에 개입하는 국가의 중앙은행 보유고 변화를 포함해 국경을 넘는 자산의 매입과 판매를 측정한다. 금융 계정을 통해 들어오고 나가는 돈의 순 금액은, 경상수지에 기록된 대로 한 나라의 국경을 넘어 이동하는 돈의 순 금액과 같아야 하지만, 측정하기가 어려워 때로 두 수치 사이에 차이가 생긴다.

한 나라의 경상수지는 단순하게 그 나라 구성원 각자의 수입과 지출의 합이다. 세상에는 두 종류의 사람들이 있다. 버는 것보다 더 많이 쓰는 사람과 덜 쓰는 사람. 모든 소득은 궁극적으로 다른 사람의 지출에서 나오기 때문에, 이러한 개인적 차이는 세계적인 수준에서 항상 균형을 이룬다. 따라서 소득이 생기려면 다른 누군가가 지출을 해야 한다. 버는 돈보다 적게 쓰는 사람들은 어딘가로 가야만 하는 잉여금을 가지고 있다. 그 잉여금은 은행 계좌에 남아 있을 수도 있고, 주식이나 채권과 같은 금융 자산을 사는 데 사용될 수도 있고, 부동산과 예술품과 귀금속 같은 실물 자산에 들어갈 수도 있다.

이러한 자산 구매는 기꺼이 팔려는 판매자가 없으면 불가능하다. 그 사이에 일부 거래가 있을 수 있지만, 최종 자산 판매자는 버는 것보다 더 쓰기 위해 그러한 수익금을 사용한다. 이들은 기존 자산을 소유하고 과거 저축한 돈의 일부를 퇴직자가 자신의 보유 자산을 차츰 매각하듯이 현재 지출로 바꾸고자 하는 사람들이거나, 새로이 자산을 발행해 감당할 수 없는 물건을 사기 위해 돈을 모으고자 하는 사람들일 수도 있다. 예를 들어, 가계는 새 주택을 사기 위해 담보대출을 받고, 기업은 투자 자금을 조달하기 위해 주식을 발행하며, 정부는 경매에서 채권을 판매한다. 소득과 지출은 반드시 함께일 수밖에 없다.

만약 한 나라의 사람들이 총괄적으로 자신들이 버는 것보다 더 많이 쓴다면, 나라는 전체적으로 경상수지 적자가 된다. 다시 말해서 수출, 외국인 투자수익, 송금, 해외원조 등 소득으로 세계 나머지 국가에서 들어오는 돈의 양이, 수입, 배당, 외국인에게 지급되는 이자, 이체 등의 형태로 나가는 돈보다 적다는 얘기다. 반면에 한 나라의 가계, 기업, 정부가 전체적으로 소득보다 더 적은 돈을 쓴다면, 경상수지는 흑자가 된다. 그럴 경우 수출, 외국인 투자수익, 송금영수증 등을 합치면, 수입, 외국인에게 지급되는 소득, 송금 등에 들어가는 돈보다 더 많다.

이 모든 것의 맞은편에 금융계정이 있다. 전체적으로 지출이 소득을 초과하는 나라는 자산을 매각해 그 차액을 충당해야 한다. 경상수지가 적자인 나라는 금융계정에서 흑자를 내야 한다. 즉, 외국인이 국내 자산을 사들이는 데서 들어오는 총액은 내국인이 외국 자산을 사들이면서 나가는 총액보다 커야 한다. 반대로 사람들이 전체적으로 벌어들인 것보다 더 적게 쓰는 나라들은 그들의 경상수지 흑자를 해외에 투자해야 한다. 다른 나라에서 국내 자산을 사기 위해 들어오는 돈보다 국내에서 해외 자산을 사기 위해 나가는 돈이 더 많아야 한다.[17]

다음 방정식은 이러한 관계를 명확히 하는 데 도움이 된다.

경상수지 = 금융계좌 + 통계적 불일치

경상수지 = 가계저축 + 기업 수익 + 세금
            − (가계 투자 + 기업 투자 + 정부 지출)

금융계정 = 국내 자산 매입 외국인 − 해외 자산 매입 자국민

금융계정 = 민간 금융계정 + 중앙은행 적립금 변경

커다란 흑자나 적자가 본질적으로 좋거나 나쁜 것은 아니다. '좋은 불균형'은 부유한 흑자 국가의 소득자들이 개발 자금을 조달하고 적자 국가의 생활수준을 높임으로써 건강한 수익을 얻을 수 있도록 해준다. 이것은 미국이 19세기 대부분 동안 했던 일로, 주로 영국 자본을 수입해서 미국 노동자들을 압박하지 않고 달성할 수 있었던 것보다 훨씬 높은 수준으로 국내 투자를 증가시켰다. 더 최근에는 한국이 1980년대 후반의 짧은 기간을 제외하고, 1948년 이후 1997년 아시아 금융위기까지 수십 년 동안 수출한 것보다 더 많이 지속적으로 수입했다. 한국은 또한 가난한 나라에서 부유한 나라로 성공적으로 전환한 몇 안 되는 나라다.

한때 서유럽의 최빈국 중 하나였던 노르웨이는 1970년대 오프쇼어 오일*과 천연가스전을 개발하는 비용을 마련하기 위해 대규모 경상수지

---

* 해양 대륙붕의 석유갱이나 가스정(gas井)에서 나는 기름.

적자 형태로 막대한 외화를 수입했다. 일단 개발한 곳에서 오일이 생산되기 시작해 노르웨이 사람들은 채무를 갚을 수 있었고, 결국 탄화수소 수익으로 매입한 많은 외국 자산을 축적할 수 있었다. 노르웨이인들이 그들이 번 것보다 더 많은 돈을 쓸 수 있는 능력에 제약을 받았다면, 그러한 자원들은 결코 개발되지 못했을 것이다. 노르웨이와 세계 전체가 더 가난했을 것이다.[18]

그와 동시에 흑자가 나쁠 수도 있다. 소득은 어디론가 가야 하지만, 그것이 수익성 있는 투자에 투입될 것이라는 보장은 없다. 지난 20년 동안 금융자본의 열렬한 수출국이었던 독일인들은 해외 투자에 거의 독보적으로 서투르다. 1999년 초반 이후, 독일의 민간 부문은 모두 합쳐 5조 1000억 유로 이상을 다른 나라의 자산을 취득하는 데 썼다. 그러나 같은 기간 동안 이러한 외국 자산의 규모는 4조 8000억 유로 증가하는 데 그쳤다. 이러한 차이는 미국의 서브프라임 모기지와 그리스 국가부채와 같은 부실 주식이나 채권을 보유함으로써, 20년 가까이 7퍼센트의 가치 손실을 입었다는 사실을 나타낸다.

독일의 해외 투자는 배당금과 이자 수입을 감안하더라도 거의 모든 다른 부유한 나라의 거주자들이 행한 해외 투자보다 더 나쁜 결과를 가져왔다. 프란치스카 흐네케스, 모리츠 슐라릭, 크리스토프 트레베쉬가 2019년에 한 연구는 '독일은 [2009년에서 2017년 사이] 노르웨이나 캐나다가 수익을 벌어들인 세계 시장과 일치했다면, 약 2조 내지 3조 유로를 더 벌 수 있었을 것'이라는 결론을 내렸다. 놀랍게도 독일인들의 부진한 수익률은 거의 전적으로, 다른 나라의 소득자들에 비해 자산 배분*에

---

* 투자된 자금을 복수의 서로 다른 자산에 배분하는 투자전략.

서 큰 차이가 났다기보다는, 적절한 주식과 채권을 고르지 못하는 현저한 무능 때문이었다.

이러한 최악의 실적은 독일 자산을 사들여서 얻을 수 있었던 성과에 비해 훨씬 더 나빠 보인다. 같은 연구는 '국내 수익이 해외에서 벌어들인 수익보다 훨씬 더 높다'는 결론을 내렸다. 1999년과 2017년 사이에 독일의 자산은 독일의 외국 자산보다 매년 평균 약 2.4퍼센트 포인트 더 많은 수익을 올렸다. 2009년 이후 격차는 5퍼센트 포인트까지 벌어졌다. 예를 들어 말한다면, 1999년에 독일의 대표 자산 모음에 투자된 100만 유로는 2017년까지 약 200만 유로의 이자와 배당금 그리고 자본이익을 창출했을 테지만, 독일이 실제 외국 자산 대표 표본에 투자한 동일한 금액은 100만 유로 미만의 수익을 가져왔을 것이다.

이를 알 수 있는 또 다른 방법은 독일 거주자들이 해외 투자를 어떻게 해왔는지 그리고 외국인들이 독일 투자를 어떻게 해왔는지를 비교하는 것이다. 1999년 초부터 2018년 말까지 독일인들은 비독일인들이 독일에 투자한 것보다 2조 6000억 유로를 더 해외에 투자했다. 그러나 독일의 순 해외 자산 순위는 1조 9000억 유로밖에 성장하지 못했는데, 이는 29퍼센트의 순 손실을 의미한다. 독일인들이 집에 더 많은 투자를 하거나 그들이 실제로 원하는 상품과 서비스에 더 많은 돈을 썼더라면 훨씬 더 잘 살았을 것이다.[19]

불균형이 건강한지 위험한지를 결정하는 것은 두 가지다. 돈이 어떻게 조달되는지 그리고 돈이 어떻게 사용되는지. 한국의 경우처럼 부유한 나라들이 잠재력이 풍부한 가난한 나라에 직접 주식 투자를 하는 것이 이상적이다. 그러나 지난 수십 년간 흑자 국가들은 주주라기보다는 대출기관이었던 반면, 적자 국가들은 외부 자금이 필요한 유용한 프로젝트가

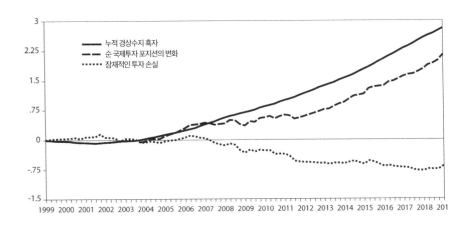

그림 3.3 독일 투자자들은 해외 투자에서 거의 30퍼센트의 손실을 보았다. (순 국제투자 포지션의 구성
요소, EUR 조 단위)   출처: 유럽연합 통계청; 매튜 클라인 계산

부족한 성숙한 경제국들이었다. 그 결과 쓸데없는 짓에 낭비된 부채 붐이
일어났다. 흑자와 적자 국가들 모두 이러한 교환으로 손해를 보았다.

이 중 일부는 이러한 금융 흐름을 받는 쪽의 국가에서 규제가 불충분
했다는 비난을 받을 수 있지만, 더 큰 문제는 흐름이 너무 커서 엉뚱한 곳
으로 간다는 것이다. 따라서 무역에 대해 대중이 반감을 갖는 이유는 국
제 자본이 유용한 형태로 필요한 곳에 가지 못하는 데서 비롯된다. 이는
결국 소득과 부를 노동자에서 엘리트에게 꾸준히 이전하는 흑자 국가의
정책 탓이라고 할 수 있다. 부자들의 저축률이 더 높기 때문에, 상품과 서
비스에 가야 할 구매력이 금융 자산으로 이동하는 효과가 있다. 부자들
은 추가로 구입할 금융 자산을 고국에서 충분히 찾지 못하면 해외로 눈
을 돌려 투자한다. 그 밖의 다른 사람들은 모두 추가로 수입품을 구입하
는 데 사용할 수 있었던 소득을 박탈당한다. 결국 국가 내 불평등이 그들
사이의 불균형을 야기할 수 있다는 결과가 나온다.

불균형의 두 가지 원인: 당기기 대 밀기

흑자는 다른 곳의 적자가 필요하고 적자는 흑자가 필요하다. 둘 중 하나도 나머지 하나 없이는 발생할 수 없다. 개별 국가의 경상수지 흑자와 적자는 다른 모든 국가의 경상수지 흑자와 적자 합계와 균형을 맞추어야 한다. 때때로 자금은 버는 것보다 소비와 투자에 더 많은 돈을 쓰기를 원하는 사람들 때문에 '당겨질' 때가 있다. 이 경우 경상수지 적자인 국가들이 궁극적으로 그러한 불균형에 책임이 있다. 좋은 투자 기회가 있는지와는 상관없이 저축을 선택하는 사람들 때문에 자금이 '밀리는' 경우도 있다. 그런 경우에 불균형은 흑자 국가에서 비롯된다.

불균형의 두 가지 원인이 반드시 다른 원인보다 더 낫다고는 할 수 없다. 좋은 투자 기회를 가진 나라들이 외국 자본을 끌어들이려고 할 수도 있지만, 지속 가능하지 않은 소비 붐이나 의심스러운 프로젝트에 자금을 대려는 나라들도 자본을 끌어들이려 할 것이다. 무차별적으로 자기 방향으로 밀어붙여 많은 돈을 받는 나라는, 때때로 예상치 못한 유입을 횡재로 만들 수 있지만, 대부분은 그렇게 하지 못하는데 특히 유입이 매우 클 때는 더욱 그렇게 하지 못한다.

불균형의 원인을 확인할 수 있는 확실한 방법은 없지만, 시장 가격이 단서를 제공할 수는 있다. 결국, 세계의 회의론자들에게서 돈을 끌어들이기는 어렵다. 요령은 그들에게 돈을 지불하는 것이다. 만약 인플레이션, 채무불이행, 통화 평가절하의 위험에 대해 공정한 보상을 주는 수익을 얻을 수 있다면, 외국인 투자자들은 어디에든 자본을 댈 것이다. 무엇이 공정한지를 결정하는 것이 어려운 문제가 되겠지만, 투자자들이 자신이 감수하고 있는 위험에 대해 더 많은 보상이 필요하다고 생각할 때를 구별하기는 쉽다. 바로 자산 가치가 하락할 때다. 실질금리 상승, 주가배수 붕괴, 환율 하락은 기존 소유주들에게는 좋지 않은 상황이지만, 신규 투자를 끌어들이기에는 비교적 매력적인 상황이다. 따라서 경상수지 적자 국가는 외부 자금을 조달할 필요성이 증가함에 따라 금리가 상승(또는 자산의 국제적 가치가 하락)할 경우가 불균형의 원인이 될 가능성이 높다.

이것은 국제 금융 시스템 주변에 있는 국가들에게 빈번하게 일어나는 현상이다. 지난 몇 년 동안의 터키를 생각해보라. 2010년과 2018년 사이에 이 나라는 해외에서 빌린 자금으로 투자 붐을 일으켰다. 터키의 경상수지 적자는 일관되게 국내 소득의 약 6퍼센트에 달했다. 이로 인해 부채 증가를 감수하고 생산량을 늘렸다. 소득을 초과하는 지출을 충당할 만한 외화를 끌어들이기 위해서는, 인플레이션 상태에서의 가치 차이가 암시하는 것 이상으로 지속적인 통화가치의 하락이 필요하다. 즉, 터키 리라의 실질 가치가 2010년과 2018년 중반 사이에 절반으로 떨어졌다. 외국인 저축자들은 터키에 대해 점점 더 회의적이 되었고 대부분 터키 리라가 아닌 미국 달러로만 갚을 수 있다는 조건으로 빚을 빌려주는 것도 놀랄 일은 아니었다(아르헨티나가 19세기에 금을 담보로 한 빚을 생각해보라).

금리도 올라야 했다. 달러표시 기업대출의 비용은 2010년 약 4퍼센트에서 2018년 하반기에는 6퍼센트로 상승했다. 같은 기간 리라표시 기업대출 금리는 9퍼센트에서 28퍼센트로 치솟았다. 결국 터키 자산에 대한 외국인의 반발로, 터키인들은 소비력이 떨어졌고, 2019년 중반까지 경상수지 흑자로 전환될 정도로 소비와 투자가 줄어들었다.[20]

해외에서 불필요한 자본이 유입되면 상황이 달라 보인다. 불균형이 커짐에 따라 적자 국가의 금리는 상승하지 않고, 안정적이거나 심지어 하락하기도 한다. 이것은 유로에 가입을 약속한 후 스페인에서 일어난 일이다.

1990년대 중반 스페인 사람들은 버는 만큼 돈을 썼기 때문에 경상수지는 거의 균형을 이루었다. 반면 기준금리는 물가 상승률을 뺀 뒤 5퍼센트가 넘었다.

그때부터 2008년까지 스페인의 경상수지 적자는 꾸준히 확대되어 GDP의 약 10퍼센트까지 증가했지만, 같은 기간 스페인의 실질 금리는 0퍼센트 이하로 떨어졌다. 스페인은 유로 지역의 일원이기 때문에, 스페인의 통화는 유럽의 나머지 주요 교역국들과 비례해서 움직일 수 없었다. 그러나 스페인의 임금과 물가가 스페인의 이웃 국가들보다 더 빨리 상승했기 때문에 실질 유효 환율은 이 기간 동안 18퍼센트 상승했다. 스페인은 가능한 모든 수단을 동원해서 다른 나라에서 점점 더 많은 돈을 빌렸음에도, 스페인의 자본 비용은 폭락하고 있었다.

스페인 사람들은 돈을 끌어들이려고 하지 않았다. 그러기는커녕, 은행 시스템, 채권 시장, 부동산에 대한 외국인 투자의 홍수에 오히려 압도당했다. (1990년대 내내 침체된 후, 스페인 집값은 2001년과 2007년 사이에 두 배 이상 올랐다.) 이러한 유입은 스페인 사람들의 늘어난 소득보다 훨씬 더 많이 구매력을 증가시켰다. 그러한 차이는 거의 전례 없는 부채와 투자 폭증으로 충당되었다. 새로운 돈이 계속 들어오는 한, 스페인은 유럽의 부러움을 사는 기적적인 성장을 하는 듯했다. 그러나 외국인들이 불필요한 자본을 스페인으로 밀어넣는 것을 중단하자, 스페인의 지출은 스페인의 소득보다 빠르게 줄어들 수밖에 없었다. 경상수지는 결국 상당한 흑자로 돌아섰지만, 참담한 실업 사태를 감수해야 했다.[21]

받는 것보다 주는 것이 더 좋은 이유: 1870년대의 독일 제국

스페인이 겪은 일이 특이하다거나 비전형적인 것은 아니다. 복권 당첨자들은 당첨되지 않았더라면 겪었을 일보다 훨씬 더 나쁜 일을 겪는 경우가 자주 있다. 갑자기 많은 돈이 유입되면 코카인을 한 것처럼 작용해서, 건강에 좋지 않은 방식과 비슷하게 왜곡된 행동을 하게 만든다. 요청하지도 않은 재정이 유입된 나라들에서도 비슷한 일이 일어난다. 급증하는 부채, 자산 거품, 경제 위기를 경험하지 않은 채 갑작스럽게 들어오는 많은 해외 자본을 자연스럽게 흡수할 수 있는 사회는 거의 없다. 실질 구매력이 빠르고 예상치 못하게 증가하는 것이 거의 필연적인 결과다. 1870년대 초, 신독일 제국이 겪었던 일은 문화적·제도적 차이와 상관없이 복권과도 같은 재정적 유입이, 받는 이에게 어떻게 상당히 유사한 방식으로 영향을 미치는지 가장 두드러진 사례 중 하나다.

독일은 대부분의 역사에서 뚜렷한 정체성과 정치적 형태와 종교적 전통을 가진 많은 작은 주들로 나뉘어 있었다. 19세기까지 독일 민족주의자들은 통일을 꿈꾸고 있었다. 공동 통치에 복종하도록 한 주가 다른 주들을 강제해야 할 것이다. 명백한 후보는 나폴레옹 이후 독일 연방에서 두 번째로 인구가 많은 프로이센 왕국이었다. (오스트리아 제국이 훨씬 더 크긴 했지만 독일인들의 수가 훨씬 적었다.) 프로이센은 짧은 전쟁들에서 승리함으로써 민족주의자들의 꿈을 실현하기 시작했다. 첫 번째 전쟁은 1864년 슐레스비히-홀스타인*을 '해방'시킨 덴마크와의 전쟁이었다. 그다음은 1866년 오스트리아와의 전쟁으로, 프로이센에게 독일 북부에 있는 적대적인 이

---

* 덴마크의 2개의 옛 공국(公國).

웃을 병합하고 유순한 동맹국들과 함께 새로운 북독일 연합을 창설할 구실을 주었다. 이러한 변화들이 합쳐져서 프로이센은 유럽의 지배적인 강대국이 되었다.

1860년대까지 프로이센의 가장 큰 라이벌은 나폴레옹 보나파르트의 조카가 이끄는 프랑스 제2제국이었다. 담석증과 여러 명의 정부라는 약점에 시달린 루이 나폴레옹은 전략적 오류와 주제넘은 선언을 하는 경향이 있었다. 오스트리아-프로이센의 분쟁을 예상하고 1865년과 1866년에 독일의 라인 지방에 프랑스 영토를 추가로 보장한다는 내용으로 두 교전국들과 비밀 조약을 협상하려고 시도했다. 오토 폰 비스마르크 프로이센 총리는 이 정보를 이용해 패배한 독일 남부 국가들에게 전쟁 후 북독일 연합과 상호 방위 협정을 맺도록 (비밀리에) 설득할 수 있었다.

루이 나폴레옹은 네덜란드에서 룩셈부르크를 사들이려고 시도한 다음, 프랑스 조약에 위반되긴 하지만 벨기에를 합병하자고 제안했다. 1868년 스페인 공화당이 이사벨 2세를 폐위시키면서 급박한 사태가 되었다. 1870년까지 공화정 혁명은 실패했고 스페인은 새로운 군주가 필요했다. 프랑스와 프로이센은 각각 대체할 만한 후보들을 제안했다. 비록 스페인 사람들이 프로이센의 호엔촐레른이 제안한 것을 진지하게 고려하지는 않았지만, 그럼에도 그 생각은 프랑스가 불합리한 요구를 하게 만들었고 결국 7월에 프랑스는 프로이센에 전쟁을 선포했다. 바바리아와 독일 남부의 다른 주들은 즉시 프로이센을 지지하는 선언을 했다. 6주도 채 지나지 않아, 루이 나폴레옹은 스당 전투 이후 사로잡히고 말았다. 프랑스 제3공화국은 루이 나폴레옹이 항복한 이후에도 전쟁을 계속했지만, 결국 우월한 적에게 굴복할 수밖에 없었다.

프로이센은 전투에서 압도적인 승리를 거두었다. 그것은 프로이센이 지배하는 새로운 독일 제국에 즉시 합류한 독일의 다른 주들과 나머지 유럽 국가들에게 프로이센의 힘을 보여주었다. 재대결을 미루기는 어려웠다. 프랑스인들은 자신들이 당한 수치를 되갚고자 했으며, 알자스로렌*의 독일어를 사용하는 영토를 되찾으려는 꿈을 품고 있었다. 그러나 프로이센은 새로운 정치적 연합을 구축하기 위해 시간이 필요했으며, 거의 10년간 이어진 전쟁에서 회복하기 위해 평화가 필요했다. 어찌되었든 독일이 안전해지기 위해서는 프랑스가 충분히 오랫동안 억제되어야만 했다. 제안된 해결책은 배상금이었다. 제3공화국이 50억 금프랑**을 독일 제국에 지불할 때까지, 독일군은 프랑스의 산업 중심지 대부분을 차지하고 있었다. 이는 1870년 프랑스 경제 생산량의 약 4분의 1에 해당하는 금액이었다. 너무나 부담스러운 금액이었기 때문에, 프랑스의 재건을 저해하고 수 세대에 걸쳐 태평양 서부 이웃들의 안전을 보장해줄 수 있으리라고 기대했던 것이다. 이러한 거래의 다른 측면은, 독일 국내 생산량의 약 5분의 1에 해당하는 경제 규모가 3년에 걸쳐 독일로 이전되었다는 것이다.[22]

배상액 규모가 어마어마하지만, 프랑스 정부는 상대적으로 자금 조달이 쉽다는 사실을 알았고, 독일 정부는 1873년에 예정보다 먼저 전액을 받았다. 알고 보니 프랑스 저축자들이 풍부한 자원을 끌어온 것이다. 그들은 수년간 해외에서 자산을 총괄해 축적했고, 그 소득을 프랑스 무역적자, 금 수입 그리고 추가적인 외국 자산을 구입하는 데 사용했던 것이다.

---

* 프랑스 북동부의 독일과 소유권을 다투던 지역. 프랑스 동부 라인강 서쪽 연안에 펼쳐진 지대로 행정구역상 프랑스의 그랑테스트 레지옹에 속한다. 철생산이 유럽 제1위이며 그 때문에 예로부터 독일 · 프랑스 양국간의 분쟁지가 되어 왔다.

** 금본위시대의 프랑.

전쟁이 끝난 후, 프랑스는 금 수입을 중단하고 무역흑자로 전환해 해외 투자를 중단했는데, 이런 식으로 소득을 풀어 수십억 프랑 상당의 프랑스 국채를 사들였다. 이것만으로도 배상금의 약 반이 충당되었다. 나머지 금액은 국내 채권을 사기 위해 외국 자산을 매각하는 프랑스인, 프랑스 자산을 사들이는 외국인 수요자들(특히 독일 저축자들이) 그리고 프랑스의 금 판매 등으로 충당되었다. 독일인들은 매우 놀랐지만, 이는 프랑스에 그다지 나쁜 영향을 끼치지 않았다. 전쟁이 끝난 직후 프랑스 경제는 어려움을 겪었지만, 이 새로운 부채가 국가 경제를 오랫동안 약화시키지는 않았다. 프랑스가 무기한 채권의 이자 상환을 쉽게 관리할 수 있었기 때문이다.

금융사학자 찰스 킨들버거에 따르면, 그 이유의 일부는 프랑스의 배상금이 전 세계 통화 공급을 확장시켰기 때문이라고 한다. 독일 통화 공급은 금이 프랑스에서 독일 은행 시스템으로 흘러들면서 분명히 증가했지만, 이 때문에 프랑스의 통화 공급이 동등하게 감소되지는 않았다. 프랑스 정부가 배상금의 재원을 마련하기 위해 발행한 부채는, 많고 매우 유동적이며 상당히 신뢰할 만한 공채증서였다. 이는 돈과 매우 유사한 것이었다. 따라서 프랑스에서 독일로 이전된 돈은 전 세계적으로 자산을 갑자기 상당한 양을 공급한 결과가 되었다.[23]

직감했던 것과는 달리, 그러한 돈의 이전이 독일에는 해로운 결과가 되었다. 3년에 걸쳐 독일은 매년 GDP의 약 8퍼센트에 달하는 재정 유입을 받아들였다. 부채 상환에서부터 프랑스와의 국경을 새롭게 강화하고 퇴역군인을 위한 연금 설립에 이르기까지, 많은 돈이 군사비로 할당되었다. 이러한 지출은 독일의 구매력을 증가시켜 수입 호황을 통해 무역적자를 증가시켰다. 한편, 루르 강에 있는 독일 광부들의 임금 상승은, 예를 들어 1871년과 1873년 사이에 시간당 임금이 60퍼센트나 올랐는데, 이와 같은 상승으로 독일의 수출은 세계 시장에서 경쟁력을 잃게 되었다. 금은 프로이센 은행에서 프랑스 은행으로 거꾸로 흐르기 시작했다. 어떻게 해서든 수지는 항상 균형을 이룬다.

적어도 무역수지에 미치는 영향만큼 독일 금융시장에 미치는 손상도 컸다. 정부는 모든 배상금을 사회 기반 시설 투자와 군비 확충에 즉시 쓸 수 없다는 것을 알고 있었다. 왜냐하면 그러한 프로젝트들은 시간이 걸리기 때문이다. 기다리는 동안 배상금은 독일 주들이 발행한 채권과 철도 채권을 포함한 금융 자산에 투자되었다. 독일 국회의원이자 도이치 은행의 공동 설립자인 루트비히 밤베르거는 이것이 독일의 재정 상황에 어떤 영향을 미칠지 경고하고, 정부가 미지출 자금을 금이나 외국 자산으로 보유할 것을 제안했다.

그러나 그의 조언은 무시되었고 독일은 프랑스에서 유입된 금액의 상당 부분을 국내외 투자 광풍에 휘말려 낭비했다. 경제학자 아서 먼로는 정부의 투자가 '약 2년 안에 독일 시장에 풀리게 되는데, 이는 국가의 총 통화 주식의 3배에 가까운 금액이며, 철도 건설로 초래된 부채를 포함해서 독일 모든 주의 총 부채보다 훨씬 더 큰 금액'이라고 쓰고 있다.

독일 경제는 프랑스의 금융 유입에 대해, 이전과 이후 다른 나라들이 대규모 금융 유입에 대응한 것과 본질적으로 같은 방식으로 대응했다. 독일 경제는 전쟁이 끝난 직후 급속히 성장해 매년 평균 6퍼센트 이상 성장했다. 그러나 1874년 이후, 3년 연속 위축되었다. 비슷하게 독일과 오스트리아에서도 단기간의 은행 붐이 일었고, 그 후 배상금 유입이 중단되자 곧바로 파산했다. 독일 은행권의 공급은 1871년부터 1874년까지 매년 12퍼센트 이상 증가했고, 1878년까지는 매년 10퍼센트씩 줄어들었다.

1876년까지 경제 상황은 매우 심각해 독일 제조업자들 연합은, 배상금으로 초래된 무역 조건의 변화를 벌충하기 위해 보호 관세를 채택하도록 정부에 압력을 가하기 시작했다. 결국 1879년에 채택되었다. 독일 전역의 경제학자들과 정치인들은 배상금이 독일 경제 붕괴의 원인이라고 비난했다. 특히 프랑스에서는 심지어 베를린이 돈을 되돌려 보낼지도 모른다고 믿는 사람들도 있었다.[24]

나바로의 오류:
양자간 흐름이 불균형의 근원을 모호하게 하는 이유

1870년대에 프랑스와 독일이 겪었던 경험에서 또 다른 귀중한 교훈을 얻을 수 있다. 프랑스에서 독일로 흘러들어간 금은 궁극적으로 독일을 무역적자로 프랑스를 무역흑자로 몰아넣었지만, 이것은 프랑스와 독일의 무역수지에서 상응하는 변화에 맞게 일치하지 않았다. 독일인들은 세계 다른 나라로 나가는 수출이 주춤거리는 동안, 전 세계에서 수입하는 데 더 많은 돈을 썼다. 프랑스는 다른 나라에서 수입을 덜하고 수출을 더 많이 했다. 양국 간 금융 흐름은 프랑스와 독일 간 무역에 영향을 미쳤지만, 양국 간 무역수지에 미치는 영향은 더욱 광범위한 영향과 비교해서 미미했다. 일반적으로 흑자와 적자의 역학 관계는 양국 무역과 금융 관계에 초점을 맞추어 설명할 수 없다.

이는 수입보다 지출이 많은 국가는 양측의 데이터가 무엇을 나타내는지와 관계없이, 교역 상대국의 경상수지 적자에 대해 책임을 지지 않는다는 것을 의미한다. 예를 들어, 미국이 호주와 지속적으로 큰 규모의 양자간 흑자를 내고 있는 것으로는, 호주의 전반적인 경상수지 적자를 설명하지 못한다. 호주와 미국인들 모두가 버는 것보다 더 많은 돈을 쓰기 때문이다. 호주인들은 미국에 수출하는 것보다 미국에서 더 많이 수입하지만, 그렇다고 해서 두 나라가 기본적으로 똑같은 상황에 처해 있다는 사실이 달라지지는 않는다. 미국이 호주에 수출해서 벌어들인 돈은 중국에서 기계장치나 태양열 집열판을 가져오는 데 쓰이고, 이것은 호주에서 석탄과 철광석을 살 수 있는 소득을 창출한다. 실제로 호주의 대미 무역적자는 호주의 대중 무역흑자로 상쇄하고도 남는다. 양자간 흑자가, 호주가 전 세계에 대해 전반적인 경상수지 적자를 내는 것을 막기에는 충분하지 않으며, 중국이 대규모 흑자를 내는 것을 막기에도 충분하지 않다. 중요한 것은 글로벌 관계다.[25]

마찬가지로 미국은 네덜란드와 싱가포르와의 대규모 양자간 경상수지에서도 지속적으로 흑자를 보고하고 있다. 우리는 이것이 조세회피 전략과, 다른 곳으로 보내지기 전에 주요 항구에 상륙한 미국 상품을 잘못 보고함으로써 가능하다는 사실을 보여주었다. 이러한 양자간 흑자에도 불구하고, 네덜란드와 싱가포르 국민 모두 자신들이 번 것보다 훨씬 덜 지출한다. 절대적인 액수에서도 그렇고 그들의 소득 대비 지출로 따져도 훨씬 적다. 둘 다 오늘날 세계 불균형의 가장 큰 요소 중 하나이며, 미국의 경상수지 적자에 가장 큰 기여를 하는 요소 중 하나이기도 하다. 만약 그들이 저축을 줄이고 다른 나라에서 수입하는 데 더 많은 돈을 쓴다면, 이것이 미국과의 균형에 영향을 미쳤는지와 관계없이, 가외 소득은 결국 미국 수출에 대한 추가 수요로 흘러갈 것이다.

금융계정에도 같은 관점이 적용된다. 금융계정에서 양측의 잔액으로는 어느 나라가 벌어들인 돈보다 더 많이 쓰는지 혹은 덜 쓰는지 통찰할 수 없다. 실제로 양측 금융수지 잔액은 경상수지 내 양측 잔액과 무관하다. 게다가 한 나라의 양국 무역 관계가 양국 금융 관계를 반영해야 할 이유는 없다. 예를 들어, 주택 구입자들은 판매자에게 직접 담보대출을 받는 경우가 거의 없다. 독일제 잠수함 비용을 지불하기 위해 국채를 발행한 그리스 자회사에 대출해주는 프랑스 은행들에 독일 은행들이 자금을 대주고 있었다. 양측의 자금 흐름이 독일에서 프랑스로, 프랑스에서 그리스로 이어졌지만, 결국 독일과 그리스 사이의 금융 무역인 셈이다. 보관소를 이용할 때 익명을 남기거나 조세피난처를 통해 매입 경로를 지정하면, 금융 자산을 매입하는 사람의 진짜 국적을 파악하기 어렵다. (이는 앞서 설명한 무역, 외국인 투자로 얻은 이익에 관한 양측 데이터 문제와 유사하다.)

도널드 트럼프 미국 대통령의 무역고문이자 하버드대 경제학과 교수인 피터 나바로는 이런 분석에 동의하지 않는다. 나바로는 양자간 무역적자가 중요하다고 생각하며, 또한 이러한 양자간 무역수지가 반드시 상응하는 양국 금융 흐름과 연관이 있다고 믿는 것 같다. 예를 들어, 〈월스트리트 저널〉의 2017년 칼럼에서 중국의 대미 무역흑자 문제는 중국이 미국의 기업, 기술, 농지, 식량 공급망[을 사고] 궁극적으로 미국의 방위 산업 기반 대부분[을 통제]할 수 있게 하는 것이라고 썼다.[26]

실제로 이 자료는 미국인들이 2015년 초부터 2019년 초반 사이에 중국에 약 460억 달러를 투자한 반면, 중국인 거주자들은 총 3800억 달러의 미국 자산을 매각했음을 시사한다. 다시 말해서, 총 4300억 달러의 순 금융이 미국에서 중국으로 넘어간 셈이다. 나바로가 믿고 있는 것처럼 양자간 금융 흐름이 양자간 무역 흐름을 반영한다면, 미국은 이 기간 동안 중국에 대규모 경상수지 흑자를 냈을 것이다. 하지만 미국은 1조 5000억 달러가 조금 넘는 규모로 중국과의 양자간 적자를 기록했다. 비록 공식적인 자료가 보관 관계와 은밀한 재정 흐름 때문에 그 해에 중국의 대미 투자를 크게 과소평가한다고 해도, 미국의 대중 수출과 수입 사이의 차액을 메우기에는 미국의 지출에 대한 중국의 직접적인 자금 조달이 여전히 충분하지 않은 것처럼 보인다.

유럽의 저축자들이 그러한 자금 격차를 메우는 데 도움이 되었을 것이다. 2015년 초부터 2019년 초까지 금융계좌를 통해 미국으로 들어오는 외국인 저축과 전 세계로 나가는 미국인 저축의 총 차이는 약 1조 5000억 달러였다. 같은 기간 동안, 유로 지역의 거주자들은 미국인들이 유럽에 투자한 것보다 약 9760억 달러를 미국에 더 투자했다. 다시 말해서 미국 전체 금융수지 흑자의 약 3분의 2가 유로 지역 주민들에게서 나온 것이다. 그러나 이러한 자금은 유럽에 직접 반환되지 않았다. 2015년 초부터 2019년 초까지 양자간 경상수지 적자는 1160억 달러에 불과했다. 따라서 약 8600억 달러의 자금이 유럽에서 미국으로 건너갔으며, 중국과 그 밖의 다른 곳에서만 지출되었다.

역설적이게도 나바로가 양자간 균형에 초점을 맞추는 것을 포기하고 국제적 관점을 채택했더라면 중국을 더 강하게 비판할 수 있었을 것이다. 중국이 전 세계에 경상수지 흑자를 내는 것은 비중국인이 중국에 투자하는 것보다 중국 거주자가 해외에 투자하는 것이 더 많기 때문이다. 동시에 미국은 경상수지 적자를 냈는데, 이는 미국인이 해외에 투자하는 것보다 미국인이 아닌 사람이 미국에 더 많이 투자하기 때문이다. 이러한 사실들은 양국 관계보다 더 관련성이 있고 더 설득력이 있다.

나바로의 결함 있는 분석 체계는 트럼프 행정부의 단골 타깃인 멕시코의 경우를 고려할 때 훨씬 더 큰 오류를 초래한다. 미국은 지속적으로 멕시코에 대규모 무역적자를 내고 있다. 미국인들은 또한 미국에서 일하는 멕시코 사람들에게 돈을 지불하는 한편, 미국에 살고 있는 많은 사람들이 멕시코에 있는 친척들에게 송금을 한다. 이를 모두 합치면 2015년 초부터 2019년 초까지 누적된 양자간 경상수지 적자는 약 3500억 달러다. 나바로는 2017년 〈월스트리트저널〉의 같은 칼럼에서 '미국이 멕시코와 올해 양자간 무역협상에 성공해, 멕시코가 현재 다른 나라에서 구입하는 것보다 미국에서 더 많은 제품을 구매하기로 합의'하면 이는 '미국 수출 증가 [그리고] 무역적자 감소로 정부 데이터에 나타날 것'이라고 주장했다.[27]

이것을 믿을 이유가 없다. 나바로가 암시하는 것처럼, 멕시코 사람들이 다른 나라에서 수출품을 더 적게 사들임으로써 미국에서 더 많은 물건을 사들이는 비용을 댄다고 하면, 그들의 총 지출은 변하지 않을 것이다. 기껏해야 멕시코의 대미 무역흑자 축소는, 미국이 다른 나라들과의 사이에서 무역 적자가 상승함으로써 정확히 상쇄될 것이다. 다른 나라들이 멕시코에 하는 수출이 줄어들면서 총체적으로 수입이 감소하기에 미국에서 수입을 덜 할 것이기 때문이다. 나바로의 제안은 미국의 총 경상수지 적자를 증가시킬 가능성이 있다. 멕시코 사람들은 아마도 가격과 품질 같은 면에서, 미국 이외의 생산자들에게서 상품과 서비스를 구입해야 하는 타당한 이유가 있을 것이다. 만약 생산자를 바꾸도록 강요받는다면, 동일한 만족을 얻기 위해 이전보다 더 많은 돈을 써야 할 것이다. 따라서 그들은 지출을 줄이고 저축을 늘리기로 선택할지도 모른다.

멕시코의 수출에 불이익을 주는 것 또한 역효과를 낳을 것이다. 멕시코가 미국 시장에 대한 접근성을 잃게 되면, 미국 제조업의 상대적 매력도는 높아지는 반면 멕시코는 외국인 투자자들에게 덜 매력적이 될 것이다. 그 결과는 멕시코에서 미국으로 세계적인 금융 흐름의 전환이 일어날 것이고, 이는 미국의 구매력을 증대시키고 멕시코의 소비는 위축시킬 것이다. 그것은 결국 전반적인 미국의 무역적자 폭을 넓히면서도, 미국의 대멕시코 무역적자를 줄어들게 만들 것이다.

나바로는 멕시코가 과도한 세계적인 저축과 공산품을 흡수하고 있으며, 이로써 미국의 무역적자를 줄이고 있다는 사실을 이해하지 못하고 있다. 멕시코인도 미국인처럼 소득보다 지출이 많기 때문에, 미국의 멕시코와의 양자간 경상수지 적자는 미국의 전반적인 적자에 기여할 수 없다. 결국 멕시코는 GDP의 약 2퍼센트에 해당하는 절대적 기준으로 세계 최대의 경상수지 적자를 지속하고 있다. 멕시코의 대미 무역흑자는 세계 최대의 소비시장 옆에 위치했기 때문이다. 미국, 유럽, 일본의 제조업자들은 멕시코에 공장을 설립해 부품을 만들고 북쪽으로 출고하기 위해 제품을 조립하는 데 수십 년을 보냈다. 미국이 멕시코에서 들여오는 수입품의 약 60퍼센트만이 멕시코산이다.[28]

멕시코 사람들이 미국의 총 수출량을 늘리기 위해 할 수 있는 일은 단 한 가지다. 바로 지출을 늘리고 경상수지 적자를 확대하는 것이다. 멕시코는 결국 나머지 국가들을 위해 추가 소득을 창출할 것이고, 그중 일부는 미국제 상품과 서비스에 대한 높은 수요로 바뀔지도 모른다. 심지어 이마저도 실패할 수 있는데, 특히 흑자 국가들이 추가 소비와 자본 투자를 지원하기 위해 이 돈을 사용하는 것이 아니라, 멕시코가 추가 지출을 함으로써 그들이 얻게 된 뜻밖의 소득을 저축한다면, 결국 흐름은 다시 미국으로 되돌아갈 것이다. 그러한 시나리오에서 멕시코 사람들의 추가 지출은 미국의 적자 축소에 기여하기보다는 다른 곳의 경상수지 흑자를 단순히 증가시킬 것이다.

이 전략은 멕시코에게도 매우 위험할 것이다. 왜냐하면 멕시코는 해외 저축을 유치하는 능력에 있어서 미국과 터키 사이 어딘가에 위치하기 때문이다. 만약 멕시코에게 미국 수출품을 추가적으로 사기 위해 더 많은 돈을 빌리라고 강요한다면, 일시적인 호황에 뒤따르는 위기를 맞게 될 것이다. 뒤이은 멕시코 사람들의 지출 감소는 미국이나 멕시코에게 주었던 어떠한 단기적인 이익도 상회해서 상쇄해버릴 것이다.

나바로가 지난 수십 년 동안 미국 무역적자의 증가를 진정으로 이해하고 싶다면, 주요 흑자 국가의 국민들이 왜 지속적으로 그들이 벌어들인 돈보다 적은 돈을 썼는지에 초점을 맞추는 것이 더 나을 것이다. 그는 또한 왜 세계의 저축자들이 여분의 부를 오랫동안 미국에 두는 것을 선호해왔는지, 그것이 미국인들에게 무엇을 의미하는지 연구하는 것이 좋을 것이다. 이제 중국을 시작으로 해서 설명하겠지만, 해답은 절약이나 방탕의 문화와 무관하다. 오히려 소득의 분배와 세계 통화 시스템의 구조와 관련된 모든 것과 연관이 있다.

천안문에서 일대일로까지

중국의 흑자 이해하기

중국 경제는 40년 동안 놀라운 속도로 성장해왔다. 당초 모택동(마오쩌둥) 주의는 1978년 공산당 지도부를 인수한 뒤 덩샤오핑과 그의 동료들의 온건 개혁주의로 대체되었기 때문이다. 거의 한 세기에 걸친 전쟁과 억압 이후, 중국인들의 잠재된 기업가적 에너지가 마침내 번성할 수 있게 되었다. 이것은 1978년 개혁이 시작된 이후 10여 년 동안 생활수준에 상당한 발전을 이루게 했다. 또한 어떻게 해서든 급속한 성장을 이루게 한 새로운 모델을 얻은 대가로, 그 후에 억눌렸던 어려운 정치적 문제들을 야기했다. 중국의 독특한 정치 모델과 결합된 이 새로운 모델은, 중국의 지속적인 불균형뿐만 아니라 후속적인 급속한 성장에도 책임이 있다.

중국 정부는 1990년대 초에 독특하지만 친숙하고 발전적인 모델을 구현하기 시작했다. 수세기 전 영국에서와 마찬가지로 노동자들이 시골에서 도시로 유입될 수 있었던 하나의 원인은 새로운 기회 덕분이며, 또한 도시 중심이 급격하게 확장됨에 따라 지방정부들이 토지를 몰수하거나 전용했기 때문이기도 하다. 이러한 새로운 도시 노동자들은 자신들이 생산하는 것의 가치에 비해 체계적으로 낮은 임금을 받았는데, 이는 상당한 잉여금을 발생시켜 물적 자본에 투자하는 자금으로 사용되었다. 투자는 항상 소비보다 우선시되었다.

한편, 19세기의 미국인들처럼 중국은 외국 기업들에게 높은 수익과 국내 시장에 대한 접근을 약속함으로써 현대 기술과 전문지식을 끌어모았다. 일본이나 한국처럼 중국도 국가가 관리하는 은행 시스템을 통해 가계저축을 우선순위 기업들에게 쏟아부었다. 또한 아시아의 이웃 국가들과 마찬가지로, 차별적인 규제와 도덕적 권고를 통해 비중국인 생산자들보다 소위 국내 챔피언(우수업체)들을 선호한다.

오랜 세월 동안 이러한 접근 방식이 중국에서는 상당히 잘 작동한 것처럼 보인다. 국내에 심각한 환경 문제들을 야기하긴 했지만 말이다. 중국 입장에서는 불행히도 고저축 성장 모델은 오래전에 그 유용성이 이미 다한 상태였고, 중국과 전 세계에 점점 더 나쁜 결과를 초래하고 있다.

그 이유는 충족되지 않는 소비 욕구를 충족시켜야만 투자가 가치 있기 때문이다. 그렇지 않은 투자는 다른 곳에 더 잘 쓰일 수도 있는 자원을 낭비하는 것일 뿐이다. 따라서 소비 비용을 희생해서 투자 자금을 조달하는 일은, 과도한 생산능력과 빈곤해진 노동자들(정확히 2000년대 초반 이후 중국의 상황)이라는 결과를 가져올 경우 자멸적인 행동에 지나지 않는다. 당시 중국 총리인 원자바오가 2007년 3월에 밝힌 바와 같이, '중국 경제에는 불안정하고 불균형적이며 부조화스럽고 지속 불가능한 발전을 야기

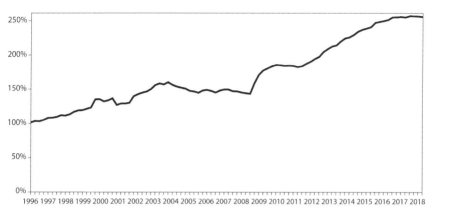

도표 4.1 　중국의 불균형이 제자리로 돌아오다. (GDP에서 차지하는 비금융 분야의 총 부채)

출처: 국제결제은행

하는 구조적 문제들이 있다.[1]

금융위기 전까지 이 전략의 비용은 무역수지 흑자 증가와 대규모 금융 유출을 통해 전 세계에 효과적으로 전가되었다. 2000년대 중반에는 주로 중앙정부와 관련된 중국 거주자들이 매년 7000억 달러 이상의 외국 자산을 사들이고 있었다. 이러한 유출은 생산능력 저하와 가계부채 증가를 감수하고 미국과 여러 다른 부국들이 흡수했다. (메커니즘에 대해서는 나중에 자세히 설명할 것이다.)

금융위기 동안 중국의 주요 수출 시장 특히, 미국의 수요 붕괴는 중국의 경상수지 흑자를 급격히 위축시켰고, 중국 정부는 국내 생산 감소를 허용(실업 증가를 유발)하거나 국내 지출을 늘려 국내 수요를 상승시키는 방안 사이에서 하나를 선택해야 했다. 수요를 늘리는 것이 분명히 더 나은 선택이었지만, 더 높은 투자나 더 높은 소비로 이어질 수도 있다.

투자 수준이 매우 높고 이미 대규모로 잘못 할당되고 있는 상황에서 중앙정부는 더 높은 소비를 선호했을 수 있다. 그러나 우리가 장 뒷부분에서 더 자세히 논의할 중국의 무수한 제도적 제약 때문에 가계 대출이 급증하는 것 외에는 소비가 충분히 빨리 증가할 수 있는 방법이 없었다. 중국 지도부가 미국에서 목격했던 일을 봐서는 유사한 경험에 대해 관심이 없는 게 놀랄 일도 아니었다.

그것이 정부가 투자 활성화에 집중하기로 한 이유다. 세계 금융위기에 대처하는 가장 직접적인 대응은 외국인 지출 감소를 상쇄하기 위해 기반 시설과 주택 투자를 대대적으로 활성화하는 것이었다. 이는 중국의 오랜 불균형을 일제히 내부로 이동시키면서 점차 확대되었다. 중국은 유례없는 중국 부채 급증이라는 희생으로 경상수지 흑자가 감소했음에도 성장을 지속할 수 있었다. 비생산적인 투자는 비용을 충당하지 못했다.[2]

빚을 내서 하는 투자를 통해 고속으로 성장하는 능력이 한계에 도달한 중국 정부는, 무역흑자와 금융 유출을 통해 경제 모델의 비용을 전 세계에 전가하려고 다시 한번 시도할 위험이 있다. 이를 막을 수 있는 유일한 방법은 투자보다 가계 소비가 우선되도록 중국 경제를 재조정하는 것이다. 이는 구매력을 중국 노동자와 퇴직자에서 기업과 정부로 이전하는 기존의 모든 메커니즘을 뒤집는다는 것을 의미한다. 적어도 1978년 덩샤오핑이 시행한 개혁만큼 극적이고 정치적으로 어려운 개혁이다.

불행하게도 중국은 지난 수십 년간의 선택들이 정치적으로 고착화되어 있다. 반민주적 권위주의 정권이 노동자의 권리를 억압하고 소비력을 소비자에게서 대기업으로 전환하기는 쉽다. 결국 스탈린이 그렇게 했다. 문제는 수년 간 국가가 지원하는 소득 집중 정책이 소비자들에게 소비력을 되돌려줄 어떤 개혁에도 격렬하게 저항할 강력한 '기득권'— 리커창 총리가 선호하는 용어 — 그룹을 만들어낸다는 점이다. 성공적으로 조정

하려면 정부와 국민 그리고 엘리트 사이의 새로운 관계가 반드시 필요할 것이다.[3]

중국 정부가 최근 몇 년간 환경보호, 금융개혁, 건강보험 등 중국 서민들의 안녕을 증진시키기 위해 진실한 노력을 기울였지만, 1989년 이래로 지속된 장기적인 추세를 뒤집기에는 역부족이었다. 중국 정세에 알맞은 해답을 찾기가 막막한 가장 큰 문제는, 공산당이 정치적 독점을 잃지 않고도 중국 국민의 이익을 위해 이 제도를 개혁할 수 있느냐다.

중국이 왜 이런 상황에 빠졌고 왜 이 과정을 뒤집기가 그토록 어려웠는지 이해하기 위해서는, 지난 40년간 중국의 성장 궤적을 이해할 필요가 있다. 분석가들이 중국의 발전에 대해 이해하면서 저지르는 가장 큰 실수 중 하나는, 덩샤오핑이 역사적인 개혁을 시작한 이후 거의 40년의 세월을 하나의 지속적인 성장 모델로 융합한 것이다. 정책 결정과정에 대한 결론들을 이끌어낼 수 있는 누군가의 성공에서 말이다. 이러한 기간을 매우 다른 네 단계로 구성된 시기에 따라 생각하는 것이 훨씬 더 유용하며, 이제 그 작업을 우리가 매우 애쓰면서 시작하고 있는 것이다.

첫 번째 단계: '개혁과 개방'

첫 번째 단계는 위기에서 시작되었다. 1970년대 말까지, 수십 년간의 마오쩌둥주의 정책은 인구가 증가하는 동안에도 경제가 위축될 정도로 중국인들의 생산능력을 심각하게 제한했다. 평균 생활수준은 선진국 수준의 8퍼센트 이하로 떨어졌다. 설상가상으로 이것은 1950년대와 1960년대 초 베이비붐 기간 동안의 일이다. 이러한 베이비붐은 1970년대 초에서

2000년대 중반 사이에 중국의 증가하는 인구 중 노동연령 비율을 약 20 퍼센트 포인트 높였을 것이다. 이러한 인구학적 변화는 결과적으로 중국의 비범한 경제 성장의 중요한 원천이 되었지만, 만약 중국 경제가 이전 경로를 따라 계속되었다면 오히려 정치적·사회적으로 파괴적인 요인이 되었을 것이다.[4]

경제가 붕괴되는 것을 막으려면 중국 경제는, 지난 수십 년 동안 성장을 거듭해온 경제 생산성에 가해진 많은 제약들을 제거하는 방식으로 변해야만 했다. 덩샤오핑의 개혁은 바로 그런 식이었고, 더욱이 즉각적인 성공을 거두었다. 1950년에서 1977년 사이에 중국의 1인당 실질 생산량은 연평균 2.5퍼센트 증가에 그쳤다. (비교해 보면, 전시 참화에서 회복되고 있던 일본의 1인당 실질 생산량은 같은 기간 동안 연평균 7퍼센트의 성장률을 보였다.) 1977년 이후 2010년까지 중국은 다음의 3년 동안만 연간 GDP 성장률이 7퍼센트를 밑돌았다. 1982년에 5.2퍼센트, 1990년에 4.0퍼센트, 1991년에 3.8퍼센트 성장했다.[5]

정부는 덩샤오핑의 '개혁과 개방' 프로그램에 따라 미리 계획하지 않은 경제 활동은 막는 법을 완화하고, 국지적 계획에 유리하도록 중앙 계획의 역할을 축소했으며, 최소 할당량을 국가에 판매한 후 남는 식량을 농민들이 지킬 수 있도록 했다. '빅 푸시(Big push)' 투자 프로젝트와 고가의 군사 예산은, 내수를 선호하는 '천천히 가기' 방식을 찬성하면서 포기했다. 신용할당*은 새로운 지방 은행들의 폭발로 점차 분산되어 30년 내에 새로운 대출의 약 60퍼센트를 지방정부 기관들의 손에 맡겼는데, 이는 개혁이 시작되었을 당시에는 '0'이었던 것에서 이렇게 상승한 것이었다.

---

* 자금의 공급이 수요에 미치지 못하는 경우 금융기관 또는 정책당국이 자금의 수요자에게 한정된 자금을 나누어주는 것.

이러한 개혁은 엄청난 부를 창출하는 경제 활동을 폭발시켰다.

덩샤오핑의 도전 과제는 공산당의 지배를 훼손하거나 자신의 지도력에 대한 내부 반대를 조장하지 않으면서, 중국 경제의 엄격한 제도적 성격을 개혁하는 것이었다. 그의 개혁은 필연적으로 경제 활동을 제약하고 지시하는 관료 조직의 능력을 약화시켰기 때문에, 거의 처음부터 엘리트들의 강력한 저항을 받았다. 정의상으로 개혁을 자유화한다는 것은 전반적인 생산성을 높이기 위해 이미 고착된 이익에는 해를 끼치게 된다는 의미다. 그래서 역사를 통틀어 개혁은 기존의 경제 모델에서 이익을 얻는 강력한 집단으로부터 항상 정치적 반대를 받아왔다.

덩샤오핑의 해결책은 많은 구 엘리트들이 권력의 위치를 지킬 수 있도록 경제 자유화에 점진적으로 접근하는 방식을 채택하는 것이었다. 이는 계획 경제와 초기 시장 경제가 예측 불가능한 방식으로 상호작용한다는 것을 의미했다. 생산할당량에 따라 국가가 규제하고 정하는 가격도 있고, 수급에 따라 자유롭게 변동하는 가격도 있다. 중공업이 더 전략적으로 여겨졌기 때문에 농업과 경공업보다 자유화가 더디게 이루어졌고, 이로 인해 농촌과 도시 경제의 불균형이 발생하게 되었다.

1980년대 후반, 식료품 가격이 급격하게 올랐고 이로 인해 도시에서의 생활수준이 낮아졌다. 경제학자 배리 노튼이 설명하듯이, 이것은 '정부가 도시 주민들과 맺은 일종의 암묵적인 사회적 계약을 존중하지 못하고 있다'는 느낌'을 낳았다. 개방성을 높인다는 점에서 중국의 많은 노동자와 학생들은, 베이징 중심에 있는 유명한 천안문 광장과 중국의 주요 입법과 의례 중심지인 인민대회당 가장자리에서, 더 많은 정치적 권리와 참여를 요구하며 불만을 표시했다. 비록 일부 중국 지도자들은 그러한 목표에 동조했지만, 공산당은 1989년 6월 4일 민주주의를 지지하는 운동을 무참히 진압했다.

덩샤오핑의 반대자들은 자유화의 징후라고 믿는 친민주주의 운동으로 자신들의 정당성이 입증되었다고 느꼈다. 그 후 2년 동안, 정통 공산주의자들은 개혁적인 프로그램을 뒤집으려고 시도했다. 공교롭게도 중국 경제는 1989년 천안문 직후에 1978년 이후 가장 낮은 성장률을 보였다. 성장률이 둔화되자 결국 지도력에 대한 주장이 약화되었고, 이번에는 집권 상임위원회의 덩샤오핑과 그의 우방들이 더 강력한 정치적 우위를 가지고 다시 자유화를 활성화시킬 수 있는 기회를 갖게 되었다. 그러나 1992년 말까지만 해도 반대가 지속되었고, 덩샤오핑의 유명한 남부 투어(Southern Tour)가 계속되는 엘리트 저항을 압도하기 위해 조직되었다.[6]

두 번째 단계: 중국 개발 모델

이 단계에서 이제 중국의 성장 모델에 대해 실질적으로 말할 수 있다. 1989년 천안문 진압 이후, 정부는 성장을 제한하는 요소를 제거하는 방식에서 새로운 정책을 적극적으로 실행해 빠른 성장을 도모하는 방식으로 전환했다. 공산당은 정치 개혁 없이도 생활수준을 현저하게 상승시킬 수 있도록 주도함으로써 대중적인 정당성을 부여했다. 이러한 새로운 정책들이 또한 불균형을 일으키기도 했는데, 가장 중요한 사실은 일반 중국 가계들이 국민 소득에서 차지하는 몫이 엄청나게 적어졌다는 점이다.

이것은 사고가 아니었다. 우크라이나 태생의 경제학자 알렉산더 거센크론은 1951년 그의 『역사적 관점에서 본 경제 후진성(Economic Backwardness in Historical Perspective)』에서 개발도상국들은 역사적으로 두 가지 주요 제약조건에 직면했다고 주장했다. 첫째, 불확실한 부동산 권리와 신용할 수 없는 법체계 그리고 불안정한 금융·정치 시스템 때문에, 투자에 자금을 댈 만큼 충분히 국내 저축을 하지 못한다. 둘째, 같은 이유로 민간 부문은 생산적인 프로젝트에 지속적으로 투자하지 못한다.

거센크론의 결론은 이러한 제약들을 정부의 개입으로 극복할 수 있다는 것이다. 거센크론에 따르면, 국가는 민간 부문의 자원을 모아 절실히 필요한 사회 기반 시설과 제조 시설을 건설함으로써 개발을 가속화할 수 있다. 투자가 늘어날 수 있도록 가계 소비가 억제될 것이다. 실제로 이는 노동자와 퇴직자에게 직접적이고 간접적으로 세금을 부과해 중앙 당국이 지시한 투자를 보조하도록 만든다는 뜻이며, 이는 유권자들에게 해명할 필요가 없는 권위주의 체제에 적합하게 발전한 개발 전략이다.[7]

지난 세기에 있던 거의 모든 투자 주도형 성장의 기적은 이러한 규정을 따랐다. 스탈린 휘하의 소련은 1930년대에 거센크론 모델을 사용해 산업화되었다. 마오쩌둥 사상의 중국은 1958~1962년의 대약진 기간 동안 비슷한 것을 성취하려고 시도했지만 실패했다. (브라질의 군사 독재 정권은 1960년대와 1970년대에 이러한 모델로 상반된 결과를 얻었다.) 일본은 제2차 세계대전 이후 수십 년 동안 이 모델을 구현한 유일한 주요 민주주의 국가다. 이후 한국이 군사독재 시절에 채택해서 가장 성공적으로 이루어냈다.

1990년대 초반부터 중국 정부는 이러한 경험을 통해 국내 투자와 해외 소비를 보조하기 위해 일반 중국인들에게서 소비력을 이전시키기 위한 다양한 메커니즘을 시행하기 시작했다. 중국의 급속한 성장은 일반 중국인 노동자와 퇴직자들에게서 이전된 소비력의 규모를 숨기는 데 도움이 되었다. 중국 가계들이 중국 경제 생산량에서 차지하는 몫을 점점 더 적게 소비했음에도 가계 소득은 빠르게 성장했다. 이것은 적어도 2008년

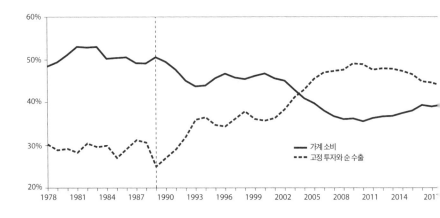

도표 4.2 중국의 불균형은 1989년 이후 시작되었다. (GDP 점유율)

출처: 중국 국가 통계국; 매튜 클라인 계산

까지 중국 나머지 국가들과의 경제 관계에 지대한 영향을 끼쳤다. 1990
년대와 2000년대에는 GDP 대비 소비의 감소가 투자 증가보다 훨씬 컸
고, 그 결과 중국의 내부 이전 메커니즘은 2007~2008년까지 중국 국가
생산량의 약 10퍼센트에 달하는 막대한 경상수지 흑자를 낳았다.

또 하나의 메커니즘은 통화였다. 중국은 1980년대 초부터 미 달러화
에 대한 관리 환율을 꾸준히 평가절하해왔다. 하지만 이는 주로 예전 공시
가격이 자의적으로 높고 재정 유출을 관리하는 정부의 능력을 제한했기
때문이었다. 1994년 정부는 이 정책을 포기하고 위안화를 달러당 5.8위
안에서 8.7위안으로 3분의 1 정도 평가절하했다. 1995년 중반까지 달러
당 8.3위안에 새로운 하드페그*가 확립되었다. 이 환율은 2005년 중반까

---

* hard peg: 당국이 금, 미국 달러, 유로, 파운드 등의 단위 측정치에 대해 지역 화폐의 가치를 영구적이고 정확하게 보
  장하는 정책.

지 엄격하게 유지될 것이다.

그 결과 위안화는 경제 기반에 비해 점진적으로 저평가되었다. 중국은 생산성이 중국이나 세계의 다른 나라들에서보다 미국에서 훨씬 더 느리게 성장하고 있었지만, 자국의 통화가치를 달러가치에 묶었다. 이로 인해 중국 수출품 가격은 외국 소비자들에게 점점 더 싸졌고 동시에 중국 소비자들에게서는 자신들이 노동으로 벌어서 살 수 있는 기회를 빼앗아버렸다. 이는 미국, 유럽, 일본 기업들이 설립한 합작회사를 포함해 중국 내 제조업의 이익을 보조해주었던 중국의 소비자들에게서 이전된 것이었다. 이러한 이전은 왜 중국이 1993년 경상수지 적자에서 2000년대까지 점점 더 큰 흑자로 돌아섰는지를 설명하는 데 도움이 된다. 2005년 중국이 위안화 평가절상을 허용했을 무렵, 중국은 GDP의 6퍼센트에 달하는 경상수지 흑자를 기록했다.[8]

중국 인민은행(PBOC)은 지난 2005년 이후 환율을 유지하고 위안화 절상률을 제한하기 위해 수조 달러를 지출해야 했다. 그 이유는 모든 나라의 경상수지와 금융수지가 균형을 이루어야 하기 때문이다. 유입되는 (또는 유출되는) 소득은 유출되는 저축(또는 유입되는)과 일치해야 한다. 중국은 무역흑자가 크게 증가했는데, 이는 통상적으로 중국 저축자들이 대규모로 금융을 유출한 것과 부합했을 것이다. 그러나 중국 정부는 정치적·재정적 안정과 관련된 이유로 중국인들이 국외로 자금을 이동하는 것을 을 제한했다. 모든 의도와 목적상, 중국 민간 부문의 자금 유출은 없었다. 동시에 외국인들은 중국에 투자하기를 열망했다. 균형을 맞추는 대신 (사) 금융계좌와 경상수지는 서로를 보강하고 있었다.

환율은 대체로 이를 방지하기 위해 조정된다. 위안화가 오르면 외국인 투자자들이 중국 자산을 감당하기 어렵게 되고, GDP가 차지하는 소비 비중을 높이고 저축 비중을 줄임으로써 중국의 수출을 줄이고 수입을 늘렸을 것이다. 이것이 어떻게 작동하는지 정확히 이해하는 것이 중요하다. 거의 모든 가구는 직간접적으로 순 수입자이므로 통화강세의 혜택을 받는다. 위안화가 오르면 제조업에서 가계로 소득이 이전될 수밖에 없고, 이 이전으로 국민 소득 대비 가계 소득이 증가하면 국내 생산 대비 가계 소비도 증가하거나, (같은 얘기지만) 투자 대비 저축이 줄어든다.

그러한 세력의 상호작용으로 금융계정과 경상수지가 균형을 이루게 되었을 것이다. 이런 결과를 막기 위해 중국 인민은행은 중국의 민간 부문 금융계좌와 경상수지 사이 격차만큼 금융 유출을 창출해서 상쇄해야 했다. 예를 들어, 1998년 초반과 2008년 후반 사이에 중국은 1조 4000억 달러 미만의 누적 경상수지 흑자를 기록했다. 중국 인민은행의 개입을 제외하면 중국도 누적 금융수지 흑자가 5000억 달러에 달했다. 균형의 조건은 중국의 외환보유고를 늘리는 것이었고, 그 기간 동안 1조 9000억 달러가 증가했다. 이러한 자산은 중국 가계에서 중국 수출 제조업의 소유주에게로 등가의 부가 이전했음을 의미한다.

통화를 근본적인 가치 이하로 조작하고, 이것이 무역수지에 아주 오랫동안 영향을 미치도록 그대로 두어서는 안 되었다. 설령 조작을 했더라도 말이다. 중국 수출에 대한 수요가 증가하면 중국의 생산이 증가하고, 국내의 임금과 가격 또한 인상될 것이다. 노동자들이 외국 상품의 높은 비용을 지불할 수 있기를 원할 경우 특히 그럴 것이다. 중국 내 임금 상승은 외국 소비자에게 중국 수출 비용을 높이는 동시에, 중국 소비자의 수입 비용을 낮추었어야 했다. 통화 거래자들이 제시한 환율과 상관없이 위안화 실질가치가 절상되었어야 해서, 중국 인민은행의 개입이 경상수지에

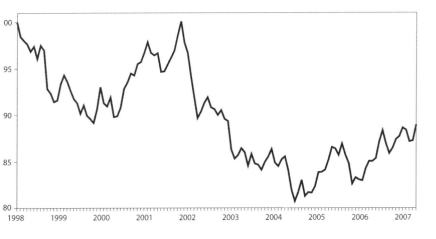

도표 4.3 중국의 경상수지 흑자는 통화가 저평가되었을 때 발전했다. (중국 위안화의 실질 무역가중치, 1998년 1월 = 100) 출처: 국제결제은행; 매튜 클라인 계산

미칠 영향은 무효화되었다. 다시 말해서, 인플레이션은 중앙은행의 준비금 매입으로 인한 초기의 충격을 상쇄했어야 했다.

그러나 국제결제은행의 추정에 따르면, 중국의 인플레이션 조정 환율은 1998년에서 2007년 말 사이에 약 20퍼센트 정도 하락했다고 한다. 이 조치에 따라 위안화는 2011년까지 1998년의 수준을 계속 넘지 못했다.[9]

물론 인플레이션은 소비자 물가의 척도이며 중국 정부는 이미 추가 투자와 수출을 지원하기 위해 소비를 억제하는 데 전념하고 있었다. 그 밖의 조치들은 이 기간 동안 막대한 무역흑자를 발생시키는 데 있어서 환율 조작보다 훨씬 더 중요했다.

이러한 조치들 중 많은 것들이 구속력을 지닌 규제다. 재산권은 종종 무시되는데, 이로써 지방정부가 개발업자들에게 팔기 위해 중국 가계의 귀중한 땅을 탈취할 수 있었다. 중앙정부는 혜택을 지방당 간부에게 줌으로써 이를 수용하도록 장려했다. 보고되는 생산량 증가를 다른 무엇보다도 우선시하는 이러한 제도는 지방정부들이 기업 투자를 유치하기 위해 공해와 환경 파괴를 무시하도록 부추기기도 했다. 엘리트들에게 혜택을 주기 위해 일반 중국인들의 부와 건강을 빼앗았다. 일반인들의 생활수준은 중국의 국내 생산량에 비해 훨씬 미치지 못했다. 1980년대 후반부터 2010년 말 사이에 중국 가계가 소비하는 중국 GDP 비중은 15퍼센트 포인트 떨어졌다. 2018년 현재, 중국 가계는 여전히 중국 생산량의 40퍼센트 미만을 소비하고 있다. 이는 지금까지 세계의 다른 주요 경제국들보다 낮은 비율이다.[10]

소비를 억제하는 방법으로 가장 인정받지 못한 메커니즘 중 하나이자 가장 중요한 것은 금융억제였다. (그러나 지난 몇 년간 금융억제를 점진적으로 철폐한 것은 중국의 국내 불균형을 부분적으로 뒤바꾸었을 뿐이다.) 중국에서는 관영은행 중 한 곳에 예금을 하는 것 외에 저축할 수 있는 방법이 거의 없었다. 그러한 예금들의 금리는 특히 성장에 비해 엄청나게 낮은 수준으로 책정되었다. 대출금리도 시중은행에 비해 턱없이 낮았지만 예금금리보다 높아 은행들은 수익을 보장받을 수 있었다. 규제당국은 대출을 제한했고, 신용은 일반 저축자와 정치적 연줄이 부족한 대출자를 희생시키면서, 특혜를 받는 대출자들이 값싼 금융 혜택을 누릴 수 있도록 조정되었다.

다시 말해서 금융 시스템은 중국 국민에게서 거대 제조업체, 사회 기반 시설 개발업체, 부동산 개발업체, 지방·시 정부에게로 지속적인 대규모 이전을 초래했다. 2000년부터 2013년까지 매년 중국 GDP의 약 5퍼센트에 해당하는 규모다. 이렇게 싼 자본으로 대출을 받을 수 있는 특권을 가진 기업들이 자금을 조달하는 프로젝트의 질에 대해 거의 걱정하지 않고 대규모 투자에 나선 것은 놀라운 일이 아니다.[11]

중국 정부는 또한 중국의 역사학자 진화가 '더 낮은 인권의 비교우위'라고 말한 것을 이용해서 투자를 보조하기 위해 소비를 억제할 수 있다. 이것은 사장들이 임금과 복리후생에 대해 협상할 때 더 유리한 입장에 서게 만든다. 중국에서는 노동단체와 적대노조가 불법이다. 변호사든 학생이든 근로조건을 개선시키려는 이들은 사회질서를 위협한 혐의로 구속되는 경우가 많다. 정치범들은 구두 제조에서부터 전자제품 조립에 이르기까지 모든 분야에서, 민간 기업에서 무급 또는 저임금으로 일했던 노동자들이다.[12]

노동자 보호에 대한 중국 정부의 뚜렷한 태도는 농촌에서 도시로 이주하는 수억 명의 이주민들에 대한 대우로도 확장된다. 중국의 후커우 제도 때문에 이 노동자들은 사실상 자국 내 불법 이민자들인 셈이다. 원래 마오쩌둥 시대에 농장에 노동자들을 계속 두기 위한 것이었던 후커우 제도는, 중국인들이 그들이 태어난 곳 이외의 다른 곳에 이주하고 정착할 권리를 제한한다.

지방정부는 농촌 이주민이 도시에서 일자리를 갖지 못하도록 하는 법의 시행을 거부해왔다. 왜냐하면 사업에 유리했기 때문이다. 그러나 이러한 노동자들은 특히 가장 크고 부유한 도시에서 지속적으로 퇴거 위협에 시달렸고, 이는 비교적 순종적으로 노동력을 제공하게 만든 원인이 된다. 결국 중국에 있는 비금융 회사의 노동자들은 자신들이 생산하는 가치의 40퍼센트만을 받는 결과가 나온다. 반면, 대부분의 다른 나라에서는 기업가치에서 노동력 비중이 70퍼센트에 가깝다.

후커우 제도는 역진세* 기능을 하기도 한다. 노동자는 거주지와 관계

---

* 과세대상이 클수록, 즉 수량 또는 금액이 많아짐에 따라 세율이 낮아지는 조세로 누진세와 대비되는 말.

없이 보건, 교육, 연금 등 각종 혜택을 포괄하는 국가사회보장제도에 돈을 지불해야 한다. 그러나 중국인은 공식적으로 등록한 거주자일 경우에만 이러한 혜택을 받을 수 있다. 이것은 상대적으로 부유한 지방정부를 지원하기 위해 세금을 내는 수억 명의 가난한 중국인들의 사회적 지출을 줄이는 결과를 가져왔다. 이러한 왜곡이 없더라도 중국의 공식 조세 체계는 퇴보적이다. 소비세와 사회보장세가 합쳐 GDP의 14퍼센트를 차지하는 데 비해, 개인소득세는 약 1퍼센트만 걷는다. 결국 저소득층이 종종 부자보다 높은 세율을 적용받는 비뚤어진 결과를 낳는다.[13]

노동자와 저축자를 희생시키면서 생산에 보조금을 지급하는 것은 필연적으로 소비를 억제하고 중국의 저축률을 역사상 가장 높은 수준으로 끌어올리게 만들었다. 이것은 이러한 이전이 가계저축을 증가시켰기 때문이 아니라, 그들이 소득을 소비량이 많은 가계에서 소비량이 적은 경제 부문으로 옮겼기 때문이다. 이러한 저축은 중앙 당국이 지시한 사회 기반 시설과 제조능력에 대규모로 투자하는 프로그램의 자금이 되었다. 제대로 작동하면, 이것은 강력한 개발 모델이다. 그것은 상당한 직접세와 간접세 그리고 부의 이전으로 이룬 급속한 성장이었으며, 그런데도 중국에서 분명히 그랬던 것처럼 생활수준이 급상승했다.

이러한 과정은 또한 베이징의 중앙정부와 중국의 엘리트들 사이의 관계를 변화시켰다. 중앙 당국이 국가 자원을 수집해 우선순위 사업에 할당했고, 이 경제 성장 정책 때문에 불균형적으로 혜택을 받은 강력한 새로운 집단이 등장했다. 가계 소득의 증가를 억제하고 투자를 보조하는 조치로 인해 직접적으로 특혜를 입은 자들이다. 이 단체는 정부의 정책을 강력히 지지했고, 중국이 제시한 목표를 달성하기 위해 적극적으로 경쟁했다. 그들이 더 성공할수록, 그들은 중국에서 가장 가치 있는 자산이 되어가고 있는 엄청난 저리 금융에 접근하면서, 간접적인 보조금의 형태로 더 많은 보상을 받았다.

세 번째 단계: 높은 투자에서 과도한 투자로

불균형 성장 모델의 효과에는 한계가 있기 마련이다. 중국의 세 번째 성장 단계는 1990년대 말에 시작되었다. 이전과 마찬가지로 중국 기저의 경제 잠재력은 생산성 향상, 높은 투자, 농촌에서 도시로 노동자가 계속 이주한 덕분에 빠르게 성장했다. 그러나 이전 시기와는 달리, 실제 중국의 생산량은 기본적인 잠재력보다 훨씬 더 많이 성장했다. 2008년 정도까지는 무역흑자 증가를 통해 그 차이를 해외에서 상쇄했다. 글로벌 금융위기 이후 중국 정부는 중국 제조업에 대한 외부 수요 붕괴에 대응해 국내 투자를 더욱 확대했다. 그러나 수익성 높은 투자 프로젝트가 적절하게 증가하지 않는다면, 결과는 국내 부채 부담만 급격히 증가시킬 뿐이다.

그 이유를 이해하기 위해서는 중국의 GDP 성장 목표의 중요성을 이해해야 한다. 이를 위해서는 시스템 산출로서의 GDP 성장과 시스템 투입으로서의 GDP 성장의 차이를 이해해야 한다. 대부분의 경제에서 GDP는 가계, 기업, 정부가 창출한 생산량을 측정하는 척도로, 이러한 모든 수치들은 그들이 얼마나 지출할 수 있는지에 한계를 긋는 역할을 한다. 공식 통계학자는 해당 기간 동안 GDP가 확대되거나 축소된 양으로 보고되는 관련 활동 변화를 측정한다.

하지만 이것은 중국에서 일어나는 일이 아니다. 중국에서는 GDP 성장률이 이 시스템에 들어가는 투입 요소 중 하나다. 그것은 그 해의 GDP

성장 목표로서 연초에 설정되고, 사회적·정치적 목적을 수용하기 위해 필요한 성장량을 나타내며, 그러한 과정에서 물론 실업률을 낮게 유지하고자 하는 욕구가 있다. 따라서 그것은 표준 경제 제약을 수정해 지방정부가 민간·부동산 부문의 경제 활동과 함께, GDP 성장 목표를 높일 수 있는 경제 활동을 충분히 창출하도록 만든다.

이로 인해 강력하고 위험한 동기가 생성된다. 중국 지방과 시 정부가 은행 시스템 내에서 신용창조* 대부분을 통제하고 있고, 중국 은행들은 빚을 상환할 수 없는 프로젝트에 거의 대출을 해주지 않는다. 따라서 공무원들이 목표를 달성하는 가장 쉬운 방법은 국영 은행들에게 우대받는 기업에 대출을 해주어 필요한 만큼 사회 기반 시설, 제조, 부동산에 투자하라고 말하는 것이다. 그 투자가 가치가 있는지는 상관없다. 중요한 것은 지출의 양이 중앙정부의 목표를 충족하기에 충분한, 보고한 대로 GDP를 발생시키느냐 하는 점이다.

적어도 1990년대 중반까지는 사회 기반 시설과 제조능력이 너무 부족했기 때문에 이 제도는 중국에게는 문제가 되지 않았다. 생산적인 투자에 유일한 제약은 저축이 증가할 수 있는 속도였다. 거의 모든 투자가 프로젝트 비용보다 훨씬 더 생산성을 높였다. 이런 상황에서 가장 좋은 금융 시스템은 가장 빠르게 확장하는 금융 시스템이었는데, 이는 필연적으로 프로젝트를 선택하는 데 있어서 가장 차별이 덜한 금융 시스템을 의미한다. 만약 그것이 당의 기본적인 정치적 목적에 부합하기만 한다면 어떤 것이든 자금을 지원받을 것이다. 이것이 중국이 얻은 금융 시스템이다. 자본을 정교하게 관리해주지는 않지만, 국내 저축의 급증세를 포착하

---

* 중앙은행이 찍어낸 돈이 은행을 통해 시중에 유통되면서 또 다른 돈(신용화폐)을 만들어내는 일련의 과정.

고 상상할 수 있는 모든 투자 프로젝트에 싸게 대출해주는 것은, 정부의 규제 덕분에 매우 성공적이었다.

중국 경제와 대부분의 다른 경제 사이에는 두 가지 큰 차이점이 있는데, 이것이 지방정부들이 분기별·연도별 성장 목표를 정확하게 달성할 수 있게끔 해준다. 첫째, 지방정부는 엄격한 예산 제약에 얽매이지 않는다. 즉, 그들은 결제할 필요성에 제약받지 않고 거의 무제한에 가까운 비생산적인 경제 활동을 할 수 있다. 이는 지방자치단체가 은행 시스템 내 대부분의 신용창조를 통제하기 때문에 가능하다. 둘째, 대출이 직간접적으로 보장되기 때문에 은행들은 부채를 상환할 수 없는 사업에 들어가는 대출을 기재할 필요가 없다. 따라서 그들은 GDP 성장 목표 달성에 필요한 활동에 자금을 대기 위해 지방정부가 요구하는 만큼의 신규 여신을 확장할 수 있다.

그러나 1990년대 후반까지, 몇 년 동안 엄청나게 빠른 투자 성장으로 인해 생산적인 투자를 명확하게 식별하는 것이 점점 더 어려워졌다. 중국 은행 시스템의 오랜 결함들이 심각한 제약이 되었다. 압류된 가계저축에서 나온 저리 융자는 실제 비용보다 경제적 가치가 덜 추가된 투자에 보조금을 주었다. 중국은 투자 붐이 점점 더 비생산적으로 변하는 포화 단계에 이르렀다.

중국은 여전히 저소득 국가이고 1990년대 후반, 일인당 GDP가 온두라스나 짐바브웨에 견줄 만큼 가난한 나라였기 때문에 이것은 놀라운 일로 보일 수 있다. 2012년 HSBC 글로벌 리서치의 경제학자들은 노동자 1인당 중국 자본 주식의 총 가치가 미국의 6퍼센트 수준에 불과하다고 추정했다. 이를 통해 '중국은 더 적게 투자할 것이 아니라, 더 많이 투자할 필요가 있다'고 결론 내렸다. 중국이 세계 선진국들의 자본 수준에 도

달할 때까지 가능한 많이 투자해야 한다고 암묵적으로 추정한 것이다.[14]

그러나 모든 나라는 국내 기관을 기반으로 하는 최적의 투자 수준이 있으며, 부유한 나라의 1인당 투자 수준과 가난한 나라의 투자 수준을 비교하는 것은 무의미하다고 가정하는 것이 훨씬 더 유용하다. 위험한 장기 프로젝트는 수용 위험성이 낮고, 금융시장이 안정적이며, 규제가 지나치게 야단스럽지 않으며, 계약을 준수하며, 게임의 규칙이 예기치 않게 바뀔 가능성이 없는 특정한 사회적·제도적 맥락에서만 타당하다. 이러한 조건이 있는 나라들은 당연히 이러한 조건이 없는 나라들보다 1인당 흡수할 수 있는 투자의 수준이 훨씬 더 높아야 한다.

그러므로 정부가 국민에 대한 책임을 지고, 법이나 시민사회의 제약을 강하게 받는 곳에서는 자본금이 훨씬 더 높아져야 한다. 이와는 대조적으로 심각한 부정부패와 모호하고 임의적인 규제는, 생산적인 투자에 있어서 자연스러운 장애물이다. 기술적 요인도 중요하다. 완고한 유럽 사회에 비해 비교적 관대한 미국의 파산 제도는, 대출자들이 새로운 출발을 하는 데 초점을 두고, 혁신이라는 기업가적 문화를 조성하는 데 도움이 되었다. 마찬가지로 특허의 처리와 한 국가 내에서 직업이나 장소로 쉽게 이동할 수 있는 용이성(또는 어려움)은, 사회의 번영에 상당한 영향을 줄 수 있다. 그리고 교육이나 자신과 관련이 없는 타인을 신뢰하려는 전반적인 의지와 같은 정량화할 수 없는 문화적 특성조차도 최적의 실질적인 투자 수준에 큰 영향을 미친다.[15]

다시 말해서 모든 경제가 동일한 양의 투자를 생산적으로 흡수할 수 있는 것은 아니다. 사회는 건물이나 기계나 다른 형태의 물리적 자본이 부족하기 때문에 가난한 것이 아니다. 오히려 가난하기 때문에 자본이 부족한 것이다. 기관이 방해하지 않았다면 그들이 투자와 노동력을 생산적으로 흡수할 수 있었을 텐데, 그것을 방해받기 때문에 가난한 것이다.

실제로 물리적 자본 부족에 시달려온 소수의 사회는 오히려 예외에 속한다. 1940년대와 1950년대의 유럽, 일본, 한국과 같은 자연 재해나 전쟁에서 회복되는 있는 나라들이다. 덜 흔하지만 주목할 만한 것은 19세기 호주, 캐나다, 미국과 같이 높은 출산율과 이민의 조합을 통해 급속한 인구 증가를 경험하는 선진 사회다. 가장 드문 예외는 국내 기관에서 최적의 투자 수준을 지속적으로 증가시키는 급속한 변화를 겪고 있는 사회다. 가장 좋은 예는 공산주의를 버린 후의 중유럽과 동유럽에서 찾을 수 있겠지만, 이마저도 중국보다 투자율이 훨씬 낮았다. 게다가 그들은 세계대전과 공산주의 점령 전에 상대적으로 번영했다.

중국은 어디에 어울릴까? 중국은 1978년 덩샤오핑과 그의 동료들이 집권해 경제개혁에 착수하면서 분명히 의미 있는 전환을 했다. 이러한 개혁은 중국이 거의 1세기 만에 국내와 국제 평화를 지속적으로 누린 최초의 기간 동안 동시에 이루어졌다. 이런 상황하에서는 국가의 최적의 물리적 자본 수준을 높였어야 했다. 그러나 이러한 변화가 지난 20년 동안 상당한 투자 증가를 보장할 만큼 충분히 의미 있는 것 같지는 않다. 사실, 경제학자 해리 우는 중국의 근본적인 생산성이 1990년대 초반 이후로 향상되지 않았다고 추정한다. 생산량이 늘어난 것은 더 많은 기계들과 노동자들이 더 많은 것을 만드는 데 투입되고 있기 때문이다. 그것이 왜 중국 경제가 외국의 수요나 국내 부채의 급격한 증가에 의존하지 않고는 성장할 수 없는지를 설명해줄 것이다.[16]

불행하게도 중국의 금융 시스템은 어떠한 개별 프로젝트가 경제적으로 타당한지에 관계없이, 가능한 한 빨리 국내 투자를 확대하도록 설계되어 있었다. 기반 구조나 제조 능력에 대한 투자비용은 가계에서 은밀하

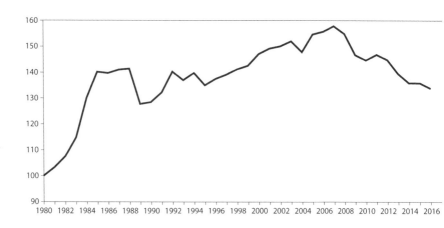

도표 4.4 중국은 더 많은 생산성 성장이 필요하다. (기본적인 생산성 향상, 1980년 = 100)

출처: 해리 우

게 또는 대놓고 이전되어 너무 많이 지원되었기 때문에, 헛된 투자를 제약하거나 식별할 수 있는 메커니즘이 없었다. 중국 내에서 중앙정부의 개발 목표를 만족시키고 있다고 합리적으로 주장할 수 있는 사람은 누구나 저리 금융에 접근할 수 있다. 계속해서 빌리고 건설하면서 이러한 기득권 세력은 정치적으로 점점 더 강력해졌고, 더 많은 성장을 위한 자금을 마련하기 위해 저리 대출에 접근성을 유지하려는 의지가 강해졌다. 중국 정치는 경제를 왜곡시켰고, 왜곡된 경제는 중국 정치를 더욱 왜곡시켰다.

이러한 불균형을 뒤집기는 어려울 것이다. 광범위한 투자의 비효율적인 배분으로 경제가 어려움을 겪고 있다는 것이 명백해지자마자 중국이 투자 주도의 성장 모델을 수정했더라면 좋았을 것이다. 그랬더라면 중국은 역사상 유일했을 것이다. 그러나 대체로 성장 모델의 혜택을 받는 기득권층이 의미 있는 조정을 지연시키는 전형적인 일이 일어나기 쉽다. 그리고 이러한 일이 실제로 중국에서도 일어났다. 모든 역사적 전례에서 볼 수 있듯이, 부채가 심각한 문제로 대두될 때까지 필요한 조정을 미루었다. 중국도 예외는 아니었다. 원자바오 총리는 2007년 초 지금이 변화를 거듭하고 수요를 재조정해야 할 때라고 인정했지만, 2011~2012년까지는 상황이 계속 악화되기만 했다.

그러나 최근에는 중앙정부가 이러한 문제들을 제대로 다루기 시작했다. 지금까지 정부는 신용 성장을 억제함으로써 가능한 한 빨리 투자 지출을 줄이는 데 초점을 맞추었다. 중국 인민은행이 선호하는 조치는 '실제 경제에 대한 총체적 금융'이라고 불린다. 호황기 동안 광범위한 신용거래는 매년 20퍼센트 이상씩 증가하고 있었다. 2016년에는 15퍼센트 성장했다. 2018년 총 신용거래는 10퍼센트 미만에 그쳤다. 마찬가지로 고정자산 투자 증가율은 2005~2011년 매년 약 26퍼센트에서 2015년 10퍼센트로 둔화되어 2018년에는 6퍼센트에 불과했다.[17]

실질적으로는 진전을 보이고 있지만 중국의 부채 증가세가 차입 능력의 증가세를 계속 웃돌고 있다. 지금도 정부는 가계 소득을 높이고 중소기업에 더 나은 혜택을 주기 위해 정책을 변경하기보다는 내수를 유지하기 위해 사람도 별로 없는 적막한 습지에 지하철역을 공들여 건설하고 있다. 이러한 일은 세계의 다른 나라들에도 장애가 된다.[18]

중국의 불균형이 다시 세계를 뒤흔들까?

중국의 연간 경상수지 흑자는 공식적으로 2008년 약 4200억 달러로 정점을 찍은 뒤, 2019년 상반기에 연간 약 1900억 달러로 줄어들었다. 따라서 절대적인 측면에서나 경제적인 측면에서는 중국의 주요 불균형 중 하나가 해결된 것처럼 보일 것이다. 그러나 더 면밀히 조사해보면, 중국의 대외 균형 조정은 취약하고 역행하기 쉽다는 것을 알 수 있다. 노동자와 퇴직자에게서 지속적으로 부를 이전함으로써 소비를 계속 침체시키고 있다. 만약 가계 지출이 증가해 상쇄하지 않고 투자 지출이 둔화될 경우, 중국의 흑자는 다시 한번 확대되어 전 세계에 피해를 줄 것이다.

가장 우선 주목해야 할 점은 중국의 공산품 무역흑자가 절대적인 면에서나 세계의 다른 나라들의 경제 생산량에 비해 이미 2008년보다 훨씬 크다는 점이다. 다시 말해서, 생산이 심각하게 과잉되고 중국의 무역 상대국들이 이 과잉을 흡수해야 하는 부담만 커졌다는 얘기다. 이런 관점에서 자산 균형 재조정은 없었다.

놀랍게도 중국의 제조업 수출이 중국 경제에서 점점 더 중요한 위치를 차지하고 있는 가운데서도 이러한 일이 일어났다. 2007~2008년 중국의 제조업 수출은 GDP의 약 30퍼센트 수준이었지만 지금은 18퍼센트에 불과하다. 글로벌 생산량에서 중국의 전체 비중이 계속 상승하고 있어, 중국의 무역수지나 경상수지의 변화를 국내경제의 관점에서 볼 것인지 또는 세계의 다른 국가들 관점에서 볼 것인지에 따라 크게 달라진다고 보는 설명도 있다.

그러나 더 중요한 점은 중국이 공산품을 수입하는 데 있어 발생한 지출 변화다. 모든 국가와 마찬가지로, 중국도 두 가지 이유에서 제조품을 수입한다. 다른 나라에 수출할 완제품의 부품으로 사용하기 위한 것과 국내의 투자와 소비 수요를 충족시키기 위한 것이다. 두 종류의 수입 모두 중요성이 줄어들어 제조업 총수입이 2004년 중국 GDP의 23퍼센트에서 오늘날에는 10퍼센트 미만으로 줄어들었다. 이는 중국의 전체 무역흑자가 2019년 중반 현재, 미국의 관세에 영향을 받지 않은 것으로 보이는

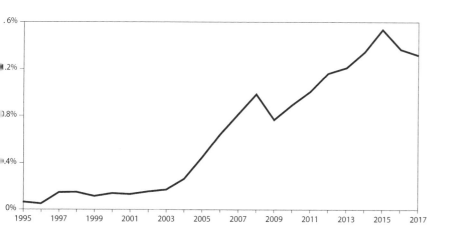

도표 4.5 중국의 과잉 (세계의 나머지 국가 GDP 대비 중국의 공산품 무역수지 흑자)

출처: 국제 통화 기금; 중국 세관; 브래드 W. 셋서

이유를 설명하는 데 도움이 된다.[19]

중국 기업들이 완제품을 수출하기 위해 더 이상 많은 부품을 수입할 필요가 없는 것도 한 가지 이유다. 즉, 국내 공급업자들이 일을 점점 더 잘 하고 있다. 2000년대 초반에는 중국의 첨단 공산품 수출 가치의 3분의 2가 해외에서 비롯되었지만, 오늘날에는 그 가치의 대부분이 중국의 노동력과 자본에서 나온다. 저임금 중국 노동자들이 다른 곳에서 만들어진 고급 부품들을 조립한다는 이야기는 일부의 상황일 뿐이다. 동시에 중국의 국내 생산능력은 국내 수요를 충족시키는 데 있어서 훨씬 더 나아졌다. 완제품의 수입은 2004년 중국 GDP의 9퍼센트에서 오늘날에는 5퍼센트 미만으로 떨어졌다. '메이드 인 차이나 2025년'이라는 의제는 이러한 수입 대체 과정을 가속화하기 위한 것이 명백하다.

중국 소비자들 입장에서는 구입비용이 증가했음에도 불구하고, 기업들에게 외국 생산 대신 국내 생산을 하도록 조직적으로 장려한 정부 정

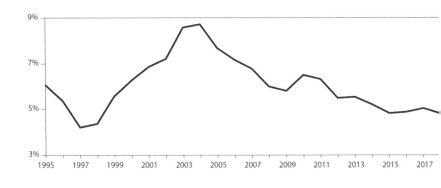

도표 4.6 중국은 수입 대체 전략을 채택했다. (GDP 대비 국내 제조 수입에 대한 중국 지출)

출처: 국제 통화 기금; 중국 세관; 브래드 W. 셋서

책들 덕분에 수입 대체는 성공적이었다. 2001년 세계무역기구(WTO)에 가입한 이후 중국은 WTO의 약속을 신중하게 준수해왔고 그들의 결정에 따랐다. 그러나 중국 정당은 기업들에게 이래라 저래라 할 수 있는 막강한 권한을 가지고 있기 때문에, 중국 경제는 규칙에 기반한 무역 시스템 정신과 근본적으로 양립할 수 없을지도 모른다. 공산당 당원들은 대부분의 중국 기업, 심지어 비중국 기업의 자회사에도 포진되어 있다. 정부 직영이 아닌 대기업을 포함해서 많은 기업의 임원들이 당원이므로, 승진과 특혜를 받을 자격이 있으며 당 규율에 취약하다.

심지어 당원이 아닌 사람들도 종종 베이징의 우선순위에 들기 위해 제휴하려고 애쓴다. 법률학자인 커티스 J. 밀하우프트와 웬퉁 정은 '현재 또는 이전에 인민 의회와 인민 정치 협의회 같은 중앙 또는 지방 당-국가 단체의 회원으로 100대 민간 기업 중 95개, 그리고 사실상의 통제권자인 10대 인터넷 기업 중 8개를 확인했다'고 말했다. 규제 당국은 임원들을 인터뷰에 참여시킬 수 있고 또 그들과 관련된 어떤 주제에 대해서도 인터뷰

할 수 있다. 중국 금융 시스템은 국영기업이 장악하고 있어, 당이 국가의 목적에 부합하는 기업을 돕고 그렇지 않은 기업을 처벌할 수 있는 힘을 국영기업에 주고 있다. 밀하우프트와 정은 '국가가 민간기업에 대해 상당한 치외법적 통제권을 행사하고 있기 때문에, 민간기업이 국가 개입에서 벗어나 사업적 판단을 할 수 있는 재량권이 거의 없다'고 지적한다.[20]

이러한 제도하에서는 국내 생산으로 내수를 충족시키기 위한 관세가 거의 필요하지 않다. 중역들은 그저 외국 업체가 아닌 중국 업체를 선택하라는 지시를 받을 수 있다. 이러한 이유로 중국 정부는 명시적인 관세가 시대에 뒤떨어진 것으로 간주되는 시대에 맞게 개조된, 프리드리히 리스트의 국가 시스템의 현대화된 버전을 추구할 수 있다. 그 결과, 대부분의 다른 나라들과는 달리 2000년대 중반 이후 중국 경제에 있어서 수입은 점점 덜 중요해졌다.

중국의 제조업 무역 데이터는 다른 나라에서 발표한 실제 경제 활동을 나타내는 수치와 비교하기 쉽다. 그러나 중국의 전체 경상수지 흑자 규모도 마찬가지라고 말할 수는 없다. 중국의 해외 여행서비스 수출 신고액이 정체된 가운데서도, 여행서비스 수입 신고액은 2012년 1020억 달러에서 2018년 2770억 달러로 급증했다. 비록 몇 년 전보다 더 많은 중국인 학생들과 관광객들이 현재 중국 밖을 여행하고 돈을 쓰고 있지만, 그 증가세는 공식적인 수치 변화에 필적할 만큼 크지 않다. 뉴욕 연방준비은행 경제학자들이 2019년에 분석한 결과, 중국의 국제 수지 데이터는 여행서비스의 진정한 무역적자가 '2018년 약 850억 달러'를 초과했다는 것을 나타냈다.

여행으로 간주되는 것 중 많은 부분이 실제로는 자본 이탈이라는 사실이 가장 그럴듯한 설명이 될 것이다. 생명보험이나 주택을 구입하거나

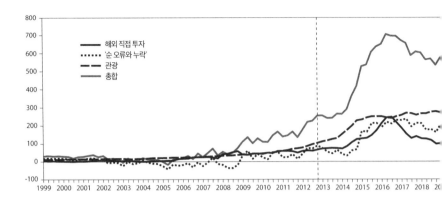

그림 4.7 **대탈출** (중국을 떠나는 돈, 연간 수십억 달러)   출처: 미국 외환 관리국; 매튜 클라인 계산

고가의 보석을 달러로 교환하기 위해 미국을 방문하는 것은, 휴가를 떠나 기념품을 몇 개 사는 것과 경제적으로 동등하지 않다. 분명히 관광 지출의 급격한 증가는 시진핑의 반부패 운동이 시작된 직후에 일어났다. 그것은 또한 중국 자본 이탈의 다른 조치, 특히 '순 오류와 누락'으로 알려진 경상수지와 금융수지 사이의 통계적 차이와도 관련이 있다. 이러한 유출의 연간 가치는 2015~2016년에 7000억 달러로 정점을 찍었다.[21]

중국 정부는 이러한 유출을 환율 하락, 외환보유고 판매, 국내 통화정책 틀의 변화 등이 혼합된 형태로 수용했다. 그러나 이러한 조치들이 결국 불충분하다고 입증됨에 따라 2016~2017년에 외자 통제를 점진적으로 강화하게 되었다. 특히 자국 기업을 이용해 국내적으로 대출을 받아 외국 자산을 사들이는 데 강한 욕심을 보였던 중국 중역들 중 상당수가 체포되었고, 특이한 상황에서 결국 사망한 중역들도 있었다.[22]

이런 자료들은 중국의 대외적 균형 조정이, 눈에 띄는 것보다 사실은 덜하다는 점을 시사한다. 그렇지만 중국인들은 상품, 특히 콩, 유제품 그

리고 육류 수입에 더 많은 돈을 쓰고 있고, 외국 여행과 학교 교육에도 더 많은 돈을 쓰고 있다. 중국에도 좋고 세계에도 좋은 일이다. 그러나 중국이 이룬 진보는 과도한 부채와 과잉 투자라는 고질적인 문제 때문에 취약하다. 내부적으로 재조정을 하기 위해서는 신용 긴축이 필요하지만 이러한 보완적 개혁으로 가계 소득을 높이고 내수 활성화에 성공하기도 전에 투자가 위축될 위험성도 있다. 결국 내수를 위축시키는 결과만 얻을 수도 있다.

이에 따라 두 가지 옵션이 생긴다. 첫째, 내수 감소에 맞추어 국내 생산이 감소할 수 있다. 실질 임금 삭감과 훨씬 더 높은 실업률의 조합을 통해 총소득은 감소할 것이다. 중국의 정치 체제는 그런 사회적 이탈에서 살아남지 못할 수도 있고, 설령 살아남을 수 있다 하더라도 정부는 위험을 무릅쓰고 이를 알아내는 데 관심이 없다. 따라서 국내 생산이 내수보다 적게 감소할 가능성이 높은데, 이는 반드시 수출 대비 수입 감소를 통해 중국의 무역흑자가 확대된다는 것을 의미한다. 예를 들어, 중국 정부는 위안화를 평가절하하거나 조정 부담을 전 세계에 전가할 다른 방법을 찾을 수도 있다. 구체적인 메커니즘에 관계없이, 과잉 생산에 따른 세계적인 과잉 공급은 더욱 심화될 것이다. 이런 관점에서 중국의 '메이드 인 차이나 2025년' 의제는 다가오는 국내 투자 감소에 대비해 수입을 제한하는 선제적 조치로 이해할 수 있다.

마찬가지로, 중국 정부가 일대일로*에 대해 약속하는 것은 영토나 군사기지를 얻기 위한 전략적 계획의 일부라기보다는, 내부 재조정과 관련

---

* Belt and Road Initiative; 중국이 추진 중인 실크로드 전략, 이 계획은 아시아와 아프리카의 도로, 철도, 파이프 라인, 기타 기반 시설 프로젝트에 자금을 지원함으로써 세계가 중국과 쉽게 거래할 수 있도록 하는 것.

된 절충을 관리하는 방법으로 이해할 수 있다. 2008년 이전에 중국 정부는 미국인과 유럽인들에게 구매력과 상품을 수출함으로써 과잉 생산능력에 대처했다는 것을 상기하라. 중국은 미국과 유럽의 금융 자산을 수조 달러 축적하고 세계의 다른 나라에서는 증가하는 부채에 자금을 조달함으로써 국내 부채가 상승하는 것을 피했다. 그러나 미국과 유럽 차용자들의 차입 능력이 한계에 도달하자, 그것은 지속 불가능하게 되었다. 중국 정부는 국내 부채를 상승시켜서라도 추가 국내 투자를 장려함으로써 조정했다. 우리가 보아온 것처럼 이 또한 지속 가능하지 않은 것으로 판명되었고, 이런 이유로 중국 정부는 다시 과정을 바꾸었다. 지난 몇 년 동안, 약간의 예외는 있지만 우선적으로 국내 신용 성장을 억제하고 국내 투자를 제한해왔다.

그러므로 일대일로의 진정한 전망은 동남아시아, 남아시아, 아프리카, 중동, 동유럽, 중남미에서 중국이 수출하는 공산품과 건설 서비스에 대한 새로운 수요를 창출하는 것이다. 중국 은행들은 외국 정부에 대출해 줄 것이고 그 정부들은 항만, 철도, 전력망, 석탄 공장, 전기 통신 등을 건설하기 위해 중국 회사들에 의뢰할 것이다. 지금까지 일대일로는 중국 기업과 중국 밖에 있는 중국인 노동자들을 필요로 하는 수요를 창출하는 데 성공해왔다. 그러나 이 때문에 중국의 국내 개발 모델의 많은 단점을 전 세계 많은 나라에 노출하게 되었다. 중국의 대출 기관들은 기업 실사를 할 동기가 거의 없고, 이로 인해 대출을 받은 외국 정부들이 빚을 갚지 못하는 악성 부채가 속출하고 있다. 중국 기업들은 그들의 프로젝트가 환경에 미치는 영향에 관심이 없다. 정치와 문화적 불감증으로 중국 기업과 주최국 간에 마찰을 빚고 있다. 이러한 문제점들을 극복할 수 있다고 해도, 일대일로 국가들이 다룰 수 있는 전체 시장은 북미나 유럽에 비해 훨씬 작다. 따라서 중국이 일대일로를 이용해 전통적인 수출시장의 손실을 대신하는 것은 상상하기 어렵다.[23]

　이 모든 것은 현재 진행 중인 무역 전쟁이 중국 경제에 어떤 영향을 미칠 수 있는지 시사하고 있다. 중국의 GDP 성장 보고(이 활동이 부를 증진시킬 것인지를 측정하는 경제 활동)는 중국이 차입 능력이 있고 정부가 그것을 기꺼이 사용하는 한, 아무리 심각하더라도 무역 전쟁의 영향을 받지 않을 것이다. 그러나 수출시장에 접근할 수 없게 되면 중국 경제의 지속 가능성에 영향을 미칠 것이다. 왜냐하면 정부는 점점 더 비생산적인 투자 또는 어쩌면 가계부채의 재원을 마련하기 위해 추가적인 차입을 장려하는 식으로 대응하기 쉬울 것이기 때문이다. 이는 중국 경제가 수출에 대한 의존도가 낮다는 것을 암시한다기보다는 무역 전쟁에 더 취약하게 만든다. 그동안 중국은 수입 대체와 위안화 평가절하 그리고 가계부채를 포함해서 국내 신용증가를 (온건하게) 가속화함으로써 미국의 관세에 대응해 왔다.[24]

네 번째 단계: 1978년의 정신

결국, 베이징은 세 가지 어려운 선택사항 중에서 골라야만 한다. 부채 증가, 실업 증가, 엘리트 계층에서 일반 가계로의 부의 이전 중에서 말이다. 설상가상으로 무역수지 흑자가 압박을 받는 시기에 이러한 절충안을 관리해야 할 것이며, 이로 인해 부채나 실업을 추가적으로 상승시켜야 하는 압력이 가중될 것이다. 중국 밖에서 무슨 일이 일어나더라도 중국 은행들이 추가 투자 자금을 계속 조달할 수 있는 한 정부는 성장을 계속 지원할 수 있다. 그러나 과거에도 중국이 증가하는 국내 부채를 더 이상 실업률 감소와 바꿀 수 없을 것이라는 지적이 있었다. 2013년 이후 민간 금융 유출이 급증한 것은 일종의 경고다. 그것이 정부가 관리하는 의도적인 과정이든 아니든, 그것과 함께 중국의 신용 성장과 투자 증가는 계속 둔화될 것이다.

그 결과는 이미 중국의 일부 지방에서 감지되었다. 경제학자 웨이첸, 시루첸, 장타이쉬, 정송은 2019년 전국, 특히 랴오닝, 내몽골, 톈진 등의 관리들이 2008년 이후 국경 내에서 발생하는 자본 투자 규모를 체계적으로 과대평가하고 있음을 발견했다. 그들은 소비를 늘리기 위해 저리 금융을 이용하는 표준 관행보다는, 그 숫자들을 거짓으로 말하는 것을 선호했다. 저자들은 '이 세 지방의 지도자들이 최근 부패 단속으로 체포되었는데, 공식 고발 내용 중 하나는 이 지도자들이 지방 GDP를 과대평가했다는 것'이라고 지적한다. 긍정적인 암시가 있다면, 중국 경제가 공식적인 자료가 의미하는 것보다 소비 쪽으로 더 기울도록 다시 균형을 잡았을 수 있다는 점이다. 나쁜 소식이라면, 중국의 부채가 공식 비율 250퍼센트가 아니라 아마도 국민소득의 300퍼센트에 가깝다는 것인데, 이는 과거 투자의 질이 이전에 생각했던 것보다 훨씬 더 나쁠 것이라는 점이다. 이는 결국 중국이 차입 능력 한계에 더 근접했을 가능성이 높다는 얘기다.[25]

중국 정부의 과제는 이러한 불가피한 결과가 GDP의 붕괴와 실업률의 급증으로 이어지지 않도록 만드는 것이다. 지속 가능한 유일한 해법은 내수 진작을 통해 경제의 투자 지출 의존도를 낮추는 것이다. 이는 중국 가계들이 자신들이 생산한 것을 살 수 있는 여유를 갖도록, 부와 소득의 분배를 획기적으로 변화시킨다는 것을 의미한다. 중국의 노동자와 퇴직자들에게서 빼앗은 것을 반드시 회복시켜주어야 한다. 중국은 덩샤오핑 정신으로 2차 자유화 개혁을 단행해야 한다.

그러나 1980년대의 개혁과 오늘날 필요한 개혁 사이에는 적어도 한 가지 중요한 차이점이 있다. 비록 두 개혁 모두 실질적인 생산성 성장에 있어서는 즉각적인 개선이 이루어지겠지만, 오늘날 중국의 수정 개혁이 덩샤오핑의 개혁이 거의 즉시 효과를 낸 것처럼 그렇게 극적으로 높은 GDP 성장률을 가져올 것 같지는 않다는 점이다. 놀랍지도 않겠지만, 그 이유는 부채와 관련이 있다. 덩샤오핑이 개혁을 시작했을 때 중국의 부채는 오늘날과 달리 낮은 수준이었다. 그래서 그가 중국인의 생산적 활동을 가로막는 제도적인 제약들과 왜곡된 장려책들을 없애자, 생산성 증가가 곧바로 고성장으로 나타났던 것이다.

그러나 높은 부채 수준은 다음과 같은 세 가지 중요한 방식으로 더 생산적인 행동에 영향을 준다.

- 첫째, 높은 수준의 부채는 채무불이행과 상환 비용의 배분에 불확실성을 야기한다. 이것이 법인금융에서는 잘 알려져 있긴 하지만, 전통적인 거시경제학의 일부는 아니다. 중요한 점은 모든 경제 인구가 나쁜 부채의 비용을 부담하지 않기 위해 행동방식을 바꾸면, 이러한 변화들이 성장을 저해한다는 것이다. 즉, 부자들은 자신의 돈을 국외로 빼돌리려고 하고, 기업들은 투자를 줄이고, 노동자들은 비협조적이 되고, 중산층 저축자들은 계좌에서 돈을 빼서 실물 자산을 사려고 한다. 중국의 부채 수준은 이렇게 재정적으로 좋지 않은 진행 과정이 이미 시작되었을 만큼 충분히 높다. 부채가 평가 절하되기 전까지 생산성을 촉발시키고자 하는 방식의 개혁은, 다

른 방법보다 부를 덜 창출할 것이다.

- 이전에는 중국의 지방정부가 경제의 실질 성장 능력을 초과하는 차입으로 GDP 목표를 달성했다. 그렇게 싸게 빌릴 수 있는 능력이 없었다면 GDP는 훨씬 더 느리게 성장했을 것이다. 이 말은 부채 수준이 안정되기만 한다면 성장률이 크게 둔화될 것이라는 의미다. 게다가 중국의 부채 수준은 이미 너무 높기 때문에, 우선순위는 단순히 부채를 안정시키는 것이 아니라 줄이는 것이어야 한다. 노동력을 포함해서 모든 자원들을 충분히 생산적으로 사용하는 경제 상황인 경우 외에는, 부채의 증가나 감소는 성장률의 변화로 나타나기 마련이다. 성장 충동으로 강하게 밀어붙였던 상황을 이제는 바꾸어야 한다. 이는 GDP가 훨씬 더 느리게 성장할 것이라는 의미다.

- 마지막으로 중국 은행 시스템은 대출이 초래한 경제적 손실을 인식하지 못하기 때문에, 중국의 GDP는 악성 대출(회수 불능 융자)의 원리합계로 인해 실질적으로 과대평가되어 왔다. 투자는 투자비용을 정당화할 수 있을 만큼 미래의 소비와 생산을 만들어내는 경우에만 가치가 있다. 투자 자금으로 사용되는 대출은 경쟁금리*로 상환되는 것이 당연한 귀결이다. 중국에서 이루어지는 많은 투자들은 그 기준에 미치지 못한다. 그들은 장기적으로 성장을 증가시키지 않고, 노동자와 퇴직자에게서 추가 지원금을 받지 않으면 갚을 수 없는 금융 시스템에 악성 대출을 더함으로써 장기적인 성장을 축소시킨다. 그러나 이러한 악성 대출과 불량 투자의 비용은 조정기

---

* 은행이 예금, 적금, 대출을 통해서 수익이 날 수 있도록 결정한다. 일반적으로 은행 자체의 신용등급이 좋고 자산이 우량할수록 경쟁금리가 낮다.

간 동안 분할 상환될 것이며, 과거 GDP에 과대평가되었던 금액만큼 향후 보고되는 GDP를 반드시 낮출 것이다.

2013년 10월부터 열린 중국 공산당의 제3평의회에서도 최소한 청사진의 일부를 제공하는 등, 어떤 개혁이 필요한지에 대해서는 상당히 폭넓은 합의가 이루어지고 있다. 중국은 금리 자유화, 환경보호, 건강보험, 1자녀 정책 등 많은 분야에서 중요한 진전을 이루어왔다. 중국 경제 생산에서 차지하는 가계의 소비는 2000년대 초보다 크게 밑돌지만 총생산 대비 증가하기 시작했다. 다음 단계이자 중요한 단계는, 상당한 부와 수입을 엘리트들(특히 중국의 지방·시 정부와 국영기업)에게서 가계로 이전하는 것이다. 이것은 GDP 성장세가 크게 둔화될지라도 가계 소득은 빠르게 성장할 수 있도록 토지 개혁, 후커우 개혁, 세제 개혁, 민영화, 노조 합법화 등 여러 가지 대책들을 의미한다.[26]

유일하게 안전한 예측은 향후 10~20년 동안 중국의 불균형이 역전되어 가계 소득 증가율이 GDP 성장률을 크게 웃돌 것이라는 것이다. 이런 일이 일어날 수 있는 방법들은 많다. 점진적으로 부를 이전시키면, 투자 증가율이 '0'으로 둔화되거나 심지어 마이너스로 변하더라도 중국 생활수준은 급속하게 성장하고 유지할 수 있을 것이다. 중국의 가계 소득과 소비는 연평균 5~6퍼센트로 활발한 성장을 보이는 반면, 평균 GDP 성장률은 3~4퍼센트로 둔화될 것이다.

그러나 정부가 부의 이전을 반대해서 신용대출 증가를 개혁의 대안으로 삼을 수밖에 없다면, 중국은 차입 능력에 상당한 제한을 받게 될 위험이 크다. 그러한 시나리오 안에서 성장은 훨씬 더 극적으로 둔화되고 심지어 경제가 위축될 수도 있다. 중국은 가계 소득의 저하가 GDP의 저하보다 훨씬 더 적을 것이기 때문에 여전히 자산균형을 이룰 것이다. 1929년부터 1933년까지 미국의 자산균형 재조정(리밸런싱) 기간 동안, 총 생산은 약 26퍼센트 감소했고 가계 소비는 18퍼센트 감소했다. 중국에 상대적으로 더 나은 모델은 1990년 이후의 일본이 될 것이다. 정부 부채는 급증한 반면 GDP 성장률이 거의 '0'으로 둔화된 상태지만, 가계 소비는 가계 저축률의 꾸준한 감소 덕분에 2퍼센트 미만의 견실한 속도로 성장했다.[27]

어떤 식으로든 중국이 경제를 재조정할 것이고, 모든 불균형은 결국 복원될 것이지만, 특정 계획은 몇 가지 경쟁적 제약 속에서 정치 시스템이 어떻게 상호작용하느냐에 달려 있다는 것이 요점이다. 중국 경제가 계속 둔화하는 가운데 베이징에 있는 중앙정부는 중국의 다양한 엘리트 집단과 새로운 관계를 맺을 수밖에 없을 것이다. 남은 세기 동안 중국 경제 성장의 성격을 결정할 새로운 기관들이 만들어질 것이다. 그 새로운 관계와 새로운 기관들이 어떤 모습일지 누구나 짐작만 할 뿐이다. 소득이 엘리트들에게서 일반 가계로 옮겨간다면 가장 바람직한 결과가 될 것이다. 원론적으로는 이것이 바로, 중국의 부족한 내수를 세계의 다른 나라들로 강제로 떠넘길 필요성을 줄여주는 자산균형 재조정이다.

그러나 한 가지는 확실하다. 모든 성장 기적에 필수적인 조정 기간은 언제나, 특히 겉으로 가장 명백하고 일반적으로 받아들여지는 예상을 항상 뒤엎었으며, 심지어 가장 심한 비관론자들이 두려워했던 것보다도 경제적으로 훨씬 더 어려운 시기가 되었다. 이러한 사태가 다시 일어날 것이라고 가정해도 무방하다.

5 베를린 장벽의 붕괴와 슈바르츠 눌*

독일의 흑자 이해하기

1989년 6월, 중국 공산당이 당의 권위에 저항하는 민주화운동을 끔찍하게 진압했던 곳에서 4000마일 이상 떨어진 유럽의 중부와 동부 지역에서는 이와는 확연히 다른 일련의 사건들이 벌어지고 있었다. 같은 해 말까지 1억 명 이상의 사람들이 공산주의 정권과 소련의 지배에서 벗어났다. 그들이 서유럽의 자본주의 경제로 통합되면서 독일의 사회와 정치를 변화시켰고, 이는 유럽은 물론 궁극적으로 전 세계에 엄청난 영향을 끼쳤다.

과거 공산권의 많은 사람들이 부유한 서구 이웃과 융합해 궁극적으

---

* Schwarze Null; 영어로는 black zero, 균형 재정.

로는 혜택을 받았다. 하지만 재통일 이후는 많은 동·서 독일인들에게 대단히 충격적인 기간이었다. 특히, 직업을 갖고 있는 독일인들 사이에서 빈곤과 불안감이 고조되었다. 대부분의 다른 독일인들의 임금이 전면적으로 삭감되었음에도 상위권에 있는 노동자들의 소득은 급속하게 증가했다. 국민 소득은 노동자에게서 자본 소유자로 이전되었다. 고소득자를 위한 감세, 유의미한 상속세의 부재, 약화된 사회적 혜택 등이 모두 그러한 충격에 힘을 더했다. 이러한 결합된 효과는 버는 것보다 훨씬 더 적게 소비하는 독립체들(부유한 가계들과 그들이 관리하는 사업체들)로 독일의 구매력을 이동시켰다. 중국과는 완전히 다른 길을 따라갔음에도 불구하고, 독일은 놀랄 만큼 비슷한 처지에 놓이게 되었다. 계급 전쟁에서 다른 모든 사람들을 희생시키고 부자들이 승리를 거두었다.

따라서 독일도 중국처럼 생산하는 모든 것을 흡수할 수 없었다. 이로 인해 어디에서든 소비되어야 하는 잉여가 발생했다. 2008년 이전에 독일의 초과 저축은 유럽의 다른 지역의 차용자들에게 돌아갔는데, 대부분 독일 은행에서 다른 은행들로 융자해주는 형태였다. 유럽의 무역 파트너들에게 잉여 저축을 수출함으로써 부유한 독일인들은 스페인, 그리스, 이탈리아 등지의 사람들에게 그들이 합리적으로 감당할 수 있는 금액보다 더 많은 돈을 빌리도록 강요한 셈이 되었다. 이는 부실자산으로 수천억 유로를 잃은 채권자들과 현대 유럽 역사상 유례없는 수준의 실업률을 겪은 채무자들에게 모두 끔찍한 결과를 안겨주었다.

독일의 순 재정 유출이 2008년 이후 지속되고 있는 이유는, 정책적 선택이 국내 소비의 약세를 강화했기 때문이다. 이 중 가장 중요한 것은 채무 제한(Schuldenbrems) 또는 채무 제동장치가 전형적으로 보여주는, 공공차입에 대한 정부의 광적인 반대였다. 증가하는 재정 건실성은 지난 몇 년 동안의 독일 민간 부문 내 불평등의 점진적인 재조정을 상쇄하고도 남는다. 동시에 독일 정부는 자국의 경제 모델을 이웃 국가들에게 열정적으로 강요해서 독일의 엄청난 흑자를 훨씬 더 규모가 큰 유럽의 흑자로 확대시켰다.

유럽 공산주의의 종말

혁명은 폴란드에서 시작되었다. 1980년, 그단스크 조선소의 노동자들은 '연대'라고 불리는 자유노조를 결성했다. 중국에서와 마찬가지로 폴란드 공산당 정부는 어떠한 독립적 대중 운동도 당의 권력 독점에 대한 위협으로 간주했으며 1981년 계엄령을 내렸다. 하지만 중국과 달리 억압에 실패했다. 1988년까지 연대를 향한 대중의 지지와 파업의 물결은 폴란드 정부에게 협상을 강요했다. 1989년 4월 5일, 원탁 협정은 독립 노동조합을 합법화했고, 연대가 폴란드 통일노동자당(PZPR)과 그 동맹국들에 대항해 경쟁할 수 있는 자유선거를 계획했다.

역사상 가장 큰 우연의 일치로 1928년 이후 폴란드가 처음으로 자유 총선을 치른 날은, 1989년 6월 4일 중국군이 천안문 광장에서 민주화 운동을 진압한 바로 그날이었다. 폴란드 국회(Sejm, 국회의 하원)에서 의석의 65퍼센트가 재직 의원들에게 돌아갔음에도 불구하고, 연대가 표심을 장악하며 새로 구성된 상원에서 1석을 제외하고, 하원에서 경합을 벌일 수 있는 35퍼센트의 의석을 모두 차지했다. 8월까지 연대는 이전에 PZPR을 지지했던 위성 정당들 중 일부에게 당적을 바꾸도록 설득해서 그들과 함께 타데우스 마조비에츠키 총리 휘하의 폴란드 최초의 민주 정부를 구성했다. 새 정권은 즉시 '충격 요법'이라는 슬로건 아래 나라의 권위주의적 제도를 후퇴시키고 경제를 개혁하기 시작했다.[1]

그런데 동유럽을 지배하고 있던 공산주의자들을 결정적으로 깨뜨린 것은 헝가리였다. 소련권의 다른 나라들과 비교했을 때, 헝가리 공산당은 비교적 자유주의적이었으며 독립 노조들과 시장 활동 그리고 서구 여행 등이 합법이었다. 그런데도 헝가리는 1980년대에 이웃 나라들과 똑같은 경제 요인들로 인해 고통을 겪었다. 소련의 보조금 삭감과 1970년대의 극심한 달러강세 시기에 빌린 달러표시 기준의 부채를 상환해야 하는 부담으로 인해 정부 예산은 엄청난 압박을 받았다.

이념과 비용절감이라는 두 가지 이유를 들어, 헝가리인들은 1988년 오스트리아와의 국경 감시를 중단하기로 결정했다. (전자신호시스템은 서구에서 수입해야 하는 부품이 필요했고 경화도 부족했다.) 서구가 아닌 다른 공산주의 국가들로 이동이 자유로웠던 동독인들은 헝가리를 통해 오스트리아로 간 후, 서독으로 탈출하기 시작했다. 국경이 계속해서 해체되자, 헝가리인들은 더 이상 동독인들을 잡아서 동독 국가 보안 기관인 슈타지*로 돌려보내는 일은 하지 않겠다고 1989년 9월 10일에 공식 발표했으며, 이로써 대탈출이 촉발되었다. 헝가리 정부는 1990년 5월까지 공산주의자들('사회주의자'로 개칭)이 통제했으나 자유 의회 선거에서 패배한 후 정권에서 평화롭게 물러났다.[2]

동독의 독재는 집단 이주로 인해 빠르게 약화되었다. 헝가리가 오스트리아와의 국경을 개방하고 동독 정부가 처음에 보인 반응은 헝가리로의 이동을 불법화하는 것이었는데, 이는 매주 월요일마다 증가하는 시위

---

* Stasi; 비밀경찰.

를 촉발시켰다. 게다가 초기에 엄중하게 단속했음에도 동독인들이 체코슬로바키아를 통해 계속해서 헝가리로 탈출하는 것을 막지 못했다. 따라서 이 정권은 1989년 10월에 이웃이자 표면적으로 동맹국이던 나라와의 국경을 폐쇄했다. 소련인들과 헝가리인들 둘 다를 지나치게 온순하다고 비판했던 동독의 오랜 독재자 에리히 호네커는, 군과 슈타지에게 10월 9일로 예정된 시위를 진압하라고 명령했다. 그러나 그들은 발포하기를 거부했고 호네커는 덜 가혹한 공산주의자들의 호의 덕분에 쫓겨나는 것으로 그쳤다.

호네커의 퇴진으로 시위가 더 활발해져 한 번에 거의 50만 명이 모이기도 했다. 11월 1일 동독은 체코슬로바키아와의 국경 통제를 해제했고, 며칠 후 서독과의 국경도 제거했다. 당시 동독 정부는 동독인들이 서 베를린으로 직접 이동할 수 있다고 해도 큰 차이가 없을 것으로 판단했다. 1989년 11월 9일 바뀐 정책의 발표로 수십만 명의 이민 희망자들이 베를린 장벽 동쪽으로 모여들었다. 다시 한번, 군은 발포를 거부했고 마침내 성벽은 무너졌다. 12월, 여당인 독일 사회주의통일당은 야당과의 협상을 시작했고 공식적으로 마르크스-레닌주의를 포기했다.

유럽 중부와 동부에서의 혁명들은 소련이 개입할 자원과 의지가 부족했기 때문에 대부분 성공했다. 소련은 1956년(헝가리), 1968년(체코슬로바키아), 1979년(아프가니스탄)과는 달리, 1980년대 후반에는 위성국가들을 침략하지 않는데, 그들의 괴뢰정권을 보존하기 위해서였다. 소련이 망설였던 이유는 일부 재정상의 변화 때문이라고 할 수 있다. 냉전 중이었지만 소련은 유럽과 미국에서 수입하는 곡물에 의존했다. 에너지 수출과 때로는 금 보유고를 팔아 벌어들인 소득으로 대금을 지불했다. 1960년대에 석유와 가스의 가격은 밀의 가격에 비해 50퍼센트 이상 올랐다. 1970년대에 에너지 가격은 밀 가격에 비해 4배나 올랐다. 소련은 증가하는 국제 구매력으로 공세를 취하는 게 가능했고, 공산주의 체제의 내부 약점을 보완할 수 있었으며, 정부는 추가 수입품에 지불할 거액의 달러표시 부채를 서방 은행들에서 얻을 수가 있었다.

그러나 1980년부터 1988년까지 유가는 밀 가격과 달러 대비 3분의 2 수준으로 폭락했다. 금값도 급락했다. 이로 인해 소련은 서방세계에서 군사 태세를 유지하기가 점점 더 어려워졌다. 그러는 와중에도 아프가니스탄에서 계속되는 전쟁비용을 지불하고, 1970년대에 발생한 외채를 상환했다. 어떤 추가 지출이든 국내 전선*에는 잔혹한 압박이 가해질 수밖에 없었을 것이다. 군을 지원하기 위해서는 생활수준을 무너뜨려야 했을 테고, 스탈린은 결국 그렇게 했다. 그러나 1985년에 당 지도부의 최고 자리에 오른 미하일 고르바초프는 탄압에 무관심했으며 아마도 그럴 수 없는 규모였을 것이다. 대신 고르바초프의 우선순위는 정권의 권위주의를 누그러뜨리고 서방과의 관계를 회복하는 것이었다. 이것은 중·동유럽인들에게 기회의 창이 되었다.[3]

독일 복원

1989년 11월 베를린 장벽이 무너졌을 때, 두 게르만족이 장벽을 무너뜨린 것만큼 빠르게 재결합할 것이라는 생각이 명백하게 들지는 않았다. 가장 큰 장애물은 외교적인 문제였는데, 독일의 분단은 공식적으로 제

---

* 전시에 국내에 남아 일을 하는 사람들.

2차 세계대전을 종식시키는 평화협정의 체결을 막았다. 그러나 통일을 하면 원래 연합국과의 분쟁을 해결하기 위해 협상한다는 '목적에 부합하는 정부'를 수립하게 될 것이다. 게다가 많은 서독인들은 재통일에 따른 비용을 지불하기를 꺼렸다. 동독의 생활수준은 서독의 절반에도 못 미쳤다. 모든 면에서 동등함에 가깝게 도달하는 일은 세대에 걸친 도전이었을 것이다.[4]

동시에 일부 동독인들은 독립적인 정체성과 정치, 문화를 유지하기를 원했다. 현재의 사회주의통일당(Socialist Unity Party)은 더 온화한 형태의 좌파를 약속했던 민주사회당(PDS; Party of Democratic Socialism)으로 이미지를 빠르게 쇄신했다. 그것은 전임자들의 권위주의적 탄압에 반대했던 한 개혁주의 지도자가 주도했다. 당 지도부는 그들이 자유선거에서 합법적 통치권을 가질 수 있을 만큼 충분히 잘 할 수 있기를 바랐다.

상황은 그렇게 되지 않았다. 베를린 장벽이 뚫린 지 3주가 채 지나지 않은 11월 28일, 헬무트 콜 서독 총리는 두 독일 사이를 더 긴밀하게 통합할 10개항의 계획을 국회의사당(Bundestag)에 제시했다. 가장 중요한 포인트는 동독이 민주주의가 되려는 의지가 있다면 '독일 양국간의 연합 구조를 발전시키기 위해' 서독이 준비했다는 5번이었다. 미국인들은 통일을 위한 콜의 추진안을 재빨리 지지했지만, 영국, 프랑스, 소련은 모두 불만족스러웠다. 수십 년의 평화로도 독일 민족주의에 대한 그들의 두려움을 가라앉히지는 못했던 것이다. 그러나 동독 내에서 일어나는 변화를 고려할 때 궁극적으로 그들이 할 수 있는 일은 거의 없었다.

그러한 내부 변화는 재정적인 우려 때문에 유발된 부분이 있었다. 다른 동구권 국가들과 마찬가지로 동독도 특히 이민이 계속되면서 갚을 여력이 없을 정도로 외화부채가 많았다. 설상가상으로 수출과 수입 사이의 불균형을 매우기 위해 지속적으로 자금을 조달해야 했다. 서독은 도움을 주긴 했지만, 동독이 급진적인 개혁을 단행할 경우에만 도움을 주었다. (이것은 친숙하게 들릴 수도 있다.) '원조는 경제체제의 근본적인 개혁이 뒤따라야만 효과가 입증될 수 있다'는 콜의 말처럼 말이다. 서독 납세자들은 '옹호할 수 없게 된 상황을 안정시키기 위해' 돈을 내지 않을 것이다. 필요한 수입에 쓸 돈을 얻기 위해서는 동독이 바뀌어야 할 것이다.[5]

동독은 변했다. 정치 제도의 급속한 자유화는 1990년 3월 18일 동독의 첫 번째이자 마지막 자유선거로 이어졌다. 콜 총재와 서독 정부의 적극적인 지지 덕분에 독일 중도우파 연합은 절반에 좀 못 미치는 의석을 차지하며 승리했다. 동독의 신임 총리인 로타어 데 메지에르는 신속한 통일 프로그램을 위한 캠페인을 벌였다. (그는 독일 비밀경찰에 대한 정보를 제공했다는 비난을 받은 후 연말에 정치를 그만두었다.) PDS는 국민투표에서 6분의 1밖에 지지를 얻지 못했고, 나머지는 다른 야당들에게 돌아갔다. 독일 동맹과 사회민주당 그리고 다른 진보적인 당들은 국가 통일을 위한 연합체를 결성하는 즉시, 재통일의 조건들에 대해 서독과 공식적인 협상을 시작했으며, 제2차 세계대전의 요구 사항들을 해결하기 위해 연합국들과도 공식적인 협상에 돌입했다. 1990년 10월 3일, 동독은 공식적으로 존재하지 않게 되었고, 동독을 구성하던 주들은 확대된 연방 공화국(서독)으로 편입되었다.[6]

경제 전환은 훨씬 더 빨리 시작되었다. 1990년 6월 17일, 서독은 최근에 설립된 신탁관리청*을 인수했다. 이곳에서 동독의 약 1만 2000개의

---

* 동독 지역의 과거 국영 기업을 민영화하기 위해 임시로 설립한 기구. 투자 은행, 독일 상업 은행, 회계법인에서 인원을 차출해 운영함.

공기업을 책임지고 경영하다가 마침내 민영화시켰다. 이러한 기업들은 모두 합해 약 400만 명의 사람들을 고용했다. 분데스방크(Bundesbank; 독일연방 중앙은행), 서독의 대형 시중은행들과 산업회사들, 기타 서유럽 기업체들이 모두 감사회에 해당되었다. 처음에는 서구의 경영 전문지식에서 도움을 받으면 동독 산업의 상당 부분이 재정적으로 지속 가능하게 될 것이라는 희망에서였다. 자산매각 수익은 신탁관리청의 사업비를 대주고, 기업이 구조조정되면서 일자리를 잃은 사람들에게 지원금을 주기에 충분할 것으로 예상되었다. 6월 말까지, 두 독일은 그들 사이의 이주, 무역, 투자에 대한 모든 장벽을 없앴다.

7월 1일, 서독의 마르크가 동독 마르크를 대체했다. 임금, 연금, 기타 계약 등은 이전부터 이월되는 반면, 두 통화 간 환율은 논쟁의 여지가 있는 것으로 나타났다. 베를린 장벽이 무너지기 전에는 암시장 환율이 10:1에 가까웠는데, 경제학자들은 이것이 동독에서 과중한 세금을 부과했던 특정 서구 소비재에 대한 수요를 반영했기 때문이라고 믿고 있다. 분데스방크는 2:1의 환율이 서독의 과도한 인플레이션을 막고 동독 산업을 보존할 것이라고 믿었다. 그러나 콜은 정치적인 이유들로 동독 마르크를 1:1 비율로 서독 마르크로 바꾸는 것이 대부분의 목적에 부합한다고 느꼈다.

그가 이렇게 결정을 내린 데는 동독에서 이주하려는 열기를 꺾으려는 마음도 일정부분 차지했다. 장벽이 무너진 이후 50만 명의 동독인들이 이미 국경을 넘어왔으며, 더 많은 동독인들이 여전히 오고 있었다. 동독인들은 뒤에 남겨둔 사람들보다 대부분 더 젊고 더 많은 교육을 받았으며, 그런 식으로 이탈이 계속되면 동독 경제가 심각한 손상을 입을 수도 있다. 환율을 너무 낮게 설정하면 이러한 추세를 악화시킬 것이다. '서독의 마르크가 우리에게 오지 않으면 우리가 그것으로 간다'는 말은 이미 동독에서 인기 있는 구호가 되어 있었다.

그러나 환율을 너무 높게 설정하면 동독의 경제를 짓눌러 실업자가된 사람들이 일자리를 찾아서 서독으로 밀려들게 될 수도 있다. 그러한 잠재적 흐름을 멎게 하기 위해 서독은 사회보장과 조세제도를 동독으로 확대했다. 이렇게 한 여러 이유들 중에는, 연방정부가 지불한 관대한 실업수당, 조기 퇴직금, 주 연금, 의료 서비스와 기타 복지 급여들이 서독으로 이주하려는 욕망을 제거해주었으면 하는 기대가 있었다. 이것들은 궁극적으로 독일 연방 공화국이라는 새 나라로 소득을 이전하는 주요 수단이 되었다. 사회보장제도의 지속 가능성에 대한 이후의 논쟁은, 동독에서 추방된 노동자들을 지원하려는 서독인들의 암묵적인 의지에 대한 것이었다.

독일 경제학자인 피터 보핑거는 당시 1:1 환율에 대한 설득력 있는 변호를 했다. 동독 노동자들은 서독 노동자들보다 훨씬 적은 임금을 받았고, 2:1의 환율을 정당화하는 분데스방크의 분석은 동독 고용주들이 연방 사회보장제도에 기여하지 않을 것이라고 추정했다. 그러한 지급액을 감안하자, 1:1 환율의 인건비 격차는 '미래 임금 협상'에서 생길 수 있는 노동자 생산성 격차의 어떠한 차이도 메울 수 있을 정도로 근접했다. 보핑거의 표현대로 '동독인의 실질소득과 동독과 서독의 실질소득 격차는 [독일 화폐 통합] 직후 근본적으로 변하지 않을 것이며, 동독의 실질 순소득은 서독의 실질 순 소득보다 약 50퍼센트 낮아질 것이다.' 게다가 동독의 생활수준이 절반 이상 붕괴되었을 것이기 때문에, 어떤 환율을 적용했어도 '동독에서 서독으로 이동하는 노동자들의 수는 매우 많이 늘어났을 것'이다.[7]

문제는 통일 이후 그러한 '미래 임금 협상'에서 어떤 일이 벌어졌느냐는 것이었다. 서독의 노동조합은 고용주들이 공장들을 동독으로 이전하는 것을 막고자 했기 때문에, 1990년대 중반까지 동독과 서독 사이의 동등성을 목표로 공격적인 임금 인상을 추진했다. 동독인들은 자신들의 기업의 수익성에 아무런 이해관계가 없었기 때문에 기꺼이 이에 따르고 싶어 했고, 신탁관리청을 통해 책임지고 있는 서독 경영진들은 자신들이 무엇을 하고 있는지 잘 알고 있을 것이라고 추정했다. 한편, 그러한 중역들은 동독의 산업을 희생해가며 서독 노조의 요구를 수용하는 데 만족했다. 왜냐하면 신탁관리청이 국내 시장에서의 영업권을 사줄 것이고 정부가 궁극적으로 어떤 대가를 치르더라도 그 결과를 감수할 것이기 때문이다. 1991년까지 시간당 급여를 시간당 생산량으로 나눈 동독의 인건비가 서독의 인건비 수준보다 50퍼센트 이상 높게 치솟은 결과가 나왔다.

통일 직후에 지나치게 오른 임금 때문에 동독의 산업체들은 잔혹한 구조조정을 감행해야 했다. 당시 미국 경제전문가들은 '단기 변동비용을 충당할 수 있을 만큼 충분한 수익을 얻을 수 있다는 점에서, 8퍼센트의 노동력만을 고용한 기업들이 노조 이후에도 '생존'할 수 있다'고 판단했다. 이에 따라 동독의 제조업 생산량은 1989년 후반과 1991년 초반 사이에 3분의 2로 감소했다. 1992년까지 통일된 독일의 실업자 중 거의 절반이 새로 흡수된 동부 주들에 속했다. 사실 이러한 주들은 독일 전체 인구에서 19퍼센트 미만을 차지하고 있을 뿐이었는데도 말이다. 아이러니하게도 일자리 감소는 고임금 정책을 써서 막고자 했던 서독으로의 이주를 오히려 촉발시켰다. 1994년까지 동독 인구의 6퍼센트가 서독으로 완전히 이주했다.[8]

이것은 신탁관리청에 여러 문제들을 야기했다. 동독의 자산에 대해 초기에 가졌던 낙관적인 생각은 자산 대부분이 '그들의 부동산이나 잔존 가치'에 불과하다는 사실이 명백해짐에 따라 빠르게 사라졌다. 민영화 프로그램은 수익을 창출하는 대신 수천억 서독 마르크를 비용으로 소비하는 결과를 가져왔다. 서독은 무기한으로 보조금을 지급할 생각은 없었으며, 결국 기관은 자주 인하된 가격으로 자산을 빨리 매각할 수밖에 없었다. 1995년까지 신탁관리청이 소유한 거의 모든 회사들이 매각되거나 개별 단체들로 나누어졌고, 미실현 손실*은 연방정부가 공식적으로 흡수했다. 동독 전체 노동자의 절반가량은 서독이나 외국인이 소유한 기업체에서 일했다. 약 20퍼센트는 통일 후 설립된 회사에서 일했다. (나머지 대부분은 실직 상태였다.)[9]

동독의 많은 노동자들은 그들의 오랜 고용주들에게 구조조정된 후 지원금에 의존하거나 저임금 일자리로 전환해야만 했다. 일부(대부분 여성들)는 서독 지역으로 이주한 반면, 동독에 남아 있던 사람들(대부분 고등 교육을 받지 못한 남성들)은 일자리 부족과 결혼 상대를 찾지 못하는 자신들의 무능함에 점점 더 분개하게 되었다. 동시에 경제학자들은 2000년대 초반 서독의 생활수준이, 통일이 되지 않았을 경우의 생활수준보다 약 8퍼센트 낮아졌다고 추정한다.[10]

이렇게 상당한 비용이 들었지만 통일은 대체로 성공적이었다. 나라의 다른 지역에서 지속적으로 이주해온 덕분에, 구동독의 생활수준은 거의 완전히 서독의 수준, 특히 기대수명이란 측면에서는 현저히 서독의 수준에 가까워졌다. 동독과 서독 사이에 남아 있는 소득 격차는 이탈리아 북부와 남부, 영국 북부와 남부, 또는 이전의 남부와 미국의 나머지 지역

---

* 보유자산의 획득원가에 비해 감소된 시장가치로 인한 손실. 과세목적으로 인정받으려면 자산을 처분해 손실을 일으켜야 함.

사이의 격차와 비교하면 사소하다. 실업률은 급감했다. 동독의 제조업 생산량은 1990년대 초반 이후 두 배 이상 증가했다. 낮은 생활비는 서독의 예술가들이나 다른 사람들까지 동독의 몇몇 도시로 이주하도록 끌어들였다.[11]

유럽의 병자

특히 서독의 경우, 통일로 인해 치러야 하는 대가가 처음에는 명확하게 드러나지 않았다. 사실, 초기에는 소비 붐이 일기도 했다. 1989년 초부터 1991년 초까지 서독의 경제는 연평균 5.7퍼센트의 성장률을 보였다. 그러나 그러한 이득은 오래가지 못했다. 1991년 초부터 1997년 말까지, 통일 독일의 경제는 연평균 1.3퍼센트의 속도로 성장했다. 그것은 1950년대 이래 지속된 최악의 경기 둔화였다.

이러한 실망스러운 실적에는 몇 가지 이유가 있었지만, 가장 분명한 것은 내핍을 강조하는 정부의 정책 기조였다. 부분적으로는 통일로 인한 소형 호황 덕택에 독일의 인플레이션이 1980년대 중반에 매년 약 1.5퍼센트에서 1990년대 초에는 약 5퍼센트로 가속화되었다. 분데스방크는 1987년 후반 2.5퍼센트였던 할인율을 1992년 중반에는 거의 9퍼센트로 인상함으로써 이에 대응했는데, 이는 1948년 전후 중앙은행이 설립된 이래 최고 수준이다. 통화 긴축에 이어 곧 재정 긴축이 뒤따랐다. 독일 정부는 1992년과 1998년 사이에 사회 기반 시설 투자와 유지비에 대한 지출을 20퍼센트 가까이 줄임으로써 재정적자를 줄이겠다는 마스트리히트 조약(1992년)의 내용을 고지식하리만치 양심적으로 고수했다.

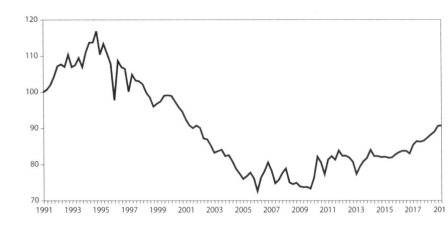

도표 5.1　커다란 불황 (독일의 건설 활동, 1991년 1월 = 100)

출처: 도이치 분데스방크(독일연방은행); 매튜 클라인 계산

이것은 성장을 억제함으로써 인플레이션을 막는 방법이었다. 높은 금리와 빡빡한 예산이 특히 건설 업계에 뼈아픈 고통을 주었다. 건설 활동은 1994년에 최고조에 달한 후, 10년 이상 가차 없이 곤두박질쳤다. 독일에서 전반적인 투자 지출은 1990년대 초반부터 1997년까지 근본적으로 제자리걸음이었다. 상대적으로 긍정적인 부분은 소비지출 분야 하나였는데, 이 기간 동안 물가 상승률보다 연간 거의 2퍼센트나 증가했다. 그러나 이는 가계저축률이 크게 낮아진 덕택에 가능했다.[12]

유리하기도 하고 불리하기도 한 동유럽의 해방으로 인해, 국내 투자위축은 더욱 심해졌다. 1억 명의 신규 고객은 독일의 기업들에게는 반가운 소식이었지만, 그들의 자유는 또한 독일 가까이에 현재 수천만 명의 저가 노동자가 있다는 사실을 의미하기도 했다. 그들 중 상당수는 독일어도 유창했다. 독일의 전형적인 제조업 노동자는 2000년 슬로바키아 제조업 노동자의 약 9배를 벌었다. 입이 떡 벌어지는 엄청난 인건비 차이는 노

동생산성의 차이보다 훨씬 더 컸다. 독일 기업들은 일자리와 생산을 중유럽과 동유럽으로 옮기며 대응했다. 유럽연합이 1997년 말에 독일의 동부 이웃 국가들(그리고 키프로스)을 가입시키기로 합의하고 절차를 밟기 시작하면서 긴장은 더욱 고조되었다. 2004년까지는 대부분이 합류할 것이며, 2007년에 불가리아와 루마니아가 합류할 것이다. 일단 유럽연합에 속하게 되면, 그들은 독일 제조업의 나머지 공급망들과의 무역이나 투자에 대한 장벽에 직면하지 않을 수 있다.[13]

독일에서 생산되는 자동차의 수가 30년 동안 거의 증가하지 않았지만, 독일 자동차 회사들은 현재 통일 직후 만들어냈던 자동차 수의 두 배 이상을 만들어내고 있다. 1992년 독일 회사들은 독일에서 약 490만 대의 승용차와 독일 밖에서 약 200만 대의 차량을 생산했다. 2000년까지 독일 기업들은 승용차의 총 생산량을 1000만 대로 늘렸지만, 그 증가분은 모두 다른 나라의 공장에서 나온 것이다. 독일 내 생산량 자체는 510만 대로 조금 증가했다. 2017년 현재 독일 기업들은 약 1650만 대의 승용차를 생산하고 있으며, 이 중 1080만 대가 독일 이외의 지역에서 생산되고 있다.

일부 추가 생산이 미국과 멕시코와 중국에서 이루어지지만, 대부분은 중앙유럽과 동유럽에서 생산된다. 2017년 체코, 헝가리, 폴란드, 루마니아, 슬로바키아, 슬로베니아 공장에서 약 410만 대의 승용차와 상용차가 생산되었다. 이러한 수치들만 보면 아웃소싱의 규모를 과소평가하기 쉽지만, 이는 차를 완성시키는 데 사용되는 수입 부품들을 계산에 넣지 않기 때문이다. 현재 독일 자동차 생산량의 약 절반을 수입 부품이 차지한다.[14]

이렇듯 재배치가 가능했기 때문에 독일 고용주들은 국내 임금을 강력하게 억제할 수 있었다. 만약 독일 노조들이 임금 인상을 요구하고 나선다면, 기업들은 동쪽으로 수백 마일 떨어진 곳으로 일자리와 공장을 이전해버릴 것이다. 인플레이션이 가라앉은 후, 구서독 제조업 노동자들의 평균 임금은 1991년에서 2000년 사이에 단 5퍼센트 증가하는 데 그쳤다. 이런 식의 발전은 노조가 과거에 비해 독일 노동자들에게 덜 유용하다는 것을 의미했고, 1990년대에는 노조의 회원 수도 3분의 1 수준으로 급감했다. 동시에 산업 전반의 단체 교섭은 지역 노조 대표들에게 회사 차원에서 맞춤형 협상을 할 수 있는 선택권을 주는 이른바 개방 조항으로 인해 희박해졌다. 1990년대 말까지 남아 있는 대부분의 독일 노조원들은 이렇게 헐거워진 계약에 따라 일하고 있었다.

노조의 최우선 과제는 임금 인상을 포기하는 대가로 일자리를 유지하는 것이었다. 하지만 실패했다. 1993년과 1997년 사이에 독일 제조업의 고용은 15퍼센트까지 감소했다. 서독 지역에서의 실업률은 1991년 약 5퍼센트에서 1997년 말에는 거의 10퍼센트로 꾸준히 증가했다. 독일 전역에서는 300만 개의 정규직 일자리가 사라지고 시간제 일자리만 100만 개가 추가되었다. 동시에 대부분의 노동자들의 실질 임금은 1990년대 내내 하락하다가 2000년대에 급락했다. 이것은 특히 독일 남성들에게 고통스러운 일이었는데, 그들은 정규직에 채용되는 일이 별로 없었고 실직자들의 대다수를 차지하고 있었다. 고용 감소와 시간제 근무로의 전환, 희박한 임금 상승 가능성 등을 결합해보면 독일 노동자들의 급여와 복리후생비로 지출되는 돈의 실질가치는 1995~2011년 사이에 본질적으로 제자리걸음이었다.[15]

독일이나 국제적인 논객들이 이 나라를 '유럽의 병자'라고 지칭하기 시작한 것은 이 무렵이었다. 이 말은 실망스러운 것이 아니라 무서운 말이었다. 1997년 4월 26일, 독일의 저명한 대통령인 로만 헤어초크는 독일이

'위대하고 세계적인 레이스'에서 뒤쳐질 위험에 처해 있다는 이례적인 연설을 했다. 냉전의 종식과 아시아의 급속한 현대화 그리고 미국의 새로운 첨단기술은 '세계 시장이 새롭게 분열되고 있다는 것을 의미하며 21세기 번영에 대한 전망 역시 마찬가지'라는 것이었다. 헤어초크에 따르면, 독일인들은 '정부의 자원이 무한하다는 신화'에 빠져 있기 때문에 '정부에 너무 많은 것을 요구한다'는 점이 문제라는 것이다. 국가에 대한 의존은 독일인들을 게으르고 비창의적이며 변화를 두려워하게 만들었다.

헤어초크의 관점에서 해결책은 '미래에 알맞은 새로운 사회 계약'이었다. 그는 "수년에 걸쳐 축적된 모든 사회적 지원 혜택에 변화가 절실하다. 정말 그 모든 것이 변해야 한다는 뜻이다."라고 말했다. 헤어초크는 사업 규제 완화, 실업 수당 삭감, 세금 인하, 임금 인하, 모든 것이 독일이란 나라를 생존시키기 위해 필요하다고 생각했다. 그가 말했듯이 '세계는 움직이고 있다. 세계는 독일을 기다려주지 않을 것이다.' 헤어초크의 연설은 앞으로 닥칠 일을 암시한 것이다. 놀랍게도 연방공화국 역사상 가장 좌파적인 정부가 그의 프로그램을 실행하는 정부가 될 것이다.[16]

1998년 독일의 연방 선거는 사회민주당(SPD)에 매우 유리한 시기에 치러졌다. 1982년부터 독일은 기독교민주연합(CDU), 기독교사회연합(CSU), 자유민주당(FDP)의 중도우파 연합이 통치했다. 헬무트 콜은 16년 동안 계속 총리를 지냈으며, 현대 역사에서 가장 오래 재임한 민주주의 지도자 중 한 사람이 되었다. 오토 폰 비스마르크만이 독일의 수상으로서 더 많은 시간을 지낸 유일한 사람이다. 그러나 1990년대의 경제적 재앙은 콜 총리를 좌익의 공격에 취약하게 만들었다. CDU/CSU-FDP 연합은 1994년 연방 선거에서 이미 심한 타격을 입었고, 이로 인해 하원 의석의 60퍼센트를 차지했던 여당은 겨우 절반을 넘었을 뿐이다.

1998년에는 상황이 더 악화되었다. SPD의 지도자인 게르하르트 슈뢰더는 콜을 '실업 총리'라고 불렀다. 이 선거 운동은 효과가 있었다. SPD는 1972년 이래 최고의 성과를 거두었기 때문이다. 녹색당 우파와 함께 중도 좌파 연합은 국회의사당 의석의 51퍼센트 이상을 얻었다. 중도우파 정당들은 의석의 43퍼센트를 얻는 데 그쳤고, 나머지는 옛 동독 공산주의자 (PDS)의 계승자들에게 돌아갔다.[17]

선거는 독일 국내 투자가 짧게 부활하기 시작한 직후에 치러졌다. 기계설비에 대한 지출은 1997년과 2000년 사이에 매년 10퍼센트씩 증가했으며 이는 그전 3년 동안 증가율의 3배가 넘는 것이었다. 서서히 쇠퇴했던 건설 산업은 1998년에서 2000년에 잠정적으로 중단되었다. 민간 부문의 순 고정 투자는 50퍼센트 증가했다. 소비지출은 가계저축률의 또 다른 하락에 부분적으로 힘입어 가속화되었다. 이들로 인한 복합적인 효과는 통일 이후 독일이 내수를 가장 잘 성장시킨 것이다. 몇 년간의 침체 후에, 1997년 말과 2000년 중반 사이 독일에서는 200만 개의 일자리가 추가되었다. 마침내 경제가 성장하기 시작하면서, 급진적 변화를 촉구했던 헤어초크의 호소는 연관성을 약간 잃은 듯이 보였다.[18]

불행하게도 1990년대 후반의 붐은 독일식 기술 버블이 주도했다. 미국 기업들을 괴롭혔던 똑같은 열광이 대서양 반대편에서도 마찬가지로 강력하게 일어났다. 프랑크푸르트에 본사를 둔 도이치 뵈르제(독일 증권거래소)는 1997년 나스닥에 대한 유럽식 답변으로 노이어 마르크트를 출범시켰다. 새로운 거래소는 유행하는 고성장 사업의 본거지가 될 것이다. 버블 기간 동안 노이어 마르크트에 상장된 주식은 나스닥-100지수를 4배 차이로 앞질렀다. 2000년 3월에 최고조에 달했을 때, 노이어 마르크트에 상장된 기업들은 미국 기준으로는 작지만 전체 독일 주식 시장의 규모에 비해 큰 2340억 유로의 가치가 있었다.

그 직후 버블은 스캔들(내부자 거래, 주가 조작, 수익 조작 등)과 근본적인 과대평가, 비즈니스 주기의 순환 등으로 붕괴되었다. 2002년까지 노이어 마르크트에 상장된 기업들은 전체적으로 가치의 95퍼센트를 잃었다. 도이치 뵈르제는 거래소를 9월에 폐쇄할 것이라고 발표했다.[19]

무절제한 차입이 주식시장에서의 허튼 짓을 확대시켰다. 독일의 비금융회사들이 진 빚은 1997년 초부터 2001년 말 사이에 25퍼센트 증가했다. 이 기업들의 경상수지 적자는 1998년 독일 경제의 2퍼센트에서 2000년에는 7퍼센트로 부풀었다. 불행하게도 어떤 투자 기회도 그러한 종류의 초과를 정당화하지 못했다. 버블 붕괴 이후, 수익에 대한 암울한 전망은 은행과 금융시장이 독일 사업 투자와 독일 기업 현금 유동성 사이의 커다란 차이에 자금조달을 지속하지 않겠다는 것을 의미했다. 회사들은 어쩔 수 없이 채무를 갚아야만 했다. 2005년 말까지 독일 기업들이 발행한 융자와 채권의 액면가는 거의 4퍼센트 줄어들었다. 부채는 2007년까지 이전의 수준을 넘어서지 못했다.[20]

이것은 실질적으로 경제 효과를 가져왔다. 거품이 부풀어 올랐을 때 독일의 기업 투자는 호황을 누렸고, 거품이 터지자 투자도 무너졌다. 기술 호황기에 잠시 멈추었던 장기간의 건설 붕괴는 2000년대 중반에 급격히 다시 시작되어, 2000년대 중반과 2006년 사이에 건축 활동이 23퍼센트나 급감했다. 전체 자본 지출은 2000년 중반과 2005년 사이에 12퍼센트 감소했다. 기업 투자 순 감가상각은 60퍼센트 이상 감소했다. 200만 개의 정규직 일자리가 사라졌고, 근로 시간은 5퍼센트 정도 줄어들었다. 전반적인 고용은 정규직에서 시간제로 대규모 전환이 이루어졌기 때문에 비교적 안정적으로 유지되었다.

동시에 시간당 평균 급여와 복리후생은 물가 상승률보다 더 적게 성장했다. 결국 실질 가계 소득에서 지속적인 감소가 일어났다. 1990년대와 달리, 이것은 개인의 저축률이 하락했다고 해서 상쇄되지도 않았다. 실제로 2001~2005년 사이에 소비는 전혀 증가하지 않은 채, 독일 가계저축률은 1퍼센트 포인트 이상 상승했다.[21]

이전의 경기 침체에서 독일 정부는 금리를 낮추고 세금을 인하하며 공공 지출을 늘림으로써 기업 투자와 가계 지출의 붕괴를 상쇄할 수 있었다. 하지만 2000년대에는 유로 지역에 속한 자격 때문에 그렇게 할 수 없었다. 1999년 1월 1일에 공식적으로 시작된 공통 통화는 회원국들이 단일한 통화 정책을 공유한다는 것을 의미했다. 새로운 유럽중앙은행(ECB)은 특정한 개별 국가에게 최선이 아닌, 유로 지역을 하나의 전체로 보아 이치에 맞는 기준으로 금리를 책정해야 했다. 독일은 통화블록의 가장 큰 단일 회원국이었지만, 독일의 부진은 그 밖의 다른 곳, 특히 스페인의 호황과는 가장 극명하게 대조적인 모습을 보였다.

따라서 평균적인 유럽 국가에 적합한 통화 정책은 독일에게는 너무 엄격했고 스페인에겐 너무 느슨했다. 2001~2004년 침체기 독일의 실질 금리는 1998~2000년의 짧은 호황기 때와 마찬가지로 똑같았다. 슈뢰더 총리는 거듭 금리 인하를 요구했지만 그 요청은 관철되지 않았다. 빔 다위센베르흐 유럽중앙은행 회장은 2001년 4월 기자회견에서 정책을 느슨하게 해달라는 압력에 대한 질문을 받자, '들었지만 듣지 않는다'고 재치 있게 말했다.[22]

동시에 마스트리히트 조약(1992년)과 뒤이은 안정과 성장에 관한 협약(1997년)에서 합의된 예산 제한은 정부가 지출을 늘리기 위해 차용할 수 있는 예산이 제한되어 있다는 것을 의미했다. 독일 연방정부와 주정부, 지방정부가 2001년부터 경제상황에 맞추어 예산을 일괄적으로 긴축하고 있지만, 이러한 노력으로는 적자폭을 규정된 한도 이내로 유지하기에 역부족이었다. 정부는 통일에 대한 대가를 치르기 위해 1990년대 초에 발행했던 부채의 높은 이자율 때문에 더욱 제약을 받았다. 이렇게 오래된 부채와 유럽의 재정 규칙의 상호작용으로, 독일 정부는 2000년대 초 심각한 경기 침체를 관리하기 위해 더 많은 돈을 빌리는 것이 사실상 매우 어려웠다. 아이러니하게도, 몇 년 전에 그렇게 엄격한 규칙을 요구했던 사람들은 독일 협상가들이었다.[23]

독일의 무역과 경상수지 흑자는 이처럼 긴 내수침체기에 그 기원이 있다. 실질 내수는 2000년 말 최고치에서 2004년 바닥권까지 약 3퍼센트 감소했다. 소비와 투자에 대한 총 지출은 2006년 말까지 이전 수준으로 돌아가지 않았다. 다른 나라들에 비해 느린 성장은 외국인들이 독일의 수출품에 쓰는 지출이, 독일인들이 수입품에 쓰는 지출보다 더 많이 상승했다는 것을 의미했다.

그 결과 경상수지에 엄청난 변화를 가져왔다. 1990년대 내내, 독일 거주자들은 그들이 버는 것보다 약간 더 많은 돈을 썼다. GDP의 약 4퍼센트에 달하는 가계 흑자는 각각 약 2.5퍼센트에 달하는 기업과 정부의 적자로 상쇄되었다. 2004년까지 독일의 경상수지는 GDP의 약 5퍼센트에 달하는 흑자로 전환되었다. 이 모든 것은 기업 분야의 임금과 자본투자의 대폭적인 삭감, 가계저축률의 소폭 증가 그리고 지나치게 긴축적인 재정성책 등의 조합 덕분이었다.

수출 경쟁력은 독일의 흑자와 거의 관계가 없었다. 2004년에 세계 수출에서 독일이 차지하는 비중은 1998년과 같았고, 2000년대 들어 유럽 내 무역에서 독일이 차지하는 비중은 1퍼센트 포인트도 상승하지 못했

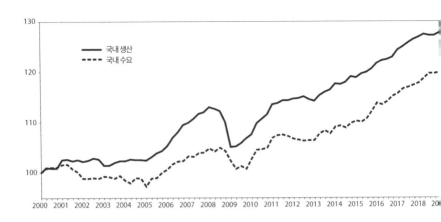

도표 5.2　독일의 흑자는 내부 취약성의 산물이다. (국내 생산 대 소비와 투자 지출, 2000년 1월 = 100)

출처: 유럽연합 통계청; 매튜 클라인 계산

다. 체코, 네덜란드, 폴란드는 경제 규모가 훨씬 작음에도 불구하고 유럽 시장에서 차지하는 비율을 비교할 만한 수준으로 끌어올렸다. 게다가 이 시기 독일 수출의 실질가치는 독일이 경상수지 적자를 보였던 때보다 훨씬 더 느리게 성장했다. 1994년부터 2000년까지 독일의 상품 수출량은 매년 평균 약 9퍼센트 증가했다. 2001년부터 2004년까지는 매년 4퍼센트 증가에 그쳤다.

　무역흑자는 독일이 수입하는 상품의 증가율이 훨씬 더 둔화되었다고 설명할 수 있다. 독일인들은 물가 상승과 유가 상승의 영향에도 불구하고 2004년에 수입 상품과 서비스에 2000년보다 더 적은 유로를 썼다. 흑자와 금융 순 유출이 필연적인 결과였다. 2000년대 초반의 흑자는 독일이 회복되기 시작한 이후에도 지속되었는데, 이는 사회복지 예산을 억제하고 부자들에게 소득을 재분배하는 정책을 선택했기 때문이다.[24]

어젠다 2010과 하르츠 개혁

1998년으로 돌아가 슈뢰더 총리는 2002년 차기 총선 때까지 독일 실업자가 여전히 350만 명이 넘으면 연임할 자격이 없다고 말했다. 당시 시대정신으로 보아, 그의 정부의 경제 정책은 추가적인 노동과 투자를 장려하기 위해 전면적으로 세금 감면을 해주는 프로그램이 특징이었다. 상위 개인 소득세율은 53퍼센트에서 42퍼센트로 떨어졌고, 평균 유효 법인세율은 약 52퍼센트에서 약 39퍼센트로 떨어졌다. 아마도 가장 중요한 것은 적어도 1년 동안 다른 회사가 보유하고 있던 회사 주식에 대한 양도소득세를 없앤 것이다. (이전에는 기업의 주식 매각에 세금을 53퍼센트 부과했다.) 중산층 독일인들 또한 세금이 낮아졌지만, 이러한 조치들은 주로 부자들에게 혜택을 주었다.

더 나쁜 점은, 이러한 조치들이 투자 대상국으로서의 독일을 매력적으로 개선하거나 국내 소비를 촉진하기에는 불충분했다는 사실이다. 2001년 말까지 380만 명 이상의 실업자가 있었고 실업자들의 수는 더 많아지고 있었다. 기술 버블 붕괴, 유럽중앙은행의 긴축 정책, 엄격한 예산 규정 등이 명백한 원인일 수 있었지만 적녹(Red-Green)연합은 이에 대해 어떻게 해볼 입장이 아니었다. 2002년 차기 연방선거 이전에 실업자 수를 줄이기 위해서는 다른 조치가 취해져야 할 것이다.[25]

실업자들을 일자리에 배치하는 업무를 책임지고 있는 연방 기관에서의 추문*은 2002년 2월, 고용 증진 정책을 제안하는 전문가 위원회를 설립하기 위한 대의명분을 슈뢰더에게 주었다. 폭스바겐의 오랜 인사부장

---

* 독일 연방고용청 직원들이 취업 알선 실적을 조작한 사건을 말한다.

이자 슈뢰더의 오랜 친구였던 페터 하르츠가 위원회 위원장으로 발탁되었다. 슈뢰더는 니더작센 주의 장관직을 역임한 덕분에, 1993년 하르츠가 근무일을 주5일에서 4일로 단축하는 대가로 일자리 3만 개를 보전하는 협상을 IG메탈 노조를 상대로 성공적으로 진행했을 때, 폭스바겐 이사회에 속해 있었다. 더 적은 임금으로 더 많은 수를 고용하는 그러한 거래는 1990년대 내내 흔한 일이었다. 그것은 결국 하르츠 개혁이라는 이름으로 알려지며 제도화될 것이다.

하르츠 위원회는 2002년 8월에 보고서를 제출했다. 빈곤층에 대한 복지급여와 실업보험을 결합하는 등 기존 복리후생 제도를 더 효율적으로 만들고, 정부의 일자리 알선 서비스를 개선하라는 권고로 가득한 내용이었다. 위원회는 또한 임시직과 프리랜서 계약 등 사람들이 취할 수 있는 일자리의 종류에 대한 규제를 줄일 것을 권고했다. 그러나 가장 중요한 것은 이 보고서가 로만 헤어초크가 친숙하게 여길 방식으로 독일 복지국가를 공격했다는 점이다. 하르츠와 그의 동료들은 많은 독일인들이 실업자 혹은 조기 은퇴를 선택했다고 주장했다. 왜냐하면 정부에서 받는 급여가 그들이 일할 수 있는 많은 직업에서 일해서 받을 수 있는 급여보다 더 나았기 때문이었다. 하르츠가 제안한 해결책은 복지혜택의 수준을 낮추고 그것이 지속되는 기간도 단축하자는 것이었다. 무직자는 일할 수밖에 없으므로 실업률이 떨어질 것이다. 통일 후 동독으로 복지를 극적으로 확대했기 때문에 비용이 지나치게 들었으나 이러한 상태는 곧 회복될 것이다.[26]

이러한 보고가 나온 후, 9월 22일에 독일은 현대사에서 연방 선거와 가장 유사한 선거를 치렀다. 몇몇 신문은 다음날 아침 최종 득표 차가 계산되기도 전에 CDU/CSU가 승리했다고 잘못 보도하기도 했다. 사람들이 경제에 관해 품고 있는 광범위한 불만은 슈뢰더의 개인적인 카리스마, 독일 동부를 500년 동안이나 강타하고 파괴했던 여름 홍수에 대한 그의 효과적인 대응, 그리고 인기 없는 이라크 전쟁에 대한 적녹 정부의 확고한 반대로 인해 상쇄되었다.

게다가 중도우파 블록은 하르츠 프로그램을 반대하는 사람들이 취할 수 있는 대안이 아니었다. SPD는 녹색연합 파트너들을 포함한 서독에서 표를 잃었지만 PDS의 희생으로 동독에서 지지를 얻었다. 직접선거와 비례대표제를 혼합한 독일식 하이브리드 시스템 덕분에, 적녹 정부는 국회의사당에서 아슬아슬한 과반수로 집권에 성공했고, 반면 중도우파 진영은 의석 점유율을 6퍼센트 포인트까지 끌어올렸다. (PDS는 국회의원 두 명을 제외하고 모두 패배했다.)[27]

슈뢰더 총리는 축소된 권한에도 불구하고 자신이 '어젠다 2010'이라고 부르는 개혁 프로그램을 추진해야 한다고 생각했다. 그는 2003년 3월 14일 국회의사당에서 한 연설에서 자신의 주장을 밝혔다. 이라크 전쟁 전날에 행해진 이 연설은 국내 개혁의 필요성과 중동의 갈등을 막아야 하는 긴박함을 연결시켰다. 그는 또한 독립적인 외교 정책을 유지하기 위해서는 독일이 '점점 더 유연해지고' '내부적인 변혁을 거쳐야 한다'고 주장했다. '정글의 법칙'과 '사회적 측면을 존중하지 않는 시장 세력'을 비판하는 말을 할 때는 가끔 전통적인 사회민주당원같이 들리기도 했지만, 그의 프로그램이나 슬로건은 6년 전 로만 헤어초크가 주장했던 것과 거의 일치했다. 복지국가는 '구조조정'이 필요했다. '개인의 책임'은 집단적 공급을 능가할 것이고, '아무도 지역사회에 경제적으로 의존하도록 허락되지 않을 것이다.' 그리고 '현대화'는 필수적이었다.

어젠다 2010은 의료체계 개편과 새로운 형태의 근로계약 도입 등 많은 부분이 있었지만, 가장 중요한 것은 세금 부담을 낮출 수 있도록 사회적 복지혜택을 줄여야 한다는 생각이었다. 슈뢰더가 동료들에게 말했듯이, 이러한 혜택을 위해 지불하는 비용은 '이미 오늘날 젊은 세대에게 과도한 부담을 주고' 있는 한편, '공장과 사무실에서 일하는 사람들은 세금과 추가 부담금의 부담을 줄여줄 것을 우리에게 기대한다'고 했다. 하르츠 IV로 알려지게 된 실업보험은 55세 이하 독일인들에게 12개월 동안 지급한 이후에 중단될 것이다. (이전에는 32개월 동안 지급했다.) 한편, 임금이 너무 적다는 이유로 일자리 제안을 거절하는 독일인들은 복지혜택을 받지 못하게 될 것이다. 정년 나이는 올라갈 것이다.[28]

이 법안은 매우 인기가 없었다. 3월에 슈뢰더 총리가 연설을 마친 거의 직후, SPD는 젊은 안드레아 날레스가 이끄는 내부 반란에 직면했는데, 그는 다름 아닌 2018년에 당 대표가 될 인물이었다. 입법안이 독일의 상원을 통과한 뒤 2004년 여름 대규모 시위가 시작되었지만 2005년 1월 1일 새 법이 발효되는 것을 막기에는 미흡했다. 영향을 받는 소수들의 강경한 반대에도 불구하고, 대부분의 독일인들은 이러한 변화들을 지지했다. 적녹 연합에게 문제가 되는 것은 이 다수가 당연히 중도우파와 제휴했다는 점이었다.

반면 2002년 SPD에 몰려든 동독인들은 자신들이 배신당했다고 느꼈다. 높은 실업률은 감원이라는 직격타를 받을 것이라고 걱정하게 만들었다. 옛 서독 산업 중심부의 SPD 기반 또한 반기를 들었다. '하르츠 IV'는 실직이 거의 즉시 소득의 급격한 감소로 이어질 것이라는 사실을 의미했고, 이는 시황산업* 분야에서 괜찮은 일자리가 있는 독일인들에게 두려

---

* 시장 형편과 관련이 깊은 산업. 철강, 비철 금속, 석유, 섬유, 종이, 펄프 산업 등이 있음.

움을 안겼다. 1998년 슈뢰더의 재무장관을 맡았던 오스카 라퐁텐은 동부 PDS와 연합한 새로운 서부 독일 좌파 정당(WASG)의 당수로 출마하기 위해 SPD를 나갔다.[29]

2005년 5월 22일, SPD는 1966년부터 지속적으로 통치해온 노르트라인베스트팔렌* 정부에 대한 통제권을 상실했다. 독일 상원의원에서 주의 표심을 잃었다는 것은, 2006년 말에 예정된 차기 연방 선거를 치르기 전에 적녹 연합이 유의미한 법안을 통과시키기는 어렵겠다는 예상을 가능하게 했다. 슈뢰더는 2005년 9월 조기총선에서 교묘한 술책으로 대응했다. SPD는 고소득 독일인에 대한 새로운 누진 소득세와 독일 최초의 최저임금을 요구함으로써 그들의 기반을 결집시키려고 시도했다. 좌파당(Die Linke)이라고도 알려진 WASG/PDS 동맹은 상속세 인상, 복지 지출 확대, 하르츠 IV 폐지 등을 천명했다. 한편, 역사의 작은 아이러니들 중 하나로, 페터 하르츠는 2005년 7월 성관계와 뇌물 스캔들이 공개되면서 폭스바겐을 불명예스럽게 떠날 수밖에 없었다.[30]

중도좌파와 중도우파 진영 모두, 국회의사당 의석의 9퍼센트를 차지했던 좌파당에게 표를 빼앗겼다. 구동독 유권자의 거의 4분의 1은 2005년에 좌파당을 지지했는데, 이는 2002년의 약 15퍼센트에서 상승한 것이었다. 더욱 두드러진 점은 좌파당이 구서독(베를린 제외)에서 5퍼센트의 득표율을 기록했다는 점이다. 2002년에는 서부의 1퍼센트만이 PDS에 투표했다. 지역 영웅 라퐁텐의 인기에 힘입어, 좌파당은 자를란트에서 18퍼센트 이상의 표를 얻었는데, 자를란트는 석탄과 철강 산업이 해외로 이전하기 전, 독일의 석탄과 철강 산업의 중심지였다. 2002년, PDS는 자를란트에서

---

* 독일 서부의 주.

2퍼센트 미만의 득표율을 기록했다. 남부 바덴뷔르템베르크와 바이에른의 번영하고 보수적인 주들에서도 좌파당은 3퍼센트 이상의 득표율을 기록했다.

강경좌파의 강세가 정치적 난국을 초래했다 적녹 연합이나 중도우파 진영 어느 쪽도 국회의사당에서 과반수를 차지할 수 없었다. 이론적으로, 좌파당은 새로운 적-적-녹 연합을 만들어서 차후에 회복을 도모할 수도 있었지만, 양측에서 너무 많은 반감을 사고 있었기 때문에 그렇게 할 수 없었다. 슈뢰더는 물러나야만 할 것이다. 문제는 누가 총리로서 그를 대신할 것인가 하는 것이었다. 처음에 중도우파는 녹색당을 더 넓은 의미에서 자신들에게 합류시키기 위해 설득하려 했으나, 그렇게 되면 SPD는 좌파당과 함께 반대파로 밀려나게 될 것이다.

몇 년 후라면, 독일의 좌파들이 자신들의 차이를 극복했을지도 모른다. 그러나 녹색당은 중도우파 정부에 합류하는 것에는 관심이 없었다. 남은 유일한 선택(아무도 원하지 않았던 새로운 선거 말고)은 CDU/CSU와 SPD 사이의 대연정(대대적인 연합)이었다. 좌파 정당들이 가장 많은 표와 가장 많은 국회의사당 의석을 얻었음에도 결과는 앙겔라 메르켈 CDU 총리가 이끄는 정부였다. 그들은 독일의 복리후생 제도에 추가 삭감을 감행하지 않는 한편, 대연정은 어젠다 2010과 하르츠 IV의 생존을 보장하도록 했다.[31]

하르츠 IV 자체가 주는 영향은 과장된 경우가 많다. 독일의 빈약한 임금 증가와 과소 투자는 복지 삭감의 결과가 아니라 1990년대 독일 엘리트들이 선택한 결과였다. 과거 전통적인 사회보장제도 밖에서 복지를 받았던 일부 독일인들에게 이러한 변화는 이익이 되었다. 그럼에도 적녹 연합의 정책은 독일의 사회복지 예산의 약세와 그에 수반되는 경상수지 흑자의 증가를 강화시켰다. 경제학자 크리스티안 오덴달에 따르면 하르츠

IV는 '생활수준을 무한정 보호하던 것에서 일시적으로 보호하는 수준으로 옮긴 제도이며, 그 뒤에는 엄격한 조건이 붙은 훨씬 낮아진 소득이 뒤따랐다.'[32]

이 법이 가장 직접적으로 미친 영향은, 특히 직업이 있는 독일인들의 빈곤율을 꾸준하게 상승시켰다는 점이다. 데이터가 시작된 2005년에는 독일 노동자의 5퍼센트만이 빈곤의 위험에 처해 있었다. 2015년까지 그 비율은 두 배인 10퍼센트로 올랐다. 이는 저임금 시간제 일자리로의 전환에 따른 것이다. 1990년대 중반 이후 독일 고용의 순수한 증가 폭은 모두 자영업자와 시간제 노동자들이 차지했다. 정규직 고용은 10년 동안 꾸준히 감소했고 1995년보다 낮은 수준을 유지하고 있다. 오늘날 독일 전체 일자리의 거의 30퍼센트는 시간제 일자리로 1990년대 초반의 두 배 수준이다. 그러한 추가 노동자들의 대부분은 그렇지 않았다면 조기 퇴직했을 것이다. 1990년대에 55세에서 64세 사이의 독일인 중 40퍼센트 미만이 직업이 있었다. 그 비율은 2003년 이후 꾸준히 증가해 현재 70퍼센트를 상회하고 있다.

직업을 가져야 했기에, 독일인들은 일자리를 찾았다. 그러나 일자리의 급여가 너무 형편없었기 때문에 실업수당으로 살 때보다 더 가난한 경우가 많았다. 하르츠 IV가 실행된 이후 예상할 수 없는 비용(예비비)을 감당할 수 없다고 주장하는 독일인의 비율은, 2005년 25퍼센트에서 불과 1년 뒤에 41퍼센트로 급증했다. 2017년 기준으로 독일인의 30퍼센트 이상이 예상외의 비용을 감당할 수 없다고 느꼈다. 2008년 금융위기 전날 '심각한 물질적 박탈감'을 겪는 독일인의 비중이 오스트리아, 프랑스, 네덜란드, 스페인의 비중을 훨씬 상회했다. 고용은 증가했지만 복지는 증가하지 않았다.[33]

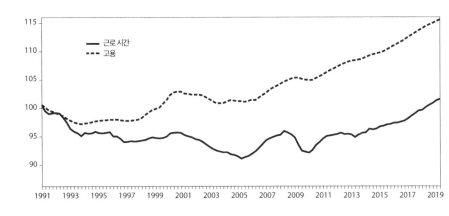

도표 5.3   독일의 고용 '기적' (직장인 대 근로 시간, 1991년 1월 = 100)

출처: 독일 연방 통계청; 매튜 클라인 계산

독일 경제 연구소의 마르셀 프라츠셔 소장은 어젠다 2010의 영향이 어떤 특정 정책보다 컸다고 생각한다. 대신, 그것은 '독일 경제와 사회에 심리적 전환점이었고…, 고용주와 고용주 협회와 노조의 행동에 반영되었다.' 이런 관점에서, 슈뢰더가 3월 14일에 한 연설의 가장 중요한 순간은 노동계약에서 '독단적 경직성'과 '독선'을 행하지 않도록 주의하라고 노조에 경고했던 순간이다.[34]

이렇게 간곡한 권고에 어떠한 법률도 수반되지 않았지만, 노동자들과 사장들은 암시하는 바를 알아챘다. 1990년대에 점점 더 노동자들의 임금이 완만하게 인상되었다. 2000년대 들어 독일 기업들이 고용을 늘린 것은 노동자들이 실질 임금 삭감을 수용했기 때문이다. 시간당 급여와 복리후생은 인플레이션의 영향을 뺀 후 2001년과 2007년 사이에 거의 5퍼센트 감소했다. 세금, 사회적 혜택, 인플레이션의 영향을 고려했을 때, 2013년까지 독일 가구의 평균 소득은 1999년에 비해 약간 낮았다.[35]

분배 투쟁과 독일의 과잉 저축

부유한 독일인들은 통일과 세계 금융위기 사이에서 더 나은 상황이었다. 이는 점증적으로 구매력을 재화와 용역에 소비할 가능성이 가장 높은 사람들에게서, 금융 자산을 축적할 가능성이 가장 높은 사람들에게로 부를 재분배한 영향으로, 기업과 정부가 선택한 결과였다.

무엇보다도 독일 엘리트들이 국제 경쟁력에 대해 끈질기게 집중함으로써, 노동자와 자본 소유주 사이의 균형에 대규모 전환을 가져올 수 있었다. 1990년대 중반에는 비금융업들의 순 부가가치의 약 25퍼센트가 주주, 채권자, 부동산 소유자에게 돌아가고, 나머지는 노동자들에게 돌아갔다. 1990년대 후반에 들어서자 그 비율이 변하기 시작했다. 2007년까지 자본가들이 차지하는 비율이 36퍼센트로 증가했다. 이에 따라 노동자들이 차지하는 비율은 약 12퍼센트 포인트 감소했다. 같은 해 분데스방크의 연구는 '전반적으로 특히 강력한 국제적 경쟁 압박을 받는 산업 부문에서, 1990년대 중반 이후 고정자산에 대한 이익이 눈에 띄게 증가하고 있다'고 은근슬쩍 지적했다. 2000년과 2007년 사이 독일의 국민소득 총 증가액의 약 3분의 2가 직원 보수가 아닌, 자본소득의 급격한 증가에서 나왔다.

분데스방크에 따르면 특히 두 가지 요인이 중요했다. 첫째, '임금 억제 전략과 비핵심 부분에 지급을 감소하는 것이 노동의 보수 구조를 재조정했다'는 것이다. 둘째, 기업들은 '저숙련 인력이 필요한 생산 활동을 더 유리한 (임금) 비용 구조를 가진 외국으로 옮겼다'고 말했다. 다시 말해서 독일 기업들이 국내 임금과 자본투자를 줄이고, 저임금 계약자에게 업무를 아웃소싱하고, 사업장을 해외로 이전하는 방식으로 독일의 피고용인들

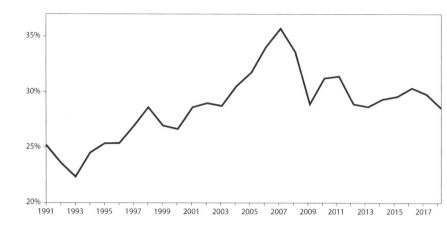

도표 5.4　독일의 계급 전쟁 (독일 비금융 법인의 순 영업 흑자에서 순 부가가치가 차지하는 비율)

출처: 독일 연방 통계청; 매튜 클라인 계산

을 희생시켜 수익성을 높인 셈이다.

　노동자도 고객이기 때문에 범경제적인 측면에서 임금 삭감은 대체로 수익을 증가시키지 못한다. 독일 기업들은 외국인에게 물품을 파는 방식으로 빈사상태에 빠진 독일의 내수시장을 피해 달아났다. 1991년부터 1999년까지 독일 기업 부문은 GDP의 약 2퍼센트에 해당하는 평균 경상수지 적자를 기록했다. 기업들은 투자 수요와 영업에서 비롯되는 현금 유동성의 차액을 메우기 위해 외부 금융이 필요했다. 그러나 2000년대 초반부터 독일 기업들은 끊임없이 저축을 해왔고 지속적으로 GDP의 2퍼센트 이상의 흑자를 내고 있다. 수출로 인한 지속적인 수입과 더 낮아진 사회복지 예산의 결합으로 자연스럽게 더 높은 국민 저축률과 더 높은 경상수지 흑자로 이어졌다.[36]

　이론적으로 노동소득에서 자본소득으로의 전환은 노동자와 자산가 모두에게 별 차이가 없었을 것이다. 그러나 실제로 독일에서 부(결국 자본소득)는 극도로 집중되어 있다. 평균적으로 독일인들은 유럽의 다른 나라 사람들 누구보다도 부유하다. 평균적인 독일인은 평균적인 이탈리아인보다 약 50퍼센트 더 부유하고 평균적인 스페인인보다 두 배 더 부유하다. 그러나 독일에서는 부의 분포가 너무 불평등해서 독일 중위 가구는 스페인 중위 가구에 비해 훨씬 가난하고 그리스나 폴란드 중위 가구와 겨우 비슷한 정도다. 유럽 중앙은행의 포괄적인 조사에 따르면, 저소득층의 독일인들은 저소득층의 에스토니아인이나 헝가리인들보다 절대적인 차원에서 순 자산이 적다. 많은 독일인들은 자산이 전혀 없거나 보유하고 있는 자산보다 더 큰 빚을 지고 있다.

부의 분배의 왜곡은 가장 부유한 독일인들이 소유한 자산의 유형 때문에 악화된다. 독일 가계의 10퍼센트만이 상장기업의 주식을 직접 소유하고 있고, 13퍼센트만이 뮤추얼 펀드*를 소유하고 있다. (이 두 그룹은 상당히 중복되어 있을 가능성이 많다.) 가장 중요한 것은 전체 기업 현금 유동성의 절반 이상을 차지하는 독일 내 90퍼센트의 사업체가, 독일 가계의 10퍼센트에 불과한 가족 사업이라는 점이다. 사업체를 양도받은 후 7년간 일자리를 보전하는 한, 상속세가 대부분 면제되기 때문에 이러한 기업들은 대대로 이어져 내려간다.[37]

독일 상속의 경우 1000만 유로 이상일 경우 약 1퍼센트의 실효세율이 적용되는 반면, 10만 유로에서 20만 유로를 상속받는 경우 대략 14퍼센트의 실효세율이 적용된다. 2016년의 법적 변화로 감면 혜택을 다소 수정했지만 기본적인 불평등은 여전하다.

---

* 유가증권 투자를 목적으로 설립된 법인회사로, 주식을 발행해 투자자를 모집하고 모집된 투자자산을 전문적인 운용 회사에 맡겨 그 운용 수익을 투자자에게 배당금의 형태로 되돌려 주는 투자회사.

독일에서 부의 불평등 상태가 항상 심하긴 했지만, 1990년대 중반부터 더욱 극심해졌다. 어느 정도까지는 부가 소득에서 축적되기 때문에, 이것은 소득 불평등의 증가가 가져오는 자연스러운 결과였다. 그러나 정책의 선택도 한몫했다. 프로이센(독일 북부의 주)이 1890년대에 부유세를 부과하기 시작했고, 독일 전체는 1920년대에 그렇게 하기 시작했다. 그러나 1995년 독일 헌법재판소는 이 관행을 불법화했다. 부유세는 1997년에 공식적으로 폐지되었다. 부유세를 지불했던 소수의 독일인들의 부가 증가하는 즉각적인 영향과는 별도로, 그 변화는 저축에 대한 실질적인 수익률도 높였다. 고소득 독일인들이 돈을 덜 쓰게 되어 더 많은 돈을 축적할수 있게 되었다. 한 추정치에 따르면, 바뀐 세금의 영향으로 독일의 가계 저축률이 그 전과 비교해 몇 퍼센트 포인트 상승했다고 한다.

헌법재판소의 판결은 부유세가 주거용 부동산을 다른 유형자산과 다르게 취급했기 때문에 부당하다는 합리적 우려 때문이었다. 이번 경우에도 정책은 부유한 소수에게 유리하다. 독일의 재산세는 다른여러 나라와 달리 시장가치에 근거하지 않는다. 대신 1964년(구서독)이나 1935년(구동독)으로 거슬러 올라간 평가에 근거하고 있다. 그 결과 독일의 재산세 납부액이 미국 등 다른 나라들의 납부액보다 훨씬 적은 것으로 나타났다.

독일 가계의 44퍼센트만이 주요 거주지를 소유하고 있기 때문에, 이것은 퇴행적인 일이다. 선진국에서 가장 낮은 세금 중 하나다. 게다가 독일 주택 소유자들은 임대해서 거주하는 대다수의 독일인들보다 훨씬 더 부유하다. 분데스방크에 따르면 주택담보대출을 받은 중위 주택보유자는 중위 임대자의 14배가 넘는 순 자산을 보유하고 있다. 그러나 대부분의 독일 주택 소유자들은 담보 없이 주택을 소유하고 있다. 이들 가구의 중위 순 자산은 중위 임대자보다 26배 이상 높다. 모든 독일 주택 소유자들의 3분의 1이 다른 사람들에게 임대하는 주거용 부동산을 여럿 소유하고 있다는 설명도 있다. 주택 소유자들은 또한 독일의 많은 가족 사업 중 하나를 소유하고 있을 가능성이 훨씬 더 높다. 최근 한 연구에 따르면, 다른 나라와는 달리 독일에서는 임대료 상승이 저소득층의 소득을 고소득층에게로 체계적으로 이전하고 있는 것으로 나타났다.[38]

노동자들 사이에서도 불평등이 증가했다. 이 중 일부는 지속적으로 약화되는 노조가 원인이기도 했다. 1991년부터 2000년까지 3분의 1로 감소했던 노조 가입률은 2000년부터 2010년까지 25퍼센트 더 감소했다. 노조 가입률이 이렇게 감소하게 된 것은 (노사간의) 단체교섭을 통해 얻을 수 있었던 독일 노동자들의 몫이 형편없어지면서부터다. 1990년대 중반에는 독일 노동자의 80퍼센트 이상이 단체 교섭으로 얻은 몫을 받은 반면, 오늘날에는 독일 노동자의 45퍼센트 미만이 단체 교섭으로 얻은 몫을 받는다. 경제학자들은 '전체 임금 분배 내내 1995년과 같은 노조 적용 범위를 유지했다면 2008년 독일의 임금은 더 높았을 것이다. 그러나 임금을 분배하는 하위 부분에서 특히 차이가 크다.'라고 평가했다.

개별 '노사 협의회'가 협상한 맞춤형 합의로 부문별 단체 교섭을 대체했기 때문에 노조 내에서조차 불평등이 높아졌다. 분배의 상위 부분을 차지하는 사람들의 실질 임금은 증가했고, 하위에 있는 노동자들의 소득은 감소했다. 이 결과를 통합한 한 연구에 따르면, '오늘날 독일의 상위 10분위 소득 집중도가 1871~1913년의 산업화 기간의 소득 집중도보다 훨씬 더 높다.'[39]

소득 집중은 독일의 가계 지출을 침체시키기에 충분했다. 2007년에 분데스방크는 2000년 이후 개인종합저축률 상승분의 4분의 1 이상이 소

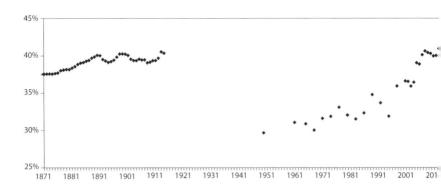

그림 5.5   분배 투쟁 (독일 국민소득이 상위 10퍼센트에 해당)

출처: 샤를로테 바르텔의 세계 불평등 데이터베이스

득분배 변화만으로 설명할 수 있다고 추정했다. 은행의 표현대로라면 '저축을 더 많이 하는 경향이 있는 인구구간 쪽으로 소득분배가 이동했다'는 것이다. 가난한 독일인들은 다른 모든 나라의 가난한 사람들과 마찬가지로 수입의 일부를 저축하지 않는다. 왜냐하면 적당한 생활수준을 유지하려면 가지고 있는 모든 유로가 필요하기 때문이다. 독일 부자들은 다른 모든 나라의 부자들과 마찬가지로 저축률이 훨씬 높으며, 수입의 40퍼센트 이상을 저축하기도 한다. 분데스방크가 주목한 이 같은 변화는 주로 시장임금 변동에 기인한 것이지만, 적녹 정부의 세금 인하와 복지 지출 감소 정책으로 더욱 악화되었다.

분데스방크는 2000년 이후 실질 가계 소비에서 '예외적인' 취약점과 '매우 이례적인' 취약점에 대해 두 가지 다른 이유를 밝혔는데, 두 가지 모두 독일이 기업 엘리트들을 선호하는 데서 그 원인을 찾을 수 있었다. 첫째, 1990년대 이후 노동자의 소득 부진(그 자체가 '개발도상국들과 과도기 국가들과의 경쟁'에 대응해 독일 기업들이 취한 '결정적인 대응 조치'의 결과)은 일반 독일인들에게 미래의 생활수준을 보장하기 위해서는 현재 저축을 더 많이 할 필요가 있다는 것을 합리적으로 납득시켰다. 둘째, '가계가 공공사회보장제도에 부담을 줄 수 있다는 사실을 민감하게 인식하게 되면서 저축률이 상승했다.' 독일인들은 정부가 연금 혜택을 삭감하리라고 전망하면서 그것을 보충하고 있었다. 분데스방크가 완곡하게 '현행 연금 자격에 대한 영구적 시정'이라고 언급한 것은, 경제적으로 일반적인 가구의 순 자산이 크게 감소하리라는 얘기다. 이러한 '(예상된) 재산 손실'에 대한 합리적인 대응은 '현재의 소비를 억제하면서' 더 많은 돈을 절약하는 것이었다.[40]

독일의 국내 약세 현황이 유로화 위기에 어떻게 영향을 미치는가

독일의 변혁은 세계의 다른 나라들과 연결해주는 무역과 금융의 연계가 없었다면 불가능했을 것이다. 독일이 폐쇄적인 경제였다면 빈사상태에 빠진 기업 투자, 빠듯한 정부 예산, 임금 하락은 국내 소비를 위축시키고 기업 이익의 상승을 제한했을 것이다. 생산과 수입이 지출보다 더 빨리 증가하지도 않았을 것이다. 그것은 '절약의 역설'이라고 하는 케인스의 통찰력이었다. 폐쇄적인 경제였다면 국가 저축은 변함이 없었을 것이고, 무역흑자도 없었을 것이며, 다른 나라에도 영향이 없었을 것이다.

그러나 독일은 폐쇄적인 경제가 아니었다. 독일 노동자와 자본이 창출한 가치 중 4분의 1 이상이 2008년 이전에 이미 해외로, 대부분 독일의 유럽 이웃 국가들로 보내졌다. 독일 기업들은 다른 나라의 고객들에게 판매를 함으로써 자국 시장의 침체를 피할 수 있었다. 글로벌 성장과 맞물려 원가(임금)가 한결같은데다 수출 수익까지 오르면서 소득액이 크게 늘었다. 독일은 과소 지출로 인해 발생한 잉여 소득을 외국 금융 자산을 축적하는 데 사용했다. 이는 다시 독일에 수출을 요구하는 외국의 수요를 지원했고 기업의 수익성을 부양시켰다. 점점 더 불평등해지는 독일의 소득 분배로 인해, 사실상 구매력은 독일 노동자들에게서 세계 다른 나라들의 소비자들에게로 넘어갔다. IMF 유럽부가 발간한 2019년 7월 『독일 국가 보고서』는 경상수지 변화와 가장 부유한 가구에서 소득이 차지하는 비중 변화 사이에 거의 완벽한 관련성이 있음을 발견했다.[41]

이러한 과정은 벌어들인 돈보다 훨씬 더 많은 돈을 쓰고 차액을 차용함으로써 독일의 재정 유출을 흡수하려는 다른 나라들의 의지에 달려있다. 다른 곳의 적자는 독일의 흑자에 상응하는 필요 상대였다. 금융위기 이전에 이것은 부유한 독일인들과 그들이 지배하고 있는 회사들이 수조 유로의 외국 금융 자산을 축적함으로써 유럽 이웃 국가들의 지출에 자금을 대는 것을 의미했다.

2002년 초반부터 2008년 후반까지 독일 거주자들은 총 7020억 유로를 벌어들였다. 이러한 누적 경상수지 흑자는 순 금융계좌에서 그에 상응하는 금액이 빠져나간 것과 같았다. 그 기간 동안, 독일 거주자들은 2조 7000억 유로 이상의 자산을 해외에서 샀고, 외국인들은 단지 2조 유로 가량의 독일 자산을 샀다. 기업과 공장에 직접 투자하는 금액은 이렇게 국경을 초월한 총 흐름의 15퍼센트에 불과했고, 독일의 전체 흑자 중 22퍼센트에 불과했다.

위기 전 독일 은행들은 독일의 경상수지 흑자와 그에 상응하는 나머지 나라들의 적자를 해외에서 재활용했다. 국가의 누적 재정 유출액 2조 7000억 유로 중 1조 6000억 유로 조금 넘는 금액은, 독일의 은행들이 채권을 매입하고 해외에 대출을 해주었기 때문이라고 볼 수 있다. 이 은행들은 2002년 1월부터 2008년 9월까지 독일의 저축액 7390억 유로를 순유출하기 위해, 외국인들에게서 9000억 유로 미만의 자금을 조달했다. 다시 말해서 독일 순 금융 유출의 100퍼센트가 넘는 책임은 은행에 있다는 얘기다. 해외에 대규모로 대출을 해주는 것은 은행들이 취약한 독일의 신용 수요와 강화된 독일 저축을 조화시킬 수 있는 유일한 방법이었다.

독일 가계와 기업들도 외국 자산을 사들였지만, 그들은 같은 기간 동안 총 순 금융 유출이 4000억 유로를 넘으면 안 되었기에 외국인들에게서 충분한 자금을 끌어모았다. 그 잉여금 중 단지 1500억 유로를 독일의 비금융 회사들이 독일 외부의 생산능력에 투자하고 있었다. 한편, 독일 정부는 해외 자산의 일부를 매각하고, 다른 나라의 저축자들에게 채권을 매각함으로써 약 3700억 유로를 차입했다. 이러한 유입은 국내 민간 부문의 순 유출을 상쇄하고도 남는다.[42]

독일 은행의 신용은 종종 외국 차용자에게 직접 대출을 해주기보다는 다른 나라에 있는 현지 은행을 통해 해외로 이동했다. 2002년 초, 독일 은행들은 외국계 비은행 금융기관에 미지불 대출금이 약 4900억 유로, 외국계 은행에 대출금 약 5000억 유로가 있었다. 2008년 10월, 외국계 비금융 부문의 신용거래는 8600억 유로(약 3700억 유로 증가)로 증가했고, 독일 외 은행의 신용거래는 1조 3000억 유로(약 8500억 유로 증가) 이상으로 불어났다. 외국인에 대한 총 대출은 6년도 안 되어 두 배 이상 증가했는데, 그 증가의 70퍼센트가 외국 은행에 대출해준 것이다.

도이치, 드레스덴, 코메르츠방크와 같은 국제적으로 집중된 독일의 대형 은행들은 이 거품의 주요 원인이 아니었다. 대형 은행들은 2002년부터 2008년 10월까지 독일 은행 대출금 총 증가분의 31퍼센트만을 차지하고 있었다. 독일의 주립은행인 란데스방켄은 특히 2005년, 그들의 부채에 대해 정부의 채무보증을 받지 못한 이후, 훨씬 더 큰 비중을 차지하기 시작했다. 그 보조금은 그들의 자금 조달 비용을 압박했고, 결국 그들은 독일 중소 규모의 가족 소유 산업체에 대출해주기에 이르렀다. 그러나 주의 지원이 없이는, 낮은 금리로 안전한 대출자들에게 대출을 해줄 가치가 별로 없다. 안타깝게도 란데스방켄은 자국 시장 밖에서 투자할 준비가 되어 있지 않았지만 해외에서 기회를 찾기로 결정했다. 2005년 1월과 2008년 10월 사이에, 외국인에게 독일 은행이 대출해준 전체 증가분의 46퍼센트는 란데스방켄이 했다고 할 수 있다.[43]

비록 독일 은행들이 미국의 주택담보대출 붐에도 많이 참여했지만, 대부분 독일 저축자들에게 아니라 미국에서 조달한 달러로 자금을 댔다. 이러한 활동은 국제 수지에서 순 거래액으로 나타나지 않았다. 그에 반해서, 독일인들은 은행을 통해 이웃 유럽들의 경상수지 적자에 직접 자금을 조달했다. 기본적으로 독일 은행들의 순 외국인 대출 증가세는 모두 유로로 표시되었는데, 대부분은 아일랜드, 이탈리아, 스페인, 단 3개국에 대한 독일 은행 대출 붐으로 설명할 수 있다. 물론 독일 은행들만 이 일을 한 것은 아니다(네덜란드, 프랑스, 스위스 은행들도 중요한 역할을 했다). 그러나 독일 은행들은 유럽의 위기 국가들이 될 수 있는 나라(특히 스페인)들에 지속적으로 대출해준 가장 큰 대출기관이었다.[44]

이렇게 대출 호황이 일어나는 반대편 어느 곳에서는 차용 호황이 일어나고 있었다. 특히 인플레이션이 빠르게 일어나는데도 금리가 독일 수준으로 수렴되는 그런 나라들에서 말이다. 예를 들어, 스페인 은행들은 2002년에 3000억 유로, 2008년 중반에는 8000억 유로의 빚을 전 세계에 진 것으로 나타났다. 다른 스페인 기업과 스페인 가계에서도 외채를 썼다. 스페인 사람들은 2002년 초에 약 1600억 유로, 2008년 중반에 6500억 유로의 빚을 전 세계에 졌다. 6년이라는 기간 동안, 1조 유로 이상이 스페인의 민간 부문 신용거래로 전 세계에서 유입되었는데, 실제로는 대부분 유로 지역의 다른 회원국들에서 유입된 것이었다. (스페인 정부의 외국인 부채는 호황기에는 증가하지 않았고, 스페인 GDP에 비해 급격하게 감소했다.)

이러한 해외 차관은 다른 나라들에 대한 어떠한 청구권 취득과도 비교가 되지 않았다. 스페인 거주자들은 2002년 초부터 2008년 중반까지 3800억 유로의 외국인 유동 자산을 축적하는 데 가까스로 성공했다. 그 결과, 전 세계에 대한 스페인의 순 채무는 2002년 약 2500억 유로에서 위기 전야에 약 9000억 유로로 증가했다.[45]

스페인 사람들은 자신들의 소득보다 이러한 빚으로 지출 자금을 충당하는 경우가 훨씬 더 많았다. 스페인의 소비와 투자는 2001년 초반과 2007년 말 사이에 스페인의 생산량보다 약 30퍼센트 더 증가했다. 스페인의 국내 수요와 국내 생산 간의 증가하는 차이는 수입으로 충당해야 했고, 이로 인해 스페인의 무역적자는 GDP의 약 2퍼센트에서 6퍼센트로 확대되었다. 경쟁력은 문제가 아니었다. 2000년대 내내 스페인의 GDP와 보조를 맞추어 스페인의 수출량이 상당히 증가했고, 유럽 내 무역에서 스페인의 점유율은 그 기간 동안 꾸준히 유지되었다. 문제는 스페인 수입 물량이 2배 이상 증가했다는 점이었다.[46]

스페인만 외채에 시달리는 것은 아니었다. 이탈리아는 총 외채가 1조 유로에서 1조 9000억 유로로 거의 두 배가 되었다. 포르투갈의 대외 부채는 약 1600억 유로에서 3400억 유로로 두 배가 되었다. 그리스에서는 2001년 약 1000억 유로였던 외국인 부채가 2008년 중반에는 약 3300억 유로로 3배 이상 증가했다. 가장 극단적인 경우는 아일랜드였다. 아일랜드 주민들, 특히 아일랜드의 터무니없이 큰 은행들은 외국에서 빌린 부채를 약 4500억 유로에서 1조 8000억 유로로 4배 늘렸다. 대외채무* 또한 슬로베니아에서 4배, 그리고 비록 훨씬 낮은 지점에서 출발했지만 발트해 국가들에서 같은 기간 동안 4배 이상 증가했다. 모두 합해서 유로 지역의 위기 국가들은 2001년과 2008년 사이에 거의 4조 유로의 추가 외채를 발행했다. 같은 기간 동안, 그들의 집단 경상수지는 GDP의 2퍼센트 미만 적자에서 7퍼센트 이상 적자로 돌아섰다.[47]

비록 빚을 지긴 했지만, 지금까지 어떤 사회도 그렇게 짧은 시간에 많은 돈을 빌리고 그 돈을 생산적으로 사용할 수 있었던 적은 거의 없었다. 스페인의 고속철도망과 그리스의 아테네 지하철 시스템 개선 등 일부 가치 있는 사업에 부채가 몰린 반면, 연간 1000만 명의 승객을 수용할 수 있는 스페인의 돈키호테 공항 건설과 같은 쓸데없는 일에 부채의 상당 부분이 낭비되기도 했다. 이 공항은 마드리드나 스페인의 다른 번화한 도시들에서 2시간 이상 걸리는 곳에 위치하기는 했지만 2009년에 개항했다. 아일랜드의 전원지역은 골프 코스로 엉망이 되었고 빠르게 황폐해졌다.[48]

수입의 급증과 낭비적인 투자의 폭주로 인해 이러한 위기 국가들은 흑자 국가 특히 독일에서 불가피하게 금융을 유입해야 했다. 소비 붐은 문화적인 특성, 날씨, 가톨릭과 개신교 사이의 차이와는 아무런 관련이 없었다. 1870년대 독일이 겪었던 상황처럼, 값싸게 많은 돈이 들어오면 어디에서나 똑같은 반응을 한다. 부동산 가치 폭등과 주가 상승은 사람들에게 더 부유해졌다고 느끼게 했고 현재 소득에서 더 많은 돈을 쓰도록 부추겼다. 동시에 은행들은 대출을 늘리기 위해 해외에서 자금을 조달해

---

* 한 나라의 거주자가 비거주자에게 미래 특정 시점에 금융 원금 또는 이자를 지급해야 하는 확정 채무 잔액.

야 했으며 대출 기준을 낮추어 대출을 많이 해주었다. 그리스와 같은 일부 정부도 값싸게 빌릴 수 있는 기회를 이용했지만, 이는 대규모 민간 부채 붐에 수반되는 부수적인 정도였다. 독일 거주자들이 유럽의 위기 전 불균형을 몰고 온 선택에 전적으로 책임이 있는 것은 아니었지만, 독일의 과소 소비와 과소 투자가 가장 중요한 근본적인 요소였다.

위기 국가들은 유로 지역 회원국이었으므로 대출 붐이 일었던 기간 동안 금리를 인상할 수 없었다. 그들은 또한 통화 가치하락과 중앙은행이 채권을 매입해 이후의 경기 침체를 관리할 수도 없었다. 경기 변동을 관리하기 위한 표준 도구가 부족해서 그들은 위태로운 상황에 놓이게 되었다. 일각에서는 스페인과 다른 나라들이 2008년 이전에 세금을 인상하고 정부 지출을 줄임으로써 위기의 충격을 완화시킬 수 있었을 것이라고 생각한다. 이러한 관점에서, 재정흑자는 전체 경상수지에 영향을 주어 개인 적자를 상쇄하고, 개인 행동의 변화를 상쇄했을 것이다. 경제학자 필립 마틴과 토마스 필리폰은 비록 이것이 가계나 기업에 추가 차입을 장려하지 않고도 효과가 있을 수 있다고 해도, 그러한 전략이 '우리가 비현실적이라고 생각하는 [정부] 부채를 줄여야만 가능하다'고 평가했다.[49]

2008년 이후, 독일 은행들은 해외 대출 포트폴리오에서 거의 8000억 유로를 삭감하면서 긴축에 들어갔다. 이러한 감소의 절반 이상은 외국인에 대한 대출을 2001년과 같은 수준인 2740억 유로로 줄인 란데스방켄 덕분이다. 이것은 세 가지 이유로 독일의 흑자에 영향을 미치지 않았다. 첫째, 독일의 은행 자산 중 약 6000억 유로가 유럽 중앙은행의 타겟(Target) 2 시스템과 독일 정부가 나머지 통화블록*의 대출자들에게 대출

---

* 무역에 사용하는 결제통화의 가치기준을 동일하게 하기 위해 이해를 같이하는 나라들이 형성한 환거래의 안정지역.

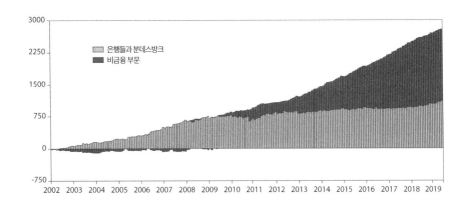

도표 5.6   독일인의 해외 투자 방법 (부문별 누적 순 재정 유출, 수십억 EUR)

출처: 도이치 분데스방크(독일연방은행); 매튜 클라인 계산

한 것을 통해 효과적으로 공공 부문 대차대조표로 전환되었다.

둘째, 독일의 가계와 비은행계 금융기관 사업은 은행을 이용해 해외에 투자하는 것에서 채권펀드, 생명보험사, 연금 등으로 전환했다. 그들의 근본적인 저축과 소비 패턴은 변하지 않았다. 마지막으로, 세계 다른 나라의 저축자들이 독일 자산을 사는 것을 중단했다. 독일 정부와 분데스방크는 국내 저축은행에 신규 공급을 거의 하지 않으면서 외국 저축은행에서 빌렸던 3500억 유로의 부채를 상환했고, 독일 은행들은 5200억 유로 이상의 외채를 상환했다.[50]

독일에서는 이번 위기가 주변국에서 대출받은 사람들이 방탕했기 때문이라고 의견이 모아졌다. 독일 대부업체들의 무모함은 중요하게 고려되지 않았고, 궁극적으로 과도하게 저축을 하게 하고 부득이하게 다른 곳에서 예금을 인출하게 만든 독일 경제의 구조적 불평등은 고려하지 않았다. 이러한 흐릿한 시각은 자연스럽게 독일 기득권층이 이웃국가들에게 독일처럼 되라고 권고하도록 만들었다. 정부의 접근 방식은 독일 시사주

간지 〈슈피겔〉이 말하는 '교육학의 제국주의'로 특징지어졌다. 유럽의 나머지 국가들은 하르츠 IV의 복지 삭감으로 정의된 독일의 예를 따르기로 했고, 가장 중요한 것은 재정 규제에 대한 새로운 헌법을 따르기로 했다는 점이다.[51]

채무 제한: 독일의 재정 구속복

1969년부터 2010년까지, 독일 기본법 115조는 경제적으로 '방해'가 되는 사건이 일어나면 추가 차입을 할 수 있는 비용이 허용되었지만, 정부의 차입은 투자 지출에 따라 제한되어야 한다고 말해왔다. 위기 전날 독일 정치인들은 얄궂게도 이 조항을 바꾸기로 합의했다. 그들은 오래된 황금률을, 말 그대로 '채무 제한'이라는 뜻으로 슐덴브렘스(Schuldenbremse)라고 알려진 연방, 주, 시 차원의 차입에 새로운 헌법적 한계를 주는 것으로 대체했다. 독일의 사회 기반 시설 투자를 압박하고 불필요하게 민간 부문의 구매력을 떨어뜨린 채무 제한은 원대한 타협이 아니라 엄청난 오류였다. 그러나 독일의 정치 계급은 거시경제 안정의 비밀을 발견했다고 확신하고 그것을 유럽의 다른 나라에도 수출할 것을 주장해왔다.

채무 제한은 2005년 말에 대연정을 일으킨, 역사적으로 반대되는 두 정당 사이의 다루기 힘든 타협에서 그 기원을 찾을 수 있다. CDU/CSU-SPD 정부는 많은 것을 할 만큼의 통치기간이 안 되기도 했지만, 더 나쁜 점은 정체된 정부처럼 느껴진다는 것이었다. 넉넉한 복지국가이자 인구가 정체된 고령화 사회, 최소한의 생산성 증가로 인해 점점 더 많은 예산을 연금, 실업급여, 의료, 채무서비스 등에 투입하고 있었다. 2000년대 초반까지 사회보장제도와 이자 지급만으로 연방 예산의 절반을 소비하고 있었다. 예산의 또 다른 25퍼센트는 장기 실업급여와 연방관료들의 급여에 지출되었다.

막스 플랑크 사회연구소의 볼프강 슈트렉 소장은 이 같은 상황을 '장기적인 재정 약속과 법적 의무 강화'가 '공공정책의 자유 수준(정도)을 축소한 것'이라고 요약했다. '국정 운영 기술이 변화를 일으킬 기회'가 없는 상황에서, 독일 선출직 관료들은 '자유로운 정치적 선택의 시대'를 유지하기 위해 '연출 기법(stagecraft)'을 택했다. 슈트렉은 이러한 문제점들이 '고질적인 또는 만성적인 정부 수입의 부족'을 초래한 통일과 사회보장 시스템에 대한 수요의 증가 때문이라고 밝혔다. 연방정부는 노동자의 개인 분담금과, 일반 세수 또는 더 중요한 적자 예산에서 나오는 의무적인 복리후생비 사이에 격차가 벌어지는 것을 바로 잡아야 했다. 그 결과, 1980년대 GDP의 40퍼센트 미만이던 정부 부채가 2000년대 중반에는 거의 70퍼센트로 거침없을 정도로 증가한 것이다.

슈트렉은 자신이 파악한 문제에 대해 어떤 해결책도 권하지 않았지만, 공공부채의 궤적을 영구히 바꾸기 위해서는 지출을 줄이고 새로운 규칙을 마련해야 한다는 새로운 합의가 이루어졌다. 편리하게도 이것은 국가 중심 우파의 핵심을 형성한 부유한 남서부 지역의 독일인들에게 호소력을 발휘했다. 그들은 동부 재건 비용을 지불하는 데 지쳤으므로 재정을 긴축하면 자신들의 부가 추가적으로 이전되는 것을 제한할 수 있는 기회로 보았던 것이다.[52]

SPD 재무 장관인 페어 슈타인브뤼크는 2005년 말에 취임한 직후, 영구적인 해결책을 개발하도록 압력을 가했다. 그는 오래된 황금률의 몇 가지 문제점, 즉 해결책으로 나온 정책을 반드시 준수하게 만드는 시행 메커니즘의 부재 그리고 자금이 뒷받침 되지 않은 사회보장 시스템의 시책들로 인해 생긴 암묵적인 부채를 설명하지 못하는 등의 문제점을 찾아냈다. 최악인 것은 독일 재무부가 나중에 발간한 공문에 따르면 '기존의 규정들이 경기 변동에 비대칭적으로 반응한다'는 것이었다. 다시 말해서 경기 침체에 대응하는 유연성은 '순환적인 상승이나 호황기에' 잉여금을 운용하고 부채를 상환해야 하는 필요성과 균형을 이루지 못했다. 독일은 거의 20년 동안 주기적인 상승이나 호황을 별로 겪지 않았음에도 불구하고, 이러한 '비대칭'은 제115조에서 '설계의 주요 결함'으로 간주되었다.

결과적으로 채무 제한을 걸게 되면 독일 정부의 모든 요소, 즉 '연방, 랜더(주), 지방 당국, 사회보장 기금, 예산 외 기업들을 포함해서' 모든 요소가 평균적으로 매년 총 예산의 균형을 이루어야 한다. 이는 사회 기반 시설 투자에 예외를 두지 않고, 자산 매각으로 얻은 수익을 정부가 추가 지출에 사용하지 못하도록 했기 때문에 기존 규칙보다 훨씬 더 엄격했다.

주기적인 조건에 대응하기 위해 유연성이 약간 있었지만, 유연성의 폭이 그리 넓지 않았다. '채무 제한하에서, 일반적으로 경제를 안정시키기 위해 이용할 수 있는 유일한 재정 정책은 자동 안정화 장치가 양방향으로 작동할 수 있도록 하는 선택이어야 한다.' 독일 정부가 채무 규정을 위반하지 않고는 기존의 자동 안정화 장치를 확장할 수 없기 때문에 이 유연성조차 제한적이었다. '자연재해와 예외적인 비상사태를 메우기 위해' 대규모 예산결손 충당금도 있지만, 이는 국회의사당에서 특별투표를 한 뒤에야 가능하며, 추가로 부채를 상환하기 위한 '할부 상환 구속 계획'과 짝을 이루어야 한다.

채무 제한이 일찍 시행되었더라면, 독일의 재정 정책은 눈에 띄게 엄격했을 것이다. IMF는 독일 정부의 1993년부터 2010년까지의 예산 적자가 경기 순환 상태를 고려했을 때 국가 생산량의 2~3퍼센트로 일관되었다고 생각한다. 따라서 채무 제한을 걸기 위해서는 매년 GDP의 몇 퍼센트 포인트 상당의 세금 인상과 낮은 지출이 어느 정도 조합되어야 했을 것이다. 2009년에 독일 재무부는, 정부가 채무 제한에 묶여 있었다면 2000년부터 2008년까지 550억 유로만 대출했을 것으로 추산했다. 실제로 그 기간 동안 지출은 약 2400억 유로를 초과했다. 재무부의 분석은 정부의 대출 규제가 독일 가계와 기업, 나아가 전 세계에 어떤 영향을 미쳤는지 설명하려 하지 않았다.[53]

채무 제한이 시행되기도 전에, 재정정리에 대한 독일의 이념적이고 헌법적인 약속은 일반 독일인들에게 지속적으로 해를 끼쳤다. 독일의 연방, 주, 지방정부는 앞서 설명한 복지를 삭감하는 것 외에도 사회 기반 시설 투자와 유지 보수에 대한 지출을 삭감함으로써 재정을 긴축했다. 1998년 이후 정부의 자본지출은 기존 사회 기반 시설을 유지하는 데조차 충분하지 않았다. 감가상각 순 지출은 지속적으로 마이너스였다.[54]

마르셀 프라츠셔에 따르면 그 이유는 '채무 제한이 근본적인 방식으로 정부에 대한 우대 정책을 변화시켰기 때문'이라고 한다. 경기 침체기에는 세수 감소와 복지 프로그램에 대한 의무 지출이 증가한다. 비록 채무 제한이 이러한 순환을 견뎌내기 위해서는, 예산에 어느 정도 융통성이 있어야 한다. 하지만 현실은 정부가, 특히 지역 수준에서라면, 교사들의 월급에서 실업수당까지 모든 것에 대한 지출을 유지하기 위해 '공공 투자 프로젝트를 삭감할 수밖에 없다'는 것이다. 엎친 데 덮친 격으로 수년간 성장이 둔화되면서 '많은 지방·주 정부가 공공 투자 프로젝트 구현에 필요한 인력과 전문성을 줄이도록 장려했다.'[55]

그 결과 독일 자치체만 약 1600억 유로의 투자 잔고가 있었다. 독일의 도로와 다리의 약 절반이 수리가 필요한 상황이었다. 쾰른과 뒤셀도르프 사이에 라인 강을 가로지르는 레버쿠젠 다리는 2012년에 더 이상 무거운 차량이 지나기에 안전하지 않다고 판단되어 트럭 통행을 금지했다. 트럭들은 다른 고속도로와 마을을 통과했고, 이에 따라 교통은 느려졌고 통근자들은 교통 혼잡에 빠졌으며 공기 오염이 증가했다.

경제학자들은 이러한 비용들이 다리를 수리하는 데 드는 비용의 두 배 정도 될 것이라고 추정한다. 필요한 유지보수를 미루면서 레버쿠젠 다리가 너무 많이 망가져서 다시 지어야 하는 지경에 이르렀다. 이 새로운 다리는 2020년까지 개통되지 않을 것이다. 뒤스부르크 인근 라인강을 가로지르는 A40 교량은 안전을 우려해 화물차 운행이 수차례 중단되었다. 이는 긴급 정비가 필요하거나 완전히 재건되어야 할 수천 개의 다리들 중 일부일 뿐이다.[56]

독일도 인터넷 속도가 느리기로 악명이 높다. 독일인의 3퍼센트 미만만이 초당 최소 100메가비트의 속도로 광대역에 접속하고 있으며, 독일인의 1퍼센트만이 가입이 되어 있는데, 이는 이탈리아와 비슷하며 포르투갈, 스페인, 동유럽에 비해 훨씬 나쁜 수준이다. 독일은 또한 모바일 광대역 접속 면에서 터키와 거의 비슷하며 폴란드나 스페인보다 훨씬 낮은 순위를 차지하고 있다.[57]

2015년 1월 13일, 독일 재무부는 수년간의 지출 억제와 부담스러운 과세가 마침내 2014년 내내 '새로운 차입이 필요하지 않다'는 것을 의미한다고 의기양양하게 발표했다. 이것은 볼프강 쇼이블레 재무장관이 오랫동안 원했던 바다. 바로 균형 재정(블랙 제로)이다. 예산은 균형을 이루었고 독일의 미지불 의무인 2조 2000억 유로에 부채가 추가되지 않았다. 이후 독일 사회 기반 시설이 계속 나빠지고 있음에도 예산은 점점 더 흑자로 옮겨갔다. 흑자는 현재 GDP의 2퍼센트에 머물고 있다. 정책은 제한적인 채무 제한이 요구하고 있는 것보다 더 엄격해졌다. 2011년과 2015년 사이에 독일 정부는 규정에 따라 허용된 것보다 1420억 유로를 덜 빌렸고, 과소 투자와 과세로 민간 부문을 계속 압박했다.[58]

독일 관리들은 급속한 고령화와 전면적으로 인구가 감소하는 미래에 대비하기 위해 지금 가능한 한 절약하려고 노력하고 있다고 말한다. 이것은 합리적인 전제이지만 현재의 정책을 정당화하지는 않는다. 독일 정부는 평균 실질금리가 '0'에 훨씬 못 미치는 빚을 갚기 위해 사회 기반 시설 투자와 교육비 지출, 민간 부문의 가처분소득을 쥐어짜고 있다. 독일 경제에서 예상되는 투자수익률이 매우 부정적이어야만 이치에 맞을 것이다.[59]

정부의 방침이 이러한 것은 이데올로기가 압도적인 논리이기 때문이라는 설명이 적합할 것이다. 쇼이블레가 블랙 제로에 대한 집착이 너무 강해서, 그가 2017년 연방선거를 끝으로 퇴임할 때 재무부 직원들이 검은 옷을 입고 큰 원을 그리며 작별인사를 해줄 정도였다. 도처의 사람들이 이 문제로 고통 받아왔지만, 일반 독일인들은 틀림없이 최악의 상황에 처해 있을 것이다. 이것은 독일의 전통적인 기성 정당들, 특히 SPD의 호소력이 선거에서 통하지 않는 것을 설명해준다.[60]

독일의 경제 모델에는 분명한 문제들이 있지만, 메르켈 정부와 많은 독일 국민들은 메르켈에게 유럽 주변국들의 운명을 겪지 않고 재정위기를 헤쳐 나갈 수 있는 능력이 있다고 믿고 있다. 2010년 5월 독일을 필두로 한 유럽인들은 '재정통합'으로 유로 위기 해소를 약속했고, 안정성장 협약이 이를 '준수'하도록 보장하기에 부족했다고 결론 내렸다. 2012년까지 전체 유로 지역이 경제 통화 동맹의 안정, 조정, 통치에 관한 조약(Financial Compact: 재무 협정)을 받아들이기로 합의했다. 그 조약은 사실상 독일의 채무 제한을 유럽의 나머지 나라에 부과한 것이다. 이제 블록 전체의 정부들은 거의 모든 상황에서 균형 잡힌 예산이나 흑자를 운용해야 한다. 그들은 '공채 발행 계획'에 대해 나머지 유럽의 승인을 얻어야 한다. 이를 따르지 않으면 제재를 받는다.[61]

어떤 관점에서 보면, 조약은 제 역할을 다했다. 유로 지역의 총 예산 적자는 현재 GDP의 1퍼센트 미만이고 거의 '0'에 가깝다. 지금은 유럽 경제가 위기 전야에 호황을 누렸던 때보다 적자 폭이 좁아져 재정 정책이 기업 여건에 비해 극도로 빡빡하다는 의미다. 현재 독일, 그리스, 아일랜드, 리투아니아, 룩셈부르크, 몰타, 네덜란드, 슬로베니아를 포함한 많은 국가들이 상당한 규모의 예산 흑자를 보이고 있다. 유로 지역의 총부채는 GDP 대비 7퍼센트 포인트 감소했으며 2010년 이후 최저 수준이다. 독일의 공공부채는 2002년 이후 21퍼센트 포인트 이상 급감했고 그 어느 때보다도 낮다. 강제적으로 독일의 이웃 나라들은 성공모델이라고 할 만한 것을 모방할 수는 있었다. 그들과 다른 나라들에게 불행하게도, 이것으로 독일의 병리학적인 요소들을 받아들여만 했다. 즉, 침체된 소비, 정부 긴축, 고용 불안, 과소 투자, 그리고 증가하는 불평등 등을 말이다.[62]

유럽이 독일처럼 되다

위기 이전 몇 년 동안, 유로 지역 거주자들은 그들이 번 만큼 돈을 썼다. 독일과 네덜란드의 흑자는 스페인과 그리스의 적자로 상쇄되는 등 회원국들 간의 큰 내부 차이는 거의 상쇄되었기 때문에, 통화 블록의 총 경상 수지는 대략 '0'에 가까웠다. 연장선상에서 유로 지역의 정부 적자와 민간 부문 흑자도 서로 상쇄되었다. 유럽인들은 전반적인 세계 수요에 기여하지도 방해하지도 않았다.

2008년에 시작된 개인 부채 위기는 유럽 전역의 가계와 기업 지출 패턴에 큰 변화를 가져왔다. 심지어 유로화 위기를 놓친 네덜란드도 높은 가계부채와 줄어드는 주택 거품의 악성 결합에 대처해야 했다. 그 결과 유로 지역의 민간 부문 흑자는 꾸준히 늘어 2008년 이전보다 GDP의 약 5퍼센트 포인트 높았다. 처음에는 개인 행동의 변화가 총 재정적자의 상쇄적인 증가와 일치했다. 정부는 가계와 기업이 빌리고 지출하지 않을 때 (또는 빌리거나 지출할 수 없을 때) 빌려서 썼다. 그것은 위기 이후 처음 몇 년 동안 유럽의 전반적인 경상수지를 균형 있게 유지시켰다.

유로 지역 정부들이 투기 공격으로 힘들어할 때, 유럽중앙은행이 지원하지 못한 것, 이에 따른 주권 위기, 그리고 광범위한 재정 긴축 수용으로 인해 이 모든 것이 2011~2012년에 바뀌었다. 정부 예산 적자가 강제적으로 끝났고, 나머지 국가들은 그 차이를 메울 수밖에 없었다. 외부 수요가 특별히 강하지는 않았지만 유럽 내 소비와 투자보다 훨씬 더 많이 성장했다. 무역과 경상수지 흑자는 피할 수 없는 결과였다. 2000년대 독일의 경험은 거대했다.[63]

이것은 대부분 유럽 위기 국가들의 변화가 주도했고, 현재 이들은 무역흑자와 경상수지 흑자를 기록하고 있다. 2000년대 독일처럼 그들의 대외적인 입장의 변화는 수출 실적 개선보다는 내수가 크게 위축된 것으로 설명할 수 있다. 이것은 엄청난 인명을 희생시켰다. 2008년과 2016년 사이, 위기 국가들의 경상수지는 GDP의 약 6.5퍼센트 적자에서 GDP의 2퍼센트의 흑자로 전환되었다. 같은 기간 동안, 실질 소비와 투자에 대한 내수는 스페인에서 약 11퍼센트, 이탈리아와 포르투갈에서 약 9퍼센트,

키프로스에서 14퍼센트 급감했다. 슬로베니아에서는 13퍼센트 정도였다. 가장 극단적인 사례는 내수와 투자가 3분의 1로 위축된 그리스였다. (아일랜드도 비슷한 일이 벌어졌을 테지만, 위기 이후의 아일랜드 자료는 다국적 기업의 수익 이전 활동 때문에 거의 사용할 수 없게 되었다.)

그 후 사회복지 예산이 다소 증가해 위기 국가들의 경상수지 흑자 합계가 그에 상응해 줄어들었다. 그러나 최근 변화의 규모를 과장하지 않는 것이 중요하다. 2019년 현재 이탈리아에 대한 실질 소비와 투자는 2008년보다 8퍼센트 낮은 수준을 유지하고 있으며, 내수는 여전히 슬로베니아와 스페인에서 위기 전 수준에서 5퍼센트가량 밑돌고 있다. 키프로스와 포르투갈은 다소 나아졌지만 10년 전보다 여전히 가난하다. 그리스는 여전히 우울하다.[64]

적자 국가들은 전체적으로 흑자로 전환했지만, 다양한 이유로 유럽의 기존 흑자 국가들(가장 두드러진 것은 독일과 네덜란드)의 지출은 생산과 비교해 증가하지 않았다. 유럽 내에서의 자산균형 재조정은 없었다. 대신 영국과 미국은 물론 아프리카, 중동, 인도, 인도네시아, 중남미 등 신흥시장을 중심으로 한 나머지 국가들은 무역적자 증가와 부채 증가를 통해 결과적으로 금융 유출을 흡수할 수밖에 없었다. 내수를 쥐어짜서 위기 국가를 조정하도록 강요한 유럽인들의 결정은, 유로 지역 전체를 현재 블록 GDP의 약 4퍼센트에 해당하는 거대한 대외 흑자로 몰아넣었다.

놀랄 것도 없이, 독일의 경제 정책을 채택한 유럽 국가들 또한 불평등이 심해지고 일반 시민들의 구매력이 떨어졌다. 부가가치세율은 몇 퍼센트 포인트 상승했고 법인세와 부유세는 하락했다. 경제학자 졸트 다르바스는 '부자인 이탈리아인과 스페인인은 (아마도 수입을 늘린) 매우 적게 잃었고, 저소득 이탈리아인과 스페인인은 많은 것을 잃었다'고 지적했다. 흑자

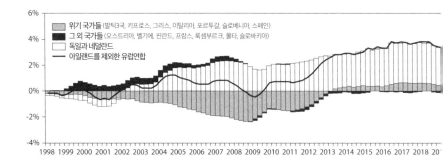

도표 5.7   **유로글럿*의 탄생**(아일랜드를 제외한 유로 지역의 경상 수지 기여)

출처: 유럽연합 통계청; 매튜 클라인 계산

국가들의 소득 불평등 증가는, 낮은 임금을 통해 경쟁력을 높이려 했던 욕구에 부분적인 책임이 있다. 엄청난 신용 호황과 붕괴 이후, 적자 국가들은 그 접근법을 모방할 수밖에 없었고 결과적으로 자국민들에게 손해를 끼치게 되었다.[65]

이 글에서는 유럽이 외국 지출에 의존해 경쟁력과 균형 예산이라는 잘못된 집착에서 벗어나게 하는 데 전념하고 있다. 독일 민간 부문이 일시적으로 노동력 증가와 임금 향상을 위해 자산균형을 재조정하기 시작했지만, 정부는 예산 흑자에 전념하고 있다. (기존 사회 기반 시설의 지속적인 감가상각을 감안할 때 공공투자를 활성화한다는 이의 제기는 너무 심각하게 받아들여서는 안 된다.) 유로화 위기의 희생양으로 고통을 받거나 곁에서 초조하게 지켜보던 나머지 유로 지역은, 재정 정책을 필요 이상으로 더 강하게 밀어붙여

---

*   Euroglut; 유로화를 사용하는 18개국 유로 지역의 재정위기가 가져온 내수, 투자기회의 부족으로 유럽에 쌓인 막대한 과잉저축을 의미하는 신조어.

그 같은 경험을 되풀이하지 않기로 했다. 정부는 그리스처럼 끝날 위험을 감수하기보다는 내수를 영구적으로 억압하는 쪽을 택할 것이다.[66]

이것이 포르투갈과 같은 소규모 개방 경제에는 이치에 맞을지 모르지만, 유로 지역 전체에 있어서 지속 가능한 전략이 될 수는 없다. 세계에서 두 번째로 규모가 큰 경제가 더 큰 세계적인 불균형을 일으키지 않고 내부적 왜곡의 결과를 다른 이들에게 강요하기엔 너무 거대하다. 다시 한 번, 미국은 세계 수요의 궁극적인 원천으로서의 역할을 해야 할 것이다.

6 예외적인 미국

과도한 부담과 지속적인 적자

미국은 수십 년 동안 세계에서 반드시 필요한 소비국이었다. 많이 저축하고 너무 적게 소비하는 국민들이 있는 나라들은, 버는 것보다 더 많이 소비하기 위해 돈을 빌리는 미국인들을 지속적으로 받아들여왔다. 너무 오래도록 기정사실화된 일이어서 이것이 얼마나 놀라운 일인지 쉽게 잊을 정도다.

　지난 수십 년 동안 미국이 겪은 것은 많은 면에서 독일과 공통점이 있다. 양국 노동자들 사이의 불평등이 급격히 증가하고 소득 분배가 노동에서 자본으로 이동했다. 두 나라 모두 기술 부진 이후 국내 기업 투자와 고용에 큰 구멍이 뚫렸다. 독일 기업들은 중유럽과 동유럽에서 값싼 노동력을 가져오려고 했고, 미국 기업들은 멕시코와 중국으로 일자리를 옮겼다.

독일은 슈뢰더 감세와 하르츠 IV 조치를 취한 반면, 미국은 클린턴 시절에 복지 개혁과 부시 감세를 실시했다. 위기 이후 독일은 채무 제한을 단행했고, 미국은 티파티*, 채무 한계, 일시적 강제 관리 등의 조치를 취했다. 그러나 독일은 세계 최대의 흑자 국가가 된 반면 미국은 여전히 세계 최대의 적자 국가로 남아 있다. 국내적으로 그렇게 비슷한 환경에 처한 두 사회가 세계의 다른 나라들과 어떻게 그렇게 다른 경제적 관계를 맺을 수 있었을까?

답은 미국 금융 시스템의 구체적인 특징에서 찾을 수 있다. 미국의 유연성, 규모, 외국인 투자자들의 권리에 대한 배려는, 버는 것보다 더 많이 저축하려고 노력하는 세계의 누구에게나 독특한 매력을 느끼게 하는 장소가 되었다. 게다가 미국은 세계 최고의 안전자산을 발행하는 나라다. 미국의 국가 부채는 많고 거래하기 쉬우며 채무불이행 위험이 없다. 미국 경제는 규모가 크고 다양하며 개방적이다. 그러한 연장선상에서 볼 때, 달러는 다른 통화로 싸게 전환할 수 있고, 세계의 필수품이나 상품을 제조하는 생산자들이 항상 안전한 지불수단으로 여긴다. 이러한 특징들로 인해 미국은 세계의 과잉 저축을 처리할 수 있는 훌륭한 저장소가 되었다. 그 특징이 똑같은 영국과 같은 나라는 그렇게까지 여겨지지 않는다.

1990년대 후반 이후, 이러한 초과 저축은 주로 미국으로 유입되었는데 외국 정부나 관련 기업들이 미국 정부가 발행하거나 보증하는 금융자산을 매입하면서다. 그들은 내수를 희생해 이러한 보유고를 늘렸다. 이는 금융 자산을 매입하는 국가의 소비자들에게서 수출 산업의 소유주들에

---

* Tea Party: 미국의 조세 저항 운동으로, 특정 정당이 없는 무정형의 형태로 정치적으로는 보수 성향을 띠어 '극우 반정부 운동'을 뜻하기도 함.

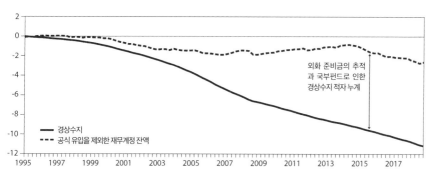

도표 6.1　엄청난 부담 (1995년 1월 이후 누적 거래, USD 조 단위)

출처: 경제분석국; 브래드 세서; 매튜 클라인 계산

게로 부를 이전하는 것이다. 그들은 높은 수익을 얻기 위해서가 아니라, 아무리 수익률이 낮더라도 위험을 피하기 위해 구매한다. 이러한 비경제적 자본 회전은 2001년 후반과 2014년 후반 사이의 미국 전체 경상수지 적자 규모만큼이나 컸다. 비록 이러한 유입이 미국의 추가 금융 유출로 인해 부분적으로 상쇄되었다 해도, 정의상 순 효과는 미국의 투자 증가와 미국의 소비 증가 그리고 미국의 생산 감소의 조합이었다. (2014년 이후, 유럽인들은 우리가 논의한 이유들로 인해 미국 자산의 최대 구매자가 되었다.)[1]

미국은 다른 나라들에 비해 특별히 이익이 되는 투자 기회가 아니었기 때문에, 이익을 추구하는 저축자들은 미국인들이 소득을 초과하는 소비를 하도록 만들 수 없었다. 그러나 무분별한 유입은 미국의 생산에 비해 구매력을 부풀려 놓아 경상수지 적자를 확대시켰다. 수입이 미국의 생산능력을 대체했고, 부채가 분실 소득*을 대신했다.

---

* 　질병, 부상, 사망 등으로 인해 취득할 수 없게 된 소득.

외국인들은 미국인들에게 이자가 낮은 자금을 퍼붓고 있었고, 미국의 금융 시스템은 이러한 수요를 새로운 자산을 창출해 수용했다. 해외에서 지속적으로 유입됨으로써, 미국은 경상수지 적자가 커지는데도 차입 비용을 억제하고 대출 기준을 낮추고 자산 가격을 부풀렸으며 달러화를 계속 상승시켰다. 미국이 소비 습관을 유지하기 위해 외화를 끌어들이려 했다면 실질금리는 올라가고 통화는 내려갔을 것이다. 그러나 흑자를 향하는 미국의 자연스러운 경향은 여러 다른 나라에서 유입되는 재정에 어찌할 바를 몰랐다.

미국의 사라진 흑자 미스터리

이 책이 주장하는 핵심은 한 사회 내의 구매력 분배가 다른 나라들과의 경제 관계에 영향을 미친다는 것이다. 자신들이 생산한 것을 구매할 여유가 없는 사람들은, 그러한 생산물이 필요한 외국의 수요에 의존해야 한다. 해외 수요나 내수가 충분하지 않다면, 더 적게 생산할 수밖에 없을 것이다. 한 나라의 소득 중 많은 부분이, 버는 것의 대부분을 쓰는 기업들에서 버는 것보다 적게 쓰는 기업들로 옮겨갈 때, 그 국가는 더 큰 경상수지 흑자 또는 더 작은 경상수지 적자로 전환될 가능성이 있다.

우리는 이것이 어떻게 작용하는지를 중국과 독일의 예를 들어 보여 주었다. 1989년 이후 중국과 독일은 발전을 거듭하면서 너무 많이 저축하고 너무 적게 소비하게끔 되었다. 그들이 겪은 일은 유익하다. 왜냐하면 일본, 네덜란드, 싱가포르와 같은 다른 주요 흑자 국가들에서 일어났던 일의 많은 부분을 함께 다룰 수 있었기 때문이다. 설명이 필요한 이상한 점이라면, 미국이 전형적인 흑자 국가의 많은 특성을 공유하고 있음에도 경상수지 적자를 끈질기게 고수하고 있다는 사실이다. 이 질문에 대답하기 전에, 왜 미국이 지난 수십 년 동안 경상수지 흑자를 운영했어야 했는지(그런데 왜 그렇지 않은지) 이해하는 것이 중요하다.

우선 가계 부문을 살펴보는 것부터 시작하자. 미국의 불평등은 1970년대 후반부터 급증했다. 세금과 정부 이전을 감안했을 때 국민 소득의 분포 상위 10퍼센트 안에 드는 사람들의 소득이 전체 소득의 30퍼센트에서 40퍼센트로 증가했다. 상위 1퍼센트 이내의 초고소득자들이 그 증가의 대부분을 견인했다. 그들의 소득은 소득이 낮은 사람들의 희생에서 나온 것이었다. 분포의 하위 절반에 속하는 미국인들은 세금, 물가 상승 그리고 정부로부터의 현금 혜택을 고려해볼 때 1970년대 후반 이후 본질적으로 어떠한 소득도 증가하지 않았다.

소득 분포상의 이러한 전환은 부의 분배에 예측 가능한 영향을 끼쳤다. 상위 1퍼센트의 부자들이 가진 미국 부의 비율이 22퍼센트에서 42퍼센트로 치솟았고, 그 증가의 거의 대부분은 가장 부유한 0.1퍼센트 덕분이다. 부의 집중은 자본소득이 엘리트 계층에 극단적으로 집중되어 있는 현상과 상응해왔다. 자산을 소유함으로써 발생하는 모든 소득의 약 70퍼센트가 현재 가장 부유한 1퍼센트의 미국인에게로 가고 있는데, 이는 1970년대 후반의 35퍼센트에서 증가한 것이다.

독일에서와 마찬가지로, 정책은 이러한 변화를 악화시켰다. 최고세율을 대폭 인하한 정책은 고소득자들이 더 많은 보수를 추구하도록 강한 동기를 부여했고, 주식환매와 기업담보차입매수*에 대한 규제 처리가 변

---

* 매수 회사가 매수 자금의 상당 부분을 피매수 회사의 자산을 담보로 차입한 자금으로 충당해 기업을 매수하는 것.

경됨으로써 경영진들과 자본가들은 초과 소득을 얻을 수 있었다. 양도소득세 실효세율은 1990년대 중반에서 2000년대 중반 사이에 10퍼센트 포인트 이상 떨어졌다. (급료·임금 등에 대해 과세되는) 지불급여세에 역진세를 적용함으로써, 1950년대 초에서 1980년대 말 사이에 기업 이익에 대한 세금을 효과적으로 대체했다. 복지 혜택은 하르츠 IV로 인해 일어났던 일과 비슷한 방식으로 1990년대에 삭감되었다. 독일 노동자들과 마찬가지로, 미국 노동자들은 일자리가 해외로 이전되고 민간 부문 노조 가입률이 붕괴되면서 점차적으로 불안정해졌다.

소득이 가장 높은 사람들은 소득의 약 40퍼센트를 저축하는 반면 대부분의 다른 가구들은 저축이 '0'에 가깝기 때문에, 이러한 변화는 미국의 총 가계저축률이 상승하도록 야기했어야 맞다. 그러나 가계저축률은 1970년대 후반의 가처분소득의 약 10퍼센트에서 1990년대 후반에는 5퍼센트로 떨어졌는데, 그 주된 이유는 대부분의 미국인들이 저축을 훨씬 적게 했기 때문이다. (이것이 설명이 필요한 수수께끼다.) 금융위기 전날까지 미국 가계의 평균 저축률은 겨우 3퍼센트로 떨어졌는데, 이는 대부분의 미국인들이 저축률이 마이너스였기 때문이다. 그들은 돈을 빌렸으며, 자신들이 버는 소득보다 더 많은 돈을 물품이나 서비스를 구입하고 이자를 지불하는 데 소비했던 것이다. 금융위기 이후 전체 가계저축률은 1990년대 중반과 비슷한 약 6~7퍼센트로 되돌아갔다.[2]

미국 기업들은 1990년대와 2000년대 독일 기업들과 비슷한 일을 겪었다. 금융시장에 고무된 양국 기업들은 기술 호황기 동안 신규 투자의 잠재적 수익성에 대해 지나치게 낙관적이었다. 그들은 실수로 인해, 이후 10년 동안 재정을 긴축하며 투자 지출을 국내 시장에서 임금이 훨씬 더 낮은 나라들로 옮기면서 지내야만 했다. 독일에서는 이러한 과정이 대규모의 지속적인 경상수지 흑자로 이어졌다. (독일의 투자 부진이 미국보다 다소 깊고 장기화되었는데, 이는 불리한 고금리, 통화 절상, 내수 시장 약화 때문일 가능성이 높다.)

미국 기업 투자가 가치 하락과 인플레이션을 경험하고 본질적으로 낮은 상태를 유지하며 20년을 보낸 후, 미국 기업들의 실질 자본 지출은 1994년과 2000년 사이에 매년 20퍼센트씩 증가했다. 내구재 제조능력(산업용 기계, 자동차, 비행기, 컴퓨터)은 1995년 초부터 2000년 말까지 연평균 10퍼센트의 비율로 확대되었다. 1967년부터 1994년까지 연평균 성장률은 3퍼센트에 불과했다.

기업과 투자자들은 결국 기업 파산의 파동과 미국 주가가 약 40퍼센트 하락하는 사태를 겪었다. 연방준비제도이사회의 의장인 앨런 그리스펀이 1996년에 묘사했던 대로, '비이성적 과열'에 대한 대가를 치른 것이다. 2000년과 2003년 사이에 순 사업 투자가 절반 이상 감소했다. 같은 기간 미국 사업 부문의 경상수지는 미국 생산량의 -5퍼센트에서 GDP의 1퍼센트가 넘는 흑자로 돌아섰다. 이러한 경험으로 인해 미국 기업들은 투자를 줄이고, 비용 조절에 집중하며, 이익을 비축하는 쪽을 택했다. 내구재 제조능력은 2000년 이후 매년 평균 1퍼센트 증가에 그쳤다. 미국의 전체 생산능력은 거의 20년 전 거품이 붕괴된 이후 총 10퍼센트 증가에 그쳤다.[3]

독일에서처럼 기업 우선권의 변화는 노동자와 투자자 사이의 분할에 변화를 일으키는 식으로 나타났다. 기업의 순 부가가치의 한 부분에 해당하는 직원 보상은 2001년과 2007년 사이에 9퍼센트 포인트 하락했다. 동시에 이자, 배당, 주식환매, 이익잉여금 등 투자자들에게 지급되는 몫은 6퍼센트 포인트 상승했다. (나머지는 정부가 거두어들였는데, 손해를 보는 기업이 줄어들면서 이익에 대한 세금이 늘어나는 형식을 취했다.) 2000년 말과 2006년 중반 사이에 증가한 기업의 총 순가격* 중 37퍼센트만이 노동자들에게 돌아갔는데, 이는 채권자들과 주주들에게 돌아갔던 증가 비율에 약간 못 미치는 것이었다. 이것은 대체로 같은 기간 동안 독일에서 일어난 일과 유사했다.

미국 기업들은 금융위기 이후 더욱 더 자제하고 있다. 물가 상승과 가치하락을 제외한 후, 2017년에 기업의 투자 지출은 2000년보다 2퍼센트 줄었다. 감세라는 일회성 혜택 덕분에 2018년에 투자가 급증했지만 2000년부터 2018년까지 연평균 성장률을 겨우 1퍼센트 미만으로 끌어올렸을 뿐이었다. 셰일(퇴적암의 일종) 생산자들과 몇몇 기술 스타트업들은 특별히 예외지만, 대부분의 미국 기업들은 연구, 개발, 투자 지출에 필요한 비용보다 훨씬 더 많은 현금 흐름을 창출해왔다.

이러한 흑자 덕분에 2010~2014년에 미국의 비금융 기업들은 창출한 순가격의 거의 18퍼센트를 채권자와 주주들에게 지급할 수 있었다. 투자자들은 이 시기에, 1920년대 이래 그 어느 때보다도 더욱 이익을 보았다. 2008년 초부터 2014년 말까지 투자자들은 기업의 순 부가가치 총 증가액의 34퍼센트를 지급받았는데, 이는 2001~2006년에 발생했던 수치와 비슷했다. 더욱 최근에는 독일처럼 노동자들에게 약간의 자산균형 재조정을 하고 있지만, 노동자들은 여전히 2000년대 이전보다 훨씬 더 가난하다.[4]

---

* 모든 협력 업체의 부대비용과 할인을 고려한 가격.

재정 정책이 잘못된 것인가?

미국 정부가 너무 많이 소비하고 세금을 너무 적게 부과하기 때문에, 경상수지 적자에 대한 책임은 미국인에게 있다는 광범위하고 초당적인 합의가 있다. 존 메이너드 케인스의 저명한 전기 작가인 로버트 스키델스키는 2005년에 '미국은 미국인들의 낭비성 소비에 경제를 적응시키기 위해 다른 나라들에 의존해왔다'고 불평했다. 그는 미국 정부에게 증세와 지출 삭감을 어느 정도 조합해 '내수를 줄이자'고 제안했다. 로널드 레이건 행정부 출신의 두 전직 관료인 조지 슐츠와 마틴 펠드스타인은 2017년 스키델스키의 견해를 다시 한번 반복했다. 이들에 따르면, 미국의 '지속적인 대규모 예금 인출 행위인 연방 적자 지출'이 무역 불균형을 초래한 원흉이라고 한다. 그들이 내놓은 해결책은 '소비량을 조절하는 것'이다. 불과 몇 달 뒤인 2018년 버락 오바마 대통령 시절 경제보좌관회의 의장을 지낸 제이슨 퍼먼이 "무역적자가 증가하는 것을 막으려면 미국이 '연방 예산 적자 감축'을 통해 국가 저축을 늘려야 한다"고 주장했다. 그는 또한 미국인들에게 '다른 사람들을 비난하지 말고 우리 자신을 살펴봐야 한다'고 했다. 노벨상 수상자인 좌익 경제학자 조지프 스티글리츠 또한 '미국이 저축을 너무 적게 해왔다'며 '소비지출을 줄여 '국가 저축을 늘리는 것'이 미국 무역을 재조정하는 가장 좋은 방법'이라고 주장했다.[5]

　미국 정책에 대해 비난할 것은 많지만, 이러한 비평은 잘못되었다. 어떤 개인적인 개별 부문의 지출과 저축에 대한 결정은 국가의 전반적인 경상수지를 거의 설명하지 못한다. 처음에는 이것이 직관에 반대되는 것처럼 보일 수 있지만 말이다. 중요한 것은 가계, 기업, 정부의 지출과 저축 결정을 결합한 효과와 그러한 전반적인 결합 효과를 주도하는 왜곡이다.

예를 들어, 일본에서는 노동자들이 은퇴하면서 1990년대 초반부터 가계의 저축률이 꾸준히 낮아졌다. 지난 10년 동안 일본의 개인 저축률은 근본적으로 '0'이었다. 동시에 일본 정부는 1990년대 초반 이래로, 대규모의 지속적인 예산 적자를 GDP의 평균 6퍼센트 정도 가지고 있다. 그러나 일본은 지속적으로 막대한 경상수지 흑자를 내고 있다. 정의에 따르면, 국가 저축은 국가 투자를 훨씬 능가한다. 이것은 일본의 경우, 기업 마진이 높은데다 일본 기업들이 국내 투자를 극도로 꺼리기 때문이다. 기업의 흑자는 정부와 가계의 적자를 능가할 만큼 크다. 통합체제는 개인 부문이 '낭비할' 때조차도, 높은 저축과 경상수지 흑자를 낳는다.[6]

마찬가지로 미국의 경상수지 역시 정부가 더 엄격한 재정 정책으로 소비를 억제하려 했더라도 크게 다르지 않았을 것이다. 미국 정부의 다양한 계층이 결합된 예산 균형이 민간 부문의 행태를 거의 완벽하게 반영하고 있기 때문이다. 세금을 대폭 인상하고 정부의 예산을 삭감하면 가계와 기업의 소득을 빼앗는 셈이다. 소비와 투자는 감소하지만 소득이 떨어지는 만큼 떨어지지는 않는다. 그 결과 민간 부문의 저축은 감소하고 국가 저축률은 그대로 유지된다. 이와는 대조적으로 낮은 세금과 높은 정부 지출은 민간 부문의 수입을 증가시킨다. 그러한 추가 수입의 일부는 소비와 투자에 쓰이지만 일부는 금융 자산을 매입하는 데 사용된다. 적어도 미국에서는 재정 정책이 전반적인 저축 규모보다는 경제의 여러 부문 간 저축 분포에 주로 영향을 미친다.

실제로 총 경상수지 적자는 재정 규율을 하는 동안에는 확대되고, 대규모 예산 적자가 발생하는 동안에는 위축된 사례가 많았다. 미국 정부의 예산수지 변화는 미국의 전반적인 경상수지 변화와 좀처럼 일치하지 않는다. 민간 부문의 행태는 적어도 그만큼 중요하다.

재정 정책의 변화가 경상수지의 변화를 설명한다는 믿음은 1980년대에 시작되었다. 그러나 그 이후 미국이 겪은 거의 모든 상황은 경상수지가 재정적자에 따라 움직이는 것이 아니라는 사실을 보여준다.

1983년 초부터 1985년 말까지 미국은 균형 잡힌 경상수지에서 GDP의 3퍼센트에 해당하는 적자로 돌아섰다. 같은 기간 미국 연방정부, 주정부, 지방정부의 집단적 재정적자는 1980년대 초 경기침체에서 회복되면서 GDP의 약 8퍼센트에서 6.5퍼센트로 줄어들었다. 이러한 긴축 재정은 미국 가계와 기업들이 상쇄하고도 남았는데, 그들의 통합 흑자가 GDP의 약 8퍼센트에서 겨우 3.5퍼센트로 급감한 것을 알았다.

1987년까지 재정적자는 지속적인 경제 성장과 세금 인상으로 인해 GDP의 5퍼센트로 줄어들었지만, 민간 부문의 흑자가 GDP의 2퍼센트 이하로 계속 감소하면서 완전히 상쇄되었다. 1992년 미국은 다시 침체 국면에 들어섰고 재정적자는 GDP의 7.5퍼센트로 돌아섰다. 그러나 미국의 민간 부문이 GDP의 거의 7퍼센트에 가까운 상당한 흑자로 돌아섰기 때문에, 경상수지 적자는 GDP의 1퍼센트 미만이었다. 1996년 중반까지 미국의 경상수지 적자는, 재정적자가 1970년대 이래로 가장 적은 수치인 GDP의 4퍼센트로 줄어들었음에도 불구하고, GDP의 1.5퍼센트로 약간 증가했다. 정의상 그 차이는 민간 부문의 흑자가 GDP의 2.5퍼센트로 다시 붕괴되었기 때문인 것으로 설명할 수 있다.

미국의 경상수지 적자는 1990년대 후반까지 확대되어 2000년까지 GDP의 4퍼센트에 달했다. 미국인들은 19세기 이후 어느 때보다도 더 많은 돈을 집단적으로 쓰고 있었다. 이는 1950년대 이후 처음으로 미국 정부 예산이 균형을 이루면서 발생했다. 재정 정책은 급격히 강화되었지만, 이는 가계와 기업들에 의해 그 이상으로 상쇄되었다. 그 결과 흑자를

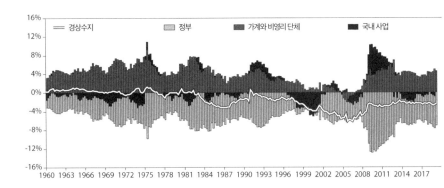

도표 6.2 **미국의 재정 정책은 경상 수지를 움직이지 않는다.** (GDP에서 차지하는 총 잔고에 대한 기여)

출처: 경제분석국; 매튜 클라인 계산

GDP의 4퍼센트에 달하는 적자로 전환시켰다. 이러한 예금 인출은 주로 기업 부문에서 추진했는데, 기업 부문은 수익성이 하락했음에도 불구하고 투자 폭증에 빠져 있었다. 미국 가계들은 또한 1990년대에 수입에 비해 더 많이 지출하고 있었다.

2003년 중반까지 미국의 경상수지 적자는 GDP의 약 4.5퍼센트로 2000년보다 약간 더 커졌지만 많지는 않았다. 그러나 민간 부문과 정부가 합쳐지면서 급격히 변했다. 정부 흑자가 GDP의 7퍼센트에 달하는 적자가 되었으나, 이는 4퍼센트 적자에서 GDP의 약 2.5퍼센트 흑자로 전환된 민간 부문에서 대부분 상쇄했다.

정부의 재정상태에서 7퍼센트 포인트의 변화는 미국의 국제 수지에 거의 영향을 미치지 않았다. 왜냐하면 그것은 민간 부문의 행태가 변하면서 거의 완전히 상쇄되었기 때문이다. 특히 마진이 개선되는 그 순간에도 투자 지출을 감축시켰던 기업 부문의 변화 때문이다. 미국의 경상수지 적자는 그때부터 2006년까지 계속 커져 미국 경제의 6퍼센트를 약간 웃돌았다. 그러나 이는 민간 부문이 2.5퍼센트의 흑자에서 2.5퍼센트의 적자로 전환했기 때문에, 결합된 정부 예산 적자가 GDP의 3.5퍼센트로 줄어들면서 동시에 발생한 것이다. 가계와 기업은 이러한 변화에 거의 동등하게 기여했다. 1990년대 후반과 마찬가지로, 재정적 건실함은 외화가 그 이상으로 상쇄했다.

금융위기는 기본적인 패턴은 같지만 그 반대였다. 2006년 중반에서 2009년 중반 사이에, 미국 정부의 총 예산 적자는 GDP의 거의 10퍼센트 포인트까지 폭발적으로 증가했다. 이는 GDP의 13퍼센트 포인트에 달하는 저축률의 변화를 경험했던 미국 가계와 기업들에 의해 그 이상으로 상쇄되었다. 미국의 경상수지 적자가 GDP의 3퍼센트 이하로 급격히 축소되는 복합적인 효과가 일어났다. 그때 이후로 미국은 소득에 비해 총지출은 크게 변하지 않았다. 경상수지 적자는 GDP의 2퍼센트와 3퍼센트 사이에서 꾸준히 유지되어왔다.

변화를 보인 것은 공공 지출과 민간 지출의 혼합에서다. 2017년 말 감세안이 통과되기 전, 미국 정부 예산 적자가 GDP의 약 5.5퍼센트로 축소된 반면, 민간 부문 흑자는 3퍼센트로 줄었다. 이는 주로 인플레이션과 화폐 가치하락의 결과, 정부 투자 지출이 대폭 삭감된 데 따른 것으로 2008년 정점과 2014년 경기 침체 사이에 62퍼센트나 감소했다. 그 이후 완만한 회복세를 보였지만, 실질 투자 지출은 1980년대 초반 이후 어느 때보다도 훨씬 낮다. 사용액이 줄어든 것은 일부 이후 역행하기 시작한 군사비 절감 때문이라고 볼 수 있지만, 대부분은 국가와 지역 차원에서 사회 기반 시설 투자와 유지 보수에 들이는 비용을 삭감했기 때문이다. 감세안이 통과된 후, 전체 정부 예산 적자는 GDP의 약 7퍼센트로 확대되었다. 그러나 지금까지 경상수지에 미치는 영향은 미미하다고 할 수밖에

없었다. 왜냐하면 국내 민간 흑자가 GDP의 4.5퍼센트에 상응하게 증가했기 때문이다.[7]

　미국의 가계와 기업과 정부가 선택해온 것들로는 미국이 왜 광범위한 경제 상황에서 지속적으로 경상수지 적자를 운영해왔는지를 이해하기는 충분하지 않다. 한 부문이 지출을 줄일 때마다, 다른 부문이 그 자리를 차지하기 위해 개입한다. 미국의 가계와 기업, 정부가 해외에서 유입되는 금융에 대응해 행동을 조정하는 등 경상수지를 독립적인 변수로 생각하는 것이 더 도움이 된다. 사채와 공채, 또는 기업 자본 지출과 주택 건설 사이의 특정한 혼합은 주로 미국의 국내 조건과 정책이 하는 기능이다. 그러나 총결산 결과는 미국의 국경 밖에서 결정된다.

　이것이 바로 미국이 독일과 매우 비슷한 특성이 많은데도 지속적으로 경상수지 적자를 운영하고 있는 이유다. 미국과 독일의 주요 차이점은, 미국은 지속적인 경상수지 적자가 아니어도 외국인들의 미국 자산에 대한 욕구가 왕성하다는 점이다. 결과적으로 미국 자산을 향한 욕구는 미국의 국가 부채와 그에 관련된 의무들이 국제 금융 시스템에서 수행하게 된 특별한 역할 때문이라고 설명할 수 있다.

　오늘날의 시스템을 이해하는 가장 쉬운 방법은 시스템이 어떻게 진화했는지 살펴보는 것이다. 다소 놀랍게도 국제 통화 시스템은 지난 2세기 동안 많은 핵심 특징들을 유지해왔다. 달러의 우위, 즉 미국의 지속적인 경상수지 적자를 수긍하게 하는 근본적인 변화는 대공황 기간에 벌어졌던 금본위의 붕괴다. 그 후 90년 동안 거듭 노력했지만, 어느 나라도 적절한 대체품을 만들어내지 못했다. 그다음으로 좋은 대안은 세계 준비자산으로서 달러를 중심으로 한 정권이었다. 그렇다면 준비자산이란 무엇이며 존재 이유는 무엇인가?

준비자산 이해하기

돈은 사람들이 빚을 갚기 위해 사용되는 것이다. 많은 종류의 돈이 동시에 공존할 수 있지만, 모든 형태의 돈이 모든 시점에서 받아들여지는 것은 아니다. 채권자들이 받아들이는 위계가 있다. 채권자들이 낙관적일 때, 그들은 더 낮은 위계에 있는 지불 방식도 받아들인다. 채권자들이 불안을 느끼게 되면 지불받는 방법에 대해 더욱 까다롭게 군다. 지폐를 주식 자산보다 우선한다. 준비자산(Reserve Assets)은 자금인 것이 확실하기 때문에 돈의 위계 단계에서 최상위에 있다. 준비자산의 가치는 정부의 권위와 국민적 합의의 결합에서 비롯된다. 사람들은 돈이 가장 필요할 때 유용할 것이라고 확신하기 때문에 준비자산을 가지고 있는 것이다.

금은 수세기에 걸쳐 궁극적인 준비자산이었다. 금은 파괴하기 어렵고, 금의 공급은 해마다 거의 변하지 않으며, 금의 가치는 어느 누구의 신용도에 의존하지 않는다. 은행들은 고정 금액의 귀금속을 상환할 수 있는 어음을 대중에게 발행하기도 했다. 처음에 은행들은 예금주들 대신 금을 보관해줌으로써 돈을 벌었다. 이후 상환어음이 돈의 역할을 할 수 있다는 사실이 명백해지자 은행들은 보유한 금값보다 더 많은 어음을 발행하고 추가 어음을 이용해 대출을 해주고 이자를 받아 돈을 벌었다. 이러한 일은 대부분의 사람들이 금 대신에 은행 어음을 갖는 것에 만족하는 한 효과가 있었다.[8]

즉시 상환할 수 있는 어음들이 장기 대출을 뒷받침하는 데 이용되고, 어음을 보유한 많은 사람들이 동시에 어음을 금으로 상환하려고 했을 때 문제가 발생했다. 은행들은 단순히 '전환 유예'라는 말로 어음을 금으로 바꾸어주는 것을 거부했을 것이다. 어떤 때에는 은행들이 돌려주어야 하는 금의 일부만 내어줌으로써 채권자들을 달래려고 했던 적도 있다. 어느 쪽이든 은행들은 그들의 의무를 다하지 못했다. 어음을 갖고 있던 사람들은 갑자기 그들의 돈이 생각했던 것만큼 좋지 않다는 것을 깨달았다. 스스로를 더 가난하다고 믿게 된 그들은 지출을 줄이고 자산을 팔아 더 높은 위계에 있는 돈을 보유했다. 수많은 은행들이 동시에 타격을 입게 되자, 금융위기라는 결과가 펼쳐졌다.[9]

이러한 위기에 대응해 중앙은행들이 등장했다. 그들은 은행들이 보유하고 있는 다른 자산을 요구하는 대가로 민간 은행들에게 금을 빌려줄 수 있었다. 부당하게 겁에 질렸던 채권자들은 자신들이 지닌 어음을 금으로 바꿀 수 있을 것이고 위기는 결국 중단될 것이다. 엄밀히 따지면 상환 능력이 있지만 자산과 부채의 만기가 맞지 않아, 요구하는 즉시 부채를 상환하기가 힘들게 된 은행을 보호하는 것이 핵심이었다. 적어도 이론상으로는 오직 지불불능인 은행만이 파산할 것이다. 이러한 최종대출자(중앙은행)들은 금을 받고 내어줄 자신들의 지폐를 발행했다. 지폐가 운반이 더 쉽고 마음대로 인쇄할 수 있었기 때문이다. 은행들은 결국 중앙은행에 금을 예치하고, 이러한 중앙은행의 지폐를 자신들의 주요 준비자산으로 보유하게 되었다. 금은 여전히 전체 시스템을 뒷받침해주었지만, 금 페그*의 신뢰도는 민간 대출자에서 국가 정부로 옮겨졌다.

19세기에 이르러 이러한 과정은 특정 중앙은행, 특히 잉글랜드 은행(영국의 중앙은행)의 채무를 거의 금과 같은 준비자산으로 바꾸었다. 마찬가지로 가장 신뢰할 수 있는 영국 은행들에 대한 청구권을 대영 제국 밖에서 행사하는 경우에도 금과 거의 동등하게 간주되었다. 금본위제는 사실

---

* 특정 국가의 통화에 자국 통화의 환율을 고정해두는 화폐를 말함.

상 지폐본위제가 되었다.

제1차 세계대전 전날, 잉글랜드 은행은 세계 금 보유량의 거의 3.4퍼센트만 갖고 있었고, 그리고 지폐의 5퍼센트도 안 되는 금액만이 다시 금으로 바뀌었다. 그러나 세계의 많은 정부들은 수입과 외채를 충당하기 위한 준비자산으로 영국 파운드화를 보유하는 것이 편하다고 생각했다. 4대 경제대국(프랑스, 독일, 영국, 미국) 외에 다른 정부가 발행한 통화는 전체 준비자산의 약 3분의 1을 차지했다. (나머지는 금괴였다.) 프랑스 프랑화와 독일의 라이히스마르크*가 더 성행했던 유럽 대륙과 미국 달러로 준비자산을 가지고 있는 캐나다를 넘어, 파운드화가 단연 지배적인 준비통화였다. 예를 들어, 1913년 일본이 보유했던 준비자산은 금이나 다른 외화보다는 거의 영국 정부와 은행들이 발행한 금융 청구 형태를 취했다.[10]

전쟁 기간 동안 미국을 제외한 모든 강대국들은 종이 화폐를 물리적 금으로 전환하는 것을 유예했다. 각국 정부는 전쟁 물자들에 대한 대가를 치르기 위해 돈을 인쇄하고 있었고, 만약 그들이 지폐를 가지고 있는 사람들에게 지폐를 금과 교환하도록 허용했다면 금은 금세 고갈되었을 것이다. 1922년 제노바 회의에서 강대국들은 전쟁 전의 금본위제와 유사한 상태를 회복하기로 합의했다. 목표는 인플레이션을 멈추고 정상으로 돌아가는 것이었다.

전통적인 금본위제에서 각국의 국내 신용공급은 자국 정부와 은행이 보유하고 있는 금의 양에 따라 제한되어야 했다. 민간 대출업자들은 무제한으로 서면 청구를 할 수 있었지만, 그러한 청구가 궁극적으로 한정된 금과 교환되어야 하는 것이기에 무제한 서면 청구를 단념했다. 이러한 제

---

* 독일에서 사용하던 마르크화, 1925~1948년.

약은 1913년 잉글랜드 은행의 제한적인 정화(正貨)준비금에서 증명되었듯이, 약하긴 했어도 그것이 현실이었다. 금의 유입은 추가 대출과 지출을 장려하기 때문에, 어느 나라든 금괴를 더 많이 받는 나라에서 가격과 생산이 증가하게 되는 것이 당연한 귀결이었다.

그러한 결합은 지속적인 글로벌 불균형*을 불가능하게 만들어야 했다. 흑자 국가들은 국내 신용공급을 늘리고 임금과 물가를 부풀리면 금을 받게 될 것이다. 그렇게 되면 수출 가격이 비싸지고, 수입과 지출은 늘어나게 된다. 적자 국가들은 신용공급을 줄임으로써 수출 가격을 낮추고 수입에 대한 지출을 줄일 수밖에 없을 것이다. 결국 무역 흐름의 변화는 금의 흐름을 역전시켜 흑자 국가들의 호황과 적자 국가들의 부진을 종식시킬 것이다. 조정은 고통을 없애주는 것이 아니라 균형을 잡도록 해줄 것이다.

복원된 금본위제는 1920년대에 실패했는데, 이는 프랑스와 미국의 국내 경제들이 금의 유입에 대해 통상적인 방식으로 대응하지 못함으로써 상당히 유연한 시스템이 될 수 있었던 기회를 놓쳤기 때문이다. 프랑스는 전쟁 전보다 훨씬 낮게 프랑화의 금 가치를 재설정했고, 이는 수입에 대한 지출을 억제하고 수출품의 가격을 낮추게 했다. 미국이 달러의 금 가치를 바꾸지 않는 동안, 유럽에 비해 금의 환율이 실질적으로 평가절하되었다. 왜냐하면 미국은 전쟁 기간 동안 인플레이션을 훨씬 덜 경험했고 또한 전쟁 후에는 인플레이션을 더욱 성공적으로 역전시켰기 때문이다. (이는 전쟁 중이나 전쟁 후의 국내 수요에 비해 미국의 생산능력이 우수했기 때문에 생긴 결과

---

* global imbalance; 1990년대 이후 미국의 경상수지가 지속적으로 적자를 보인 반면, 독일과 일본 등 여타 선진국과 중국, 신흥경제국들의 경상수지는 지속적으로 흑자를 보이는 현상.

248

였다.) 프랑스와 마찬가지로 이것은 미국의 수출 수익을 증가시킨 반면 수입에 대한 지출을 감소시켰다. 미국인들은 전후 독일에 대한 대출뿐만 아니라 전시 동맹국들에게 해주었던 대출에서도 상당한 이자를 받고 있었다. 다시 말해서 프랑스와 미국 모두 막대한 경상수지 흑자를 기록하고 있었다. 결론은 프랑스와 미국이 다른 나라들에서 많은 금을 받고 있었다는 얘기다.

이러한 금의 유입으로 프랑스와 미국은 소비력이 증가하고 프랑스와 미국의 수출품은 세계 시장에서 더 비싸게 거래되었어야 했다. 불균형은 스스로 바로잡혀야 했고 결국 금의 유입을 역전시켰어야 했다. 그러나 프랑스 은행(프랑스 국립은행)과 미국 연방준비제도이사회는 국내 인플레이션을 억제하고 국제적으로 경쟁력을 유지하기 위해 금 수입을 '무력화'시켰다. 프랑스와 미국에 유입된 금은 돈과 신용 거래를 확대하기보다는 세계 금융 시스템에서 사실상 사라졌다. 이러한 결정은 프랑스와 미국의 준비자산 보유량을 극적으로 증가시켰고, 세계 경제를 왜곡시켰으며, 결국 제노바에서 합의한 통화 체제를 파괴했다. 균형을 잡기 위한 채권자들의 조정은 없을 것이다. 1920년대에 적자 국가들은 국내 경제 상황을 희생시키면서 금에 대한 국제적 합의를 지키기로 선택했다.

그러나 대공황이 닥치자 이러한 선택은 더 이상 유지될 수 없었다. 금본위제에서 벗어나려는 유혹에 굴복한 첫 번째 나라는 1931년 9월에 페그를 포기한 영국이었다. 그해 말에 스칸디나비아의 나라들과 일본이 그 뒤를 따랐다. 아이러니하게도 미국의 금 보유고를 잃어버릴까봐 두려워하던 연방준비제도이사회는, 미국 정부가 1933년 금과 연결된 달러의 고리를 끊을 때까지 신용 조건을 까다롭게 하고 지급유예 사태를 악화시켰다. 프랑스가 가장 오래 기다렸고, 몇 년간의 국내 약세와 무역 경쟁력의 감소를 겪은 이후인 1936년에 마침내 프랑화를 평가절하했다. 독일은 연합국에 패배할 때까지 금에 대한 페그화를 엄밀히 지켰지만, 이는 외채를 경화로 지불한 사람들에게 사형을 선고하는 등 국외로 돈을 빼내는 행위에 대한 가혹한 통제를 통해 얻은 결과였다. 국제 금융 시스템과 단절된 나치 정권은 물물교환식 무역에 의존했는데, 표면적으로 이념적 적수인 소련에서 원자재를 얻기 위해 첨단 제조물들을 팔아 자신들이 필요한 것을 얻는 경우가 많았다. 1930년대가 저물어갈 때, 전쟁 전 금본위제와 전쟁 중의 금환본위제의 마지막 자취는 모두 사라졌다.[11]

브레턴우즈 회의, 달러의 상승, '과도한 특권'의 탄생

노르망디 상륙이 한 달도 채 지나지 않아, 연합군 44개국을 대표하는 720명의 대표단이 뉴햄프셔 주의 브레턴우즈에서 만나 전후 국제 무역과 금융의 전망에 대해 논의했다. 1920년대의 금환본위제는 실패였고 1930년대의 통화 무정부상태는 무역의 붕괴와 군국주의의 부상을 악화시켰다는 데 모두가 동의했다. 국제 협력과 경제적 안정을 도모하기 위해 새로운 질서가 필요했다. 문제는 이 새로운 질서가 어떻게 보일 것인가 하는 것이었다.

존 메이너드 케인스는 1919년 독일에 부과된 징벌적인 배상금을 강력히 반대했고, 1925년 과대평가된 환율로 금을 회복시키지 말라고 윈스턴 처칠에게 경고했으며, 경제 주기와 대공황에 대한 가장 뛰어난 분석 중 하나로 남아 있는 책을 썼다. 그는 브레턴우즈 회의에서 영국의 입장을 대변했는데, 1920년대의 불균형이 반복되는 것을 막고, 흑자와 적자 국가가 같이 조정비용을 부담하자고 주장했다.

케인스는 실제로 1920년대에 영국 경제가 과대평가된 환율을 유지하기로 결정함으로써 어떻게 훼손되었는지를 날카롭게 인식하고 있었다. (그러한 결정은 결국, 전쟁 전이나 전쟁 기간 동안 인도와 코먼웰스*의 거주자들이 축적한 막대한 자산의 가치를 보존하려는 영국의 열망에서 비롯되었다.) 영국은 전반적인 경상수지 흑자를 유지하는 동안, 수출 붕괴와 수입으로 인해 국내 산업이 이전함으로써 무역적자가 급증했다. 케인스는 국내 문제만큼이나 해외 문제 때문에도 지속적인 적자가 발생할 가능성이 높다는 점을, 다른 사람들이 거의 이해하지 못한 방식으로 이해했다.

케인스의 제안은 모든 무역금융이 단일한 '국제 청산 은행(International Clearing Bank)'을 통해 자체적인 결제 단위인 '방코르(bancor)'를 사용해서 결제할 수 있도록 하자는 것이었다. 각국이 방코르 계정을 개설하고, 수출을 해서 방코르를 벌고 누적된 방코르 잔액을 사용해 수입 대금을 지불하는 것이다. 국가들은 일정 금액까지 당좌대월(마이너스 통장)을 운용할 수 있지만 한도를 초과하게 되면 국내 환율을 내려야 할 것이다. 결정적으로 이 제안은 방코르를 너무 많이 보유하고 있는 나라들에게 방코르를 적게 보유하고 있는 나라들만큼 심하게 불이익을 주었다. 당좌대월의 한도는 실질적으로 균형을 이루어야 했으므로, 초과 방코르 잔액은 몰수되어 준비 기금으로 들어갈 것이다. 그렇지 않으면 흑자 국가들은 방코르 대비 환율을 높여야 할 것이다. 방코르를 제안했던 목표는 균형 잡힌 무역을 촉진하고 협력적인 환율 조정을 용이하게 하려는 것이었다.

미국은 이 계획을 거부했다. 미국 협상가들은 전 세계가 고정된 환율

---

* 영국과 과거 대영제국의 일부이던 국가들로 구성된 조직.

체계에서 국제 무역과 금융의 통화로서 달러를 사용하기를 원했다. 미국은 또한 돌이켜보면 어리석게도, 흑자와 적자 국가들에는 조정 부담을 분배할 수 있는 메커니즘(방법)이 없을 것이라고 주장했다. 경상수지 적자에 자금을 조달할 수 없는 국가들은 적자가 가치하락, 정부 예산 긴축, 실업 증가에서 발생했든 또는 여타 다른 메커니즘을 통해 발생했든 간에 단순히 국내 지출을 줄이고 국가 저축률을 높여야만 할 것이다. 반면에 흑자 국가들은 더 많이 지출함으로써 조정이라는 압력을 피하려 할 것이다. IMF는 달러 대비 환율을 사수하려고 애쓰는 국가들에게 일시적으로 긴급대출을 제공할 것이다. 각국은 달러 대비 환율을 평가절하할 수 있지만, IMF의 명시적 승인이 없는 한 제한된 금액만큼만 할 수 있다.

당시 미국은 대규모 흑자로 인해 불이익을 당하거나 세계 최대 채권국으로서의 지위를 희생하고 싶지 않았기 때문에 이것은 미국에게도 괜찮은 거래처럼 보였다. 그러나 미국인들은 자신들의 국내 지출이 전쟁 물자로 인해 부풀려진 것이며 전쟁이 끝난 후에는 감소할 것이라고 믿었다. 게다가 미국인들은 (정확히 말하면) 유럽과 아시아가 파괴된 나라를 복구하기 위해서는 자신들의 풍부한 생산능력이 필요할 것이라고 예상했다. 미국의 대규모 무역흑자와 그에 상응하는 금융 유출은 (두 차례의 세계전쟁으로 분열된 세계를 재건하는 데 필요한) 세계 경제에 좋은 것이지, 불이익을 받아야 하는 바람직하지 않은 불균형은 아닐 것이다.

미국이 제안한 시스템은 세계의 나머지 중앙은행들이 미국 정부의 채무를 준비자산으로 보유하도록 장려했다. 이것은 금본위제를 달러본위제로 대체한 자연스러운 결과였다. 금본위제와 마찬가지로 중앙은행들은 지폐의 가치와 준비자산 사이의 연결고리를 관리해야 했다. 동시에 중앙은행들은 위기 상황에서 민간 은행에 긴급 대출을 해줄 수 있어야 했다.

미국 연방준비제도이사회의 경우 준비자산이 미국 달러였기 때문에 이점은 쉬웠다. 환율 걱정 없이 필요한 만큼 만들어낼 수 있었다. 나머지 국가에서 국제 우선순위와 국내 우선순위 사이의 이러한 긴장은, 필요할 때 끌어다 쓸 수 있는 달러표시 자산을 축적해두어야만 해결될 수 있는 문제였다.

이 역시 당시에는 미국에게 괜찮은 거래인 듯 보였다. 그것은 차입 비용을 억제하고 세금을 줄이고 사람들이 원하는 것에 더 많은 돈을 쓸 수 있는 자원을 확보할 수 있는, 부채의 전속 시장*을 만들었다. 그것은 또한 미국 정부가 외국 정부보다 국내 지출을 부풀리는 데 훨씬 더 많은 능력을 갖고 있다는 것을 의미했다. 말하자면, 달러본위제에서는 방어할 환율 페그가 없었다. 프랑스 샤를 드골 대통령 시절의 재무장관인 발레리 지스카르 데스탱은 결국 이러한 점들을 미국의 '과도한 특권'으로 규정했다.

유럽인들은 미국의 체제 남용에 대항해 보호받고 있었기 때문에 이 협정을 마지못해 받아들였다. 즉, 온스당 35달러의 고정환율로 달러는 금으로 교환할 수 있었다. 미국이 동맹국들의 신뢰를 유지하는 한, 전후 통화 체제는 지속될 것이다. 만약 그러한 동맹국들이 미국이 자국 통화를 평가절하함으로써 자신들을 이용하고 있다고 믿는다면, 그들은 그들의 달러를 금으로 전환함으로써 그들의 보유고의 가치를 보존할 수 있을 것이다.[12]

---

* 선택의 여지없이 특정 상품을 사지 않을 수 없는 소비자층.

우리의 통화, 하지만 당신의 문제

로베르 트리핀은 벨기에의 통화 경제학자로, 1939년에 하버드 대학교에서 가르치기 시작했고 3년 후 미국 시민이 되었다. 1950년대 후반까지, 그는 브레턴우즈 정권이 본질적으로 불안정하다고 믿었다. 왜냐하면 달러 의무가 금 공급보다 더 빨리 성장하는 내재적인 경향 때문이다. 외국인이 얼마나 많은 달러를 보유할 수 있는지는 제한이 없었지만, 켄터키 주 포트녹스의 보관소에 있는 금의 양은 한계가 (그리고 줄어들고) 있었다. 미국 정부는 구 금본위제 체제의 은행과 같았는데, 그 은행은 줄어드는 보유고를 항상 초과해서 점점 많은 어음을 발행하며 그 차액에서 이익을 얻지만, 항상 대규모 인출사태에 취약하다. 그는 1959년 10월 의회에서 "우리는 오랫동안 대출을 해주었다(심지어 자금을 내어주기도 했고). 단기로 돈을 빌리고 금을 잃어가면서."[13] 라고 증언했다.

1950년대 내내, 미국인들은 버는 것보다 더 적게 소비했다. 외국 원조를 제외하고, 1950년대의 평균 경상수지 흑자는 GDP의 약 1퍼센트에 해당하는 금액이었다. 이것은 또한 정의상, 미국인들이 해외에서 구입한 자산이 외국인들이 미국에서 구입한 자산보다 더 많다는 것을 의미했다. 문제는 경상수지 유입이 금융수지 유출보다 현저히 적다는 점이다. 수지는 단지 미국인들이 유한한 준비자산 공급에 대한 청구권을 매도함으로써, 외국인 투자금의 일부를 지원하고 있었기 때문에 균형을 이루었다. 달러는 과대평가되었지만, 미국인들은 통화가치가 하락하도록 두지 않고, 부당한 페그를 유지하기 위해 금에 대한 청구권을 해외로 이전하고 있었다. 1950년대 말에, 외국인들은 달러 보유고를 물리적 금으로 전환할 권리를 행사하기 시작했다. 미국의 금 보유고는 1957년 말과 1959년 말 사이에 약 15퍼센트까지 떨어졌다. 처음에는 영국 거주자들이 해당 년도에 가장 적극적으로 달러를 금으로 바꾸었고, 나중에는 프랑스인들이 그렇게 했다.

트리핀은 미국이 실제 보유한 금과 미국 금에 대한 외국의 청구권 사이에 점점 더 불일치가 심해지는 것 자체가 달러의 신용을 해치는 것이며, 자체적으로 보강하는 과정에서 달러를 금으로 전환되는 것을 더욱 가속화함으로써 위기를 촉발시킬 것이라고 우려했다. 외국 중앙은행들은 한꺼번에 달러를 금으로 바꾸려고 할 것이고, 일부는 성공하지만 대부분은 실패할 것이다. 세계은행이 발행한 어음에는 의문이 제기될 것이고, 돈과 신용은 붕괴될 것이며, 세계 경제는 디플레이션과 불황에 빠져들 것이다. 미국 정부는 금 페그를 보호하기 위해 외국인의 달러 보유량을 제한하려 할 수 있지만, 이것은 '세계 경제의 팽창하는 국제 유동성 조건을 충족시키고 있는 주 공급원(미국)을 세계의 나머지 나라들에게서 빼앗아버리는 결과가 될 것이다'. 트리핀의 '딜레마'는 지속 불가능한 글로벌 금융모델 또는 끊임없이 억제당하는 신용 사이의 선택이었다.[14]

존 에프 케네디가 만만찮은 대권 도전자로 떠오르자 상황은 더욱 악화되었다. 그는 사회보장 지출 확대, 감세, 군비 재정비 등을 공약으로 한 선거운동을 벌였는데, 이는 인플레이션 위험을 감수하자는 것으로 보였다. 미국의 금 보유고는 1960년에 9퍼센트 더 떨어졌다. 영국, 스위스, 네덜란드, 프랑스, 벨기에가 주요 수혜국이었다. 더욱 걱정스러운 것은 런던에서 거래된 금괴의 가격이 1960년 10월 온스당 거의 40달러로 치솟아 공식 환율인 35달러를 훨씬 웃돌았다는 점이다. 비록 연방준비제도이사회와 잉글랜드 은행이 공동으로 개입한 이후 급등락은 진정되었지만, 그것은 충분히 일어날 수 있는 일에 대한 경고였다.[15]

이에 대응해, 뉴욕 연방준비은행은 유럽인들에게 달러로 그들의 보유 고를 유지하도록 설득하기 위해 바젤에 있는 국제결제은행에 대표들을 파견하기 시작했다. 미국과 유럽의 7개 동맹국들은 온스당 35달러의 국제 금 가격을 고정시키기 위해 런던 골드풀*을 결성했다. IMF는 유사시 미국에 금을 빌려줄 수 있는 새로운 권한을 부여받았다. 연방준비제도이 사회는 통화를 대출하거나 대출받기 위해 외국의 중앙은행들과 국제 금융 라인을 구축했다. 미국 재무부는 유럽인들이 금을 회수하는 것을 막기 위해 독일 마르크와 같은 외국화폐로 표시된 이른바 루사 채권을 발행했다(그 이름은 재무부 공무원 로버트 루사에서 유래했다). 의회는 미국인들의 해외 투자를 막기 위해 '이자 평준화 세금'을 통과시켰다. 외국 원조를 받은 나라들은 미국 수출에 달러를 쓰라는 지시를 받았다.[16]

트리핀을 포함해서 많은 사람들이 놀랍게도, 이러한 조치들은 브레턴 우즈 체제를 10년 더 고수하도록 만들었다. 하지만 그것만으로는 충분하지 않았다. 미국은 1957년 말과 1968년 3월 사이에 거의 1만 미터톤(1000만 kg)의 금 매장량을 잃었는데, 이는 전체 보유량의 딱 절반이 넘는다. 프랑스와 영국이 함께 그중 약 절반을 얻었고, 나머지는 대부분 오스트리아, 벨기에, 네덜란드, 스페인, 스위스 같은 서유럽으로 갔다.[17]

이렇게 어마어마한 유출로 인해, 골드풀은 온스당 35달러의 금 시세를 유지하는 것이 불가능해졌다. 1968년 3월, 카르텔은 강제로 폐쇄되었고 미국은 중앙은행들에게 오직 법정가격인 35달러로만 달러와 금을 교환할 수 있는 권리를 허용하겠다고 선언했다. 그 결과는 2개로 분리된 층

---

* Gols Pool: 런던 자유 금시장에서의 금가격을 공정가격(1온스=35달러) 가까이 유지함으로써 투기적인 변동과 그에 따른 국제적인 환시세의 혼란을 방지하기 위해 구미 8개국의 중앙은행 사이에서 1961년 10월에 합의된 제도.

화시장*이었다. 중앙은행들은 이론상 금을 온스당 35달러에 거래할 수 있는 반면, 나머지 국가들은 1969년까지 온스당 43달러 이상으로 금을 거래하고 있었다. 그러나 금값은 1969~1970년의 경기 침체 덕분에 그해 말에는 35달러로 다시 떨어졌다.

1971년 중반이 되자 상황은 다시 바뀌었다. 런던 금값은 5월까지 40달러를 넘어섰고, 분데스방크는 달러 대비 독일 마르크가 변동하는 것을 허용하기로 결정했다. 8월까지 미국의 금 보유와 실업률 증가, 무역수지의 급격한 악화로 인해, 리처드 닉슨 대통령은 달러의 금 전환을 종료시켰다. 브레턴우즈 체제는 마침내 막을 내렸다.[18]

미국 달러화를 가진 외국인들이 보유 지분을 금으로 바꾸는 것을 거절했다면, 브레턴우즈 체제는 훨씬 더 오래 지속될 수 있었을 것이다. 세계은행은 나머지 국가들에 대한 장기 청구권을 쌓으며 단기예비자산을 점점 더 많이 팔면서 대차대조표를 계속 늘려갔을 것이다. 문제는 인플레이션이었다. 달러는 상품과 서비스(금을 채굴하기 위해 고용된 상품과 서비스를 포함해서)에 대한 가치를 계속 잃었다. 미국의 소비자 가격은 1958년 초부터 1970년 말까지 약 40퍼센트 상승했지만 금의 공식 가격은 변동이 없었다. 이것은 금 생산자들의 이윤에 타격을 입혔고 공급이 충분히 확대되지 못하도록 막았다.[19]

더욱 중요한 점은 고정환율제가 미국의 인플레이션을 전 세계에 수출했다는 점이다. 존 코널리 재무장관은 유럽 국가들의 재무장관들과의 자리에서 달러는 "우리의 통화고, 거기서 생긴 문제는 당신이 해결할 일이

---

* two-tiered market, 특정집단이나 유형의 주식들이 이와 유사한 특성을 지닌 다른 증권들보다 선호되어 높은 주가 이익비율(PER)에 거래되는 시장.

다(our currency, but your problem)."라고 말했다. 샤를 드골은 미국인들이 세금을 올리거나 수입에 드는 지출을 줄이지 않고도, 동남아시아의 공산주의자들과 값비싼 전쟁을 치르거나 국내의 빈곤에 맞서 싸울 수 있다고 불평했다. 독일 지도자들은 좀 더 신중했지만, 1960년대 후반의 물가 상승을 가속화시킨 미국의 낭비를 비난했다. 그들은 브레턴우즈 체제가 무너질 때까지 달러를 금으로 대체함으로써 합리적으로 대응했다.

일부 경제학자들은 나중에 미국의 정책 입안자들이 인플레이션을 더 효과적으로 억제했다면 국내 실업률이 훨씬 더 높아지도록 용인함으로써, 유럽인들이 브레턴우즈 체제를 무너뜨려야 한다고 결코 느끼지 못했을 것이라고 주장했다. 만약 그랬다면 세계는 금본위제를 대체하기 위해 연방준비제도이사회가 전 지구를 위한 통화 정책을 수립하면서 점차적으로 글로벌 달러본위제를 채택했을지도 모른다. 그러나 그 당시 세계는 통화 무정부 상태처럼 느껴지는 시기에 돌입했다. 환율은 1970년대와 1980년대에 크게 요동쳤다. 유럽인들, 특히 프랑스인들은 이를 너무 싫어해서 의도적으로 고정환율제를 다시 만들려고 노력했고, 결국 변동 환율제의 통화를 요구했던 미국인과 그 경제학자들에 대해 드골주의자로서 비난하며 유로화를 확립했다.

그러나 유럽인들은 미국의 지나친 특권과 수입 인플레이션에 대해 불평을 퍼부으면서도, 미국 소비에서 비롯되는 이익을 얻으면서 시스템의 결함을 더욱 악화시키려 했다. 유럽인들은 그들의 수출품을 미국 시장에 팔았고, 소련으로부터 자신들을 보호하기 위해 미국의 군사 지출에 의존했다. 유럽의 복지 국가들은 외부의 강한 수요와 국방 예산의 절감이 없었다면 감당할 수 없었을 것이다. 미국이 금에 대한 고정 달러를 지속하지 못한 것은 유럽의 번영을 도왔던 바로 그 힘 때문이었다. 당시 해결책은 금과 연결되는 고리를 끊는 것이었다. 그러나 이것이 근본적인 문제를 해결하지는 못했다. 외국인들의 미국 자산에 대한 수요는 1971년 이후에야 증가했으며, 이는 세계와 미국 경제를 점점 더 왜곡시켰다.[20]

과잉 저축, 중상주의 조작, 브레턴우즈 II

세계는 결국 새로운 정권에 적응했다. 뉴질랜드와 스웨덴과 같은 나라들은 자국 통화와 독립 통화 정책으로 번창했지만, 대부분의 국가들은 이러한 접근 방식을 거부했다. 일부는 독일(유럽에 있는 경우)이나 미국(다른 곳에 있는 경우) 등 통화 신뢰도가 높은 국가에 자국 통화를 고정시켜 국내 물가 상승률을 안정시키려 했다. 또 다른 국가들은 외국 투자와 수출 시장 발전을 장려하기 위해 달러나 독일 달러 대비 통화를 관리하기로 결정했다. 공산품에서 대부분의 국제 무역은 이제 편의상 달러로 표시되지만 대부분의 거래는 미국을 직접 관여시키지 않는다. 1980년대 이후 고정환율의 놀라운 인기는 몇몇 학자들을 브레턴우즈 II의 출현에 대해 이야기하게 만들었다.[21]

처음에는 이러한 고정 또는 준고정환율 제도는 구두약속이나 거래자들의 신뢰로 유지되었다. 고정된 통화를 가진 정부들은 만약 페그에 대한 의문이 제기될 경우, 자신들의 통화를 보호할 수 있는 달러, 마르크, 엔화 등의 경화를 충분히 갖고 있지 못했다. 그러한 보유고를 축적하는 것은 비용이 많이 들었다. 안전자산을 매입하는 데 쓰이는 돈은 도로와 병원에 사용될 수도 있었던 돈이다. 이는 제1차 세계대전 이전의 금본위제하에서와 같이 준비자산의 공급과 그 자산에 연결된 돈의 양 사이에 체계적인 불일치를 초래했다. 그러한 불일치는 근본적인 경제 상황이 페그를 뒷받침하는 한 문제가 되지 않았다.

그러나 근본적인 조건이 바뀌어 적절한 보유고가 없다면, 이것은 정부가 시민들에게 극도의 고통을 부과함으로써 약속을 지키거나, 환율을 새롭고 달성 가능한 수준으로 재설정하거나, 아니면 아예 페그를 폐기하는 것 중 하나를 선택해야 한다는 것을 의미했다. 정부는 선택의 여지가 거의 없었다. 경제와 금융시장은 믿음이 현실에 영향을 미치는 사회 현상이다. 대부분의 경우 평가절하 가능성만으로 국내와 외국인 투자자들이 국외로 자금을 빼돌릴 수 있다. 그들의 행동은 금리를 상승시켜 지속이 불가능해질 때까지 페그를 유지하는 데 드는 비용을 증가시킬 것이다. 취약한 환율 체제는 붕괴할 거라는 데 자신의 최대 거래들 중 일부를 걸었던 조지 소로스 헤지펀드 매니저는 이러한 자기강화 과정을 '재귀성'이라고 설명한다.[22]

가계, 기업, 정부가 자국의 통화로 자금을 빌린 국가들을 평가절하하는 것은 유익한 경우가 많다. 페그된 환율을 깨면 지역 중앙은행이 금리를 낮추고 신용 조건을 완화하기가 유리하기 때문이다. 대표적인 예가 유럽환율조정장치*에서 쫓겨난 영국인데, 1992년 국내의 불황 여건과 독일의 통일 붐으로 인한 일시적인 불일치가 원인이다. (조지 소로스는 독일 마르크에 대한 페그가 유지될 수 없다고 장담했고, 영국 정부가 자국 통화 체제를 방어하기 위해 지불해야 하는 비용이 증가했으므로, 돌이켜보면 건설적인 역할을 수행한 셈이다.) 독일 마르크에 페그된 엄격한 구조에서 벗어나 더 느슨한 통화정책을 펼친 영국은 거의 즉시 회복하기 시작했다.

---

* 유럽 환율시장의 안정을 도모하기 위해 실시한 유럽통화제도(EMS)의 핵심적 제도.

이와는 대조적으로 외화부채가 많은 국가들은 대개 평가절하가 매우 고통스럽다고 생각한다. 통화가치 하락은 대부분 경제 활동과 관련된 부채의 가치를 증가시키기 때문이다. 라틴 아메리카의 많은 나라들은 1970년대에 달러화를 빌려서 1980년대에 불리한 환율로 빚을 갚아야만 했다. 1980년대에 700억 달러의 외환보유고를 (1년치의 경제 생산량에 상당하는) 순매수한 대만을 제외하고, 라틴 아메리카 이외의 대부분의 국가들은 그 경험에서 배울 것이 별로 없다고 생각했다. 물론 대만은 만약 문제가 생기면 정부가 IMF에서 긴급 차관을 빌릴 수 없다는 사실을 알고 있다는 점에서 이례적이었다.[23]

1997~1998년의 아시아 금융위기는 모든 것을 변화시켰다. 수년 동안 인도네시아, 한국, 말레이시아, 필리핀, 태국은 북미, 유럽, 일본의 저축자들에게서 상당한 재정적 유입을 끌어왔다. 한국의 생활수준은 이미 뉴질랜드와 스페인의 생활수준에 다다랐고, 말레이시아는 발전 중인 중앙유럽 수준에 도달해 있었다. 1990년대에는 모두 미국 달러에 대해 안정적인 환율을 유지하고 있었다. 그런데 1997년 상반기가 되자 다양한 이유로 상황이 역전되기 시작했다. 이는 많은 사람들, 특히 IMF에게 놀라운 일이었다. 당시 IMF의 정책 검토부장이었던 티모시 레인이 회고하면서 분석해 말했듯이, 아시아 위기 국가들은 '재정흑자, 높은 민간 저축률, 낮은 인플레이션을 가지고 있었다.' 레인과 그의 동료들이 보기에, '환율이 지나친 것 같지는 않았다.'[24]

문제는 어려움을 겪고 있는 국가들의 은행과 기업들이 국내 자산의 가격을 올리기 위해 외화를 대규모로 빌렸다는 사실이었다. 설상가상으로 부채는 단기적인 경우가 많았다. 돈이 계속 유입되는 한 환율은 보합세를 보였고, 주식과 부동산 시장은 계속 상승했으며, 상황은 지속 가능해 보였다. 그러나 상대적으로 작은 변화가 자산 가격 하락, 통화 가치하락과 실질 금리 상승이 자체 강화로 연속해서 이어질 수 있고, 실제로 이어졌다. 이 국가들이 개발 자금을 조달하기 위해 해외에서 돈을 빌린 것이 실수가 아니라, 붕괴되기 쉬운 방식으로 채무를 구조화했다는 점이 실수였다.[25]

인도네시아가 가장 큰 타격을 입었다. 인도네시아의 통화인 루피아는 1997년 1월과 1998년 7월 사이에 가치가 80퍼센트나 떨어졌다. 1997년과 1999년 사이에 1인당 실질 생산량은 14퍼센트 이상 감소했다. 이 혼란은 1967년 이후 인도네시아를 통치하던 수하르토 정권을 붕괴시키고, 1975년 점령한 동티모르의 독립으로 이어질 정도로 큰 충격을 주었다. 인도네시아 경제도 회복이 더뎠다. 평균 생활수준은 2000년대 중반까지 이전의 최고 수준을 회복하지 못했다. 태국과 말레이시아는 처음에는 실질 생활수준이 각각 12퍼센트, 10퍼센트씩 떨어지는 등 약간 나은 수준이었지만 회복 속도는 다소 빨랐다. 한국과 필리핀은 가장 정도가 덜한 경기 침체와 가장 빠른 성장률로 비교적 좋은 성적을 거두었다.

연방준비제도이사회의 통화정책 완화뿐 아니라, IMF와 다른 국제금융기관에서 긴급하게 해준 대출이 위기를 종식시키는 데 도움을 주었지만, 이러한 원조의 대가가 결코 만만하지는 않았다. 정부는 외부의 권고 사항을 따라야만 했다. 그들이 도움을 원한다면 말이다. 이러한 권고사항들은 개별적으로 정당화될 수 있는 것도 많지만, 원조를 요청하는 정부들의 특정 사항을 표적으로 삼는 것처럼 보이는 경우도 많았다. 게다가 그들은 당면한 문제를 해결하지 못하는 경우가 자주 있었다. 더 악명 높은 예 중 하나는 IMF가 인도네시아 정부에게 담배 제조에 사용하는 정향의 독점을 중단하라는 요구였다. 독점은 수하르토와 그의 친구들이 인도네시아 일반 농민들의 희생으로 얻은 수익원이었고 폐지되어야 마땅했지만, 금융 시스템과 경제를 괴롭히는 위기와는 별 상관이 없었다.[26]

완전히 역효과를 낳은 권고사항들도 있었다. 정부 지출 삭감과 세금 인상은 투자자들의 신뢰를 회복한 것이 아니라, 국내 지출을 위축시켰다. 금리를 인상하는 것이 신용을 재건하고 유출을 막는 데 도움이 될 것으로 예상했지만, 경제 활동이 위축되면서 결과적으로 위기 국가의 국민들이 점점 더 필사적으로 자신의 돈을 인출하도록 만들었다. IMF는 나중에 그들의 정책 권고 덕분에 소비와 투자가 예상했던 것보다 훨씬 더 많이 감소했기 때문에 '처음에는 희망했던 것보다 프로그램이 그다지 성공적이지 못했다'고 인정했다. 어려움을 겪고 있는 국가의 기업과 가계들이 소비를 줄임으로써 수입이 급격히 감소했고, 이는 상당한 경상수지 조정으로 이어졌다.[27]

IMF 경험이 너무나 고통스럽고 굴욕적이었기 때문에, 한 세대의 정책 입안자들은 다시는 그러한 경험을 되풀이하지 않겠다고 맹세했다. IMF의 도움을 받을 필요가 없게 하려면, 전례 없는 규모로 외환보유고를 확보하는 것이 무엇보다 중요하다. 아시아 위기 전날 전 세계 각국 정부는 달러 표시 준비자산으로 약 9700억 달러를 보유하고 있었으며, 그중 상당 부분은 유럽의 정부들과 일본이 소유하고 있었다. 그러나 2008년 중반까지, 그 금액은 5조 2000억 달러로 증가했으며 대부분은 가난한 나라 정부들이 소유했다. 글로벌 금융위기의 트라우마는 훨씬 더 큰 규모로 비축하도록 부추겼다. 2019년 초 현재 외국 정부들은 약 8조 달러의 달러 표시 자산을 소유하고 있다.[28]

균형을 이루기 위해 필요한 것은, 보유고를 축적한 국가들에서 국내 지출을 감소시키는 것이었다. 중앙은행과 국부펀드는 구매력을 갖춘 외국 금융 자산을 매입했는데, 그렇지 않았다면 추가 수입품을 사들이는 데 사용되었을 것이다. 정부는 상품과 서비스에 지출을 줄인 일반 가계들의 희생을 발판으로 부를 늘렸다. 따라서 자기보험이라는 충분히 이해할 만한 열망은 동아시아 대부분에 걸쳐 만성적인 수요 부족과 대규모 무역 흑자로 이어졌다. 의도와는 상관없이 큰 규모의 지속적인 무역흑자와 외국 금융 자산 매입에 대한 국가의 후원 그리고 관리된 환율이 합쳐져, 경제적으로는 통화정책을 통한 중상주의와 비슷했다. 정부는 수입을 억제하기 위한 관세나 수출입할당제 대신에 단순히 통화의 가치를 유지하고, 금리를 억제하고, 수출업자에게 보조금을 지급함으로써 수출 시장 점유율을 높이는 동시에 외국 상품들이 들어오지 못하도록 금지한다.[29]

자기보험(또는 통화정책)을 가장 중요하게 실천했던 나라는 역사상 어느 나라보다 많은 보유고를 축적해온 중국 정부였다. 외환위기 전날까지 중국 인민은행의 외환보유고 관리 업무를 담당한 중국 국가외환관리국(SAFE)은 약 1000억 달러의 준비자산을 보유했다. 당시 이곳은 온두라스와 발전 수준이 거의 비슷한 가난한 나라였다. 중국의 자본 계정은 대부분 폐쇄되었다. 그래서 외국인들은 돈을 들여오는 데 어려움을 겪었고, 현지인들은 돈을 꺼내는데 훨씬 더 큰 어려움을 겪었다. 정부 내 많은 사람들은 위안화가 다른 통화에 대해 자유롭게 변동할 수 있도록 하려는 궁극적인 목표를 가지고, 이러한 규제를 점차 느슨하게 하면서 중국 금융 시스템을 자유화하려고 계획했다.

인도네시아에서 일어났던 사건들이 모든 것을 변화시켰다. 중국 지도자들은 민간 부문이 부채 문제에 부딪혔기 때문에 겉보기에는 안정되어 보이는 독재 정권이 붕괴되는 것을 보면서 공포에 떨었다. 그들은 그와 같은 일이 자신들에게 결코 일어나지 않게 하기로 결심했다. 가장 손쉬운 해결책은 중국의 환율 페그를 유지하고, 변동환율 체제였더라면 올랐을지도 모를 위치로 위안화를 평가절상하지 못하도록 막는 것이었다. 싼 위안화는 소득을 소비자와 노동자에게서 정부와 수출 지향적인 기업의 소유주에게 이전했다. 그러한 이전으로 국내 생산 대비 국내 소비가 위축되었고 따라서 중국의 해외 금융 의존도는 최소화되었다.

그러나 외국인 저축자들이 중국에 투자하기를 열망했기 때문에 페그를 유지하는 것은 어려운 과제였다. 자본통제*로 인해 일부 외국 자금은 들어오지 못했지만, 여전히 충분한 양이 들어오고 있었다. 이러한 흐름은 그대로 두면 중국의 환율을 상승시키고 중국은 상품과 서비스에 더 많은 지출을 했을 것이다. 중국 정부는 해외 자본통제를 느슨하게 하고 중국 저축자들이 외국 자산을 사들일 수 있도록 함으로써 이러한 외국인 유입의 일부를 상쇄할 수 있었을 것이다. 그러나 자유화는 경제와 금융 시스템에 대한 정부의 통제를 위협했을 것이다.

그러므로 중국 정부는 통화 페그를 유지하기 위해 외환보유고를 수조 달러 매입하기로 결정했다. 1996년과 세계 금융위기 전날 사이에 중국 국가외환관리국(SAFE)은 1조 8000억 달러의 외환보유고를 축적했고, 그중 약 3분의 2가 미국에 투자되었다. 세계 금융위기 이후 중국 정부는 자국 통화의 추가 절상을 막기 위해 더 많은 외국 자산을 축적하는 데 2조 달러를 썼다.[30]

동아시아 이외의 지역에서도 준비자산의 주요 구매자는 상품 수출국이었으며, 주로 아라비아 반도, 노르웨이, 러시아의 석유·가스 생산국이었다. 이들에게 중국의 급속한 산업화는 일종의 횡재였다. 1999년부터

---

* 국내 경제를 보호하기 위해 단기 투기성 자본들이 들어오는 것을 막는 정책.

2003년까지 배럴당 20불에서 30불 사이였던 국제유가는 2006년까지 배럴당 75불까지 꾸준히 올랐다가 2008년 여름에 이르러 130불 이상으로 올랐다. 가장 큰 수혜를 입은 나라들은 어느 정도 자신들의 횡재를 만끽하며 소비했지만, 일반적으로 그들은 가격을 낮추거나 석유 판매를 줄이거나 또는 두 가지 방법을 모두 사용해서, 횡재의 많은 부분을 미래의 위험을 회피하기 위한 수단으로써 외국 자산에 저장할 만큼 신중했다.

따라서 에너지 수출업체의 경상수지 흑자 합계는 2002년 약 900억 달러에서 2008년까지 6000억 달러 이상으로 증가했다. 국제유가는 금융위기 때 일시적으로 하락했지만 2011년 초부터 2014년 중반까지 배럴당 110달러 선에 머물렀다. 그것은 에너지 생산업자들에게 또 다른 횡재가 되었고, 그중 많은 부분은 소비되지 않고 저축되었다. 그들의 경상수지 흑자 합계는 연간 평균 5000억 달러 이상이다. 그 후 유가가 떨어지면서 흑자는 줄어들었지만, 이는 주로 유럽과 동아시아 같은 수요가 부족한 석유수입국들에서 더욱 큰 흑자로 이어졌다.[31]

이렇게 요청하지도 않은 나라에서 지원하는 유입은, 미국의 경상수지 적자가 왜 달러화 가치 상승과 실질 금리 하락이 일어나는 동시에 확대되는지를 설명해준다. 1990년대 후반 미국의 경상수지 적자가 국가 생산량의 1.5퍼센트에 불과했을 때, 장기 재무부 채권의 실질 인플레이션 조정 수익률은 약 4퍼센트였다. 만약 미국인들이 외국인 금융을 유치하기 위해 노력했다면, 그들은 외국인 투자자들에게 더 높은 수익률을 제시함으로써 대가를 치러야 했을 것이다. 그것은 결국 수익률을 높이고 자산 가격을 낮추는 결과를 가져왔을 것이다. 그러나 경상수지 적자가 GDP의 6퍼센트로 확대되면서, 2005년까지 실질금리는 2퍼센트 미만으로 꾸준히 떨어졌다. 적자가 확대되었을 때 달러는, 미국의 해외 순 금융 규모가 훨씬 작았던 1990년대 중반에 다른 넓은 통화 바스켓*에 비해, 평균적으로 약 15퍼센트 더 가치가 있었다.[32]

안전자산 부족

외국의 중앙은행들과 보유고 관리자들은 1998년 초부터 2008년 중반 사이에 달러표시 자산을 사들이는 데 약 4조 1000억 달러를 썼다. 이는 미국인들이 이 기간 동안 달러 자산을 직접 매입한 것 외에, 보유고를 비축하지 않은 부유한 나라의 개인 저축자들의 자산도 추가로 매입한 것이다. 보유고 관리자들은 미충족 수요에 자금을 조달하지 않았다. 오히려 그들은 미국 경제를 왜곡하고 금융위기의 씨앗을 뿌렸다.

　보유고 관리자들은 미국에게 두 가지 연계된 문제를 안겨주었다. 첫째, 달러 자산에 대한 추가 수요는 추가 공급과 일치해야 했다. 즉, 미국인들은 안전한 금융 채무에서 4조 달러 이상을 창출해야 했다. 둘째, 정부는 국내 생산 대비 내수를 억제함으로써 달러 보유량을 축적했다. 그것은 전 세계적인 과잉, 특히 공산품의 과잉을 악화시켰다. 세계적인 불황을 막기 위해 누군가는 과잉 생산을 흡수해야 했다. 미국 달러화의 우위는 미국인들이 나머지 다른 국가들에서 과잉 자본과 과잉 생산품의 대부분을 흡수했다는 것을 의미했다. 그 결과는 주택 부채 버블과 해외로 내쫓긴 제조업 기반이었다. 달러화의 국제적 지위는 미국에게 '지나친 특권'보다는 '지나친 부담'을 준 셈이었다.

---

* 　주요 통화를 가중 평균한 인위적인 국제 통화 단위.

미국은 외환보유고 축적으로 인한 난제에 별다른 대응을 하지 않았다. 1950년대와 마찬가지로 같은 가치의 외국 자산을 매입해서 (유럽인들이 실제로 이렇게 했다.) 유입을 재활용하는 것은 이론적으로는 가능했겠지만, 매우 비현실적이고 수익성이 없을 가능성이 높았을 것이다. 미국 자산을 외국인이 구매하지 못하도록 억제하거나 막기 위한 세금이나 규제가 도움이 되었을 수도 있지만, 당시의 지적 합의에 따라 근본적으로 반대에 부딪혔을 것이다. 게다가 1990년대에 미국이 다른 나라들에 했던 조언에 비추어봤을 때, 어떠한 형태의 자본통제도 위선적으로 보였을 것이다. 비록 자본통제가 유입을 미국에서 유럽으로 방향전환을 시켰다고 해도, 그들은 과도한 저축과 불충분한 수요라는 근본적인 문제를 다루지 않았을 것이다. 마찬가지로 수입에 대한 무역 보호는 세계 경제의 근본적인 불균형을 다루기보다는 기껏해야 다른 곳으로 문제를 이동시킬 뿐이었을 것이다. 오히려 무역 보호는 미국 제품을 살 수 있는 외국인 소득을 줄이는 역효과를 낳았을 가능성이 더 높았을 것이다.

돌이켜보면 연방정부가 과잉 유입을 수용하기 위해 필요한 만큼 돈을 빌려, 미국 공산품에 대한 수요를 지원하고 기반 시설에 투자하며 소득 집중을 유도했던 정책을 뒤집고, 빈곤을 줄이기 위해 돈을 쓰는 것이 최선의 대응이었을 것이다. 내수는 여전히 국내 생산을 앞지르겠지만 경제 활동의 전반적인 구성은 덜 왜곡되었을 것이다. 미국 제조업은 수입으로 인해 과도하게 해외로 이전하지 않아도 되었을 것이고, 주택 거품은 없었을 것이며, 늘어난 미국 부채는 부담을 가장 잘 감당할 수 있는 기업(연방정부)이 부담했을 것이다.

그러나 그러한 일은 일어나지 않았다. 1998년 초부터 2008년 중반까지, 구입 가능한 연방정부 부채는 단지 1조 3000억 달러 증가한 반면, 외국인 투자자들은 1조 4000억 달러 조금 넘게 샀다. (재무부 부채의 모든 외국 바이어가 보유고 관리자들은 아니었지만, 많은 사람들이 보유고 관리자들이었다.) 즉, 미국 외 나라의 저축자들은 위기 전 10년 동안 추가로 발행된 재무부 채권을 모두 매입했다. 그러나 이것은 미국의 안전자산을 보유고로서 가지려는 외국의 욕구를 충족시키기에는 충분하지 않았다.

보유고 관리자들은 다음으로 융자 회사인 패니메이*와 프레디맥**이 발행한 부채로 눈을 돌렸다. 비록 패니메이와 프레디맥은 엄밀히 말하면 민간사업이었지만, 주에서 만들었고, 정부가 후원하는 기업 또는 GSE들 중 가장 큰 기업들 중 하나였으며, 안전 승인을 받은 기업들이었다. (미국 정부가 중국 등과의 외교 관계를 유지하기 위해 2008년 GSE 채권 보유자들에게 일부 손실을 부과하는 것을 거부한 이래 이러한 인식은 정당화되었다.)

연방준비제도에 따르면, 1998년 초부터 2008년 중반까지 미 정부기관 유가증권의 가치가 5조 달러 이상 눈에 띄게 성장했다. 그 추가 부채의 대부분은 패니메이와 프레디맥이 발행한 것이다. 보유고 관리자들을 포함한 외국인 투자자들은 1조 5000억 달러(미국 은행, 보험사, 연기금, 채권펀드 등)를 순 매수했다. 나머지 1조 2000억 달러가량의 외환보유고는 은행 예금이나 때로는 더 이국적인 자산으로 흘러갔다.

이러한 통계들은 2000년대 미국 금융 시스템에 가해진 압박을 축소해서 말한 것이다. 1990년대 후반의 비이성적인 활기가 2000년대 초반의 투자 부진으로 바뀌면서 많은 미국인과 유럽인들은 소비를 줄이고 위험 자산을 덜 사들이고 저축을 더 많이 하려고 했다. 2002년 초부터 2007

---

*   Fannie Mae; 미국 연방 저당권 협회(FNMA, Federal National Mortgage Association)의 약칭.

** Freddie Mac; 연방 주택 금융 저당회사(FHLMC, Federal Home Loan Mortgage Corporation)의 약칭.

년 말까지 비금융권 회사들이 발행한 미국 기업의 총 부채는 2000억 달러에 불과했고, 부채의 대부분은 그 기간 말에 발행되었다. 동시에 전 세계 연금 기금과 생명보험사들은 장기 부채의 증가를 상쇄하기 위해 더 많은 고정 소득을 준비할 필요가 있었다.

아시아와 중동의 보유고 관리자들이 모든 새로운 미국 재무부 채권과 패니메이와 프레디맥이 발행한 부채의 상당 부분을 떠맡지 않았더라면, 수요에 비해 안전자산이 근본적으로 부족했을 것이다. 미국의 고정 소득에 대한 높은 수요는 엄청나게 늘어난 미국의 차입금과 일치해야 했지만, 미국 정부와 기업들 모두 참여하려 하지 않았다.

세계의 저축자들은 존재하지도 않는 수조 달러의 저위험 채권을 사길 원했다. 미국과 유럽의 투자은행들은 이와 같은 사태에 매우 창의적으로 대응했다. 옛 월가의 속담에 있듯이, '오리들이 꽥꽥거릴 때 먹이를 주었다.' 2001년 초부터 2007년 중반 사이에, 세계의 금융업자들은 약 2조 5000억 달러의 민간 상표 미국 주택저당증권(MBS)을 발행했는데, 이 중 대부분은 정상적인 담보대출 기준을 따르지 않는 주택담보대출에 기초했다. 버블이 최고조에 달했던 해 동안, 미국 주택담보대출의 절반은 민간 상표인 MBS에서 자금을 조달했다. 투자은행들은 또한 MBS에서 파생된 6500억 달러의 구조화된 금융상품을 창출했다. 그 후 이들의 자산 가치는 2조 8000억 달러까지 줄어들었다. 투자자들의 반발로 새로운 발행물량이 1990년대 후반의 물량으로 되돌아갔다.

미국이 민간 상표 MBS로 했던 실험은 위험한 사업이 아니었어야 했다. 주택담보대출은 오랫동안 이용 가능한 가장 안전한 민간 투자 중 하나로 여겨져왔고, 또 그렇게 여길 만한 이유가 충분했다. 신용카드 빚이나 다른 무담보 개인 대출과 달리, 주택담보대출자들은 채무불이행으로 압

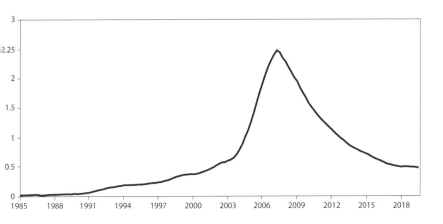

도표 6.3 '오리들이 꽥꽥거릴 때 먹이를 주어라.' (민간 상표 도관으로 보유하고 있는 주택담보대출의 가치,
USD 조 단위) 출처: 연방준비제도이사회

류를 당하면 새로이 살 곳을 찾아 떠나야 하기 때문에 지불 기한을 유지
할 강한 동기가 있다. 더욱이 대부분의 주택담보대출은 기초주택의 가치
보다 상당히 낮게 쳐서 대출해주기 때문에 주택담보대출자들은 일반적으
로 보호 장치를 추가로 가진 셈이 된다. 그리고 채권단은 연체 대출자를
쫓아내고 담보물을 팔아도 대부분의 경우에 원금을 회수할 수 있다.

담보대출 포트폴리오가 증명하는 채권을 파는 데 있어서도 위험이 전
혀 없으며 그러한 전례도 없었다. 결국, 다양한 종류를 섞은 대출이 어떤
개인 대출보다 안전하다. 유럽 은행들은 1700년대부터 특정 부동산 대출
에 묶인 은행 부채인 커버드본드*를 발행해왔다. 프레디맥은 1971년에 주
택저당증권을 발행하기 시작했다. 1985년까지 패니메이, 프레디맥, 지니
메이(Ginnie Mae: 미국 정부가 완전히 소유한 정부 후원 기업)가 보증한 MBS 발행 총

---

* 이중상환청구권부 채권, 금융기관이 부동산담보대출 등 자신이 보유한 고정자산을 담보로 발행한 채권.

액은 연간 1000억 달러 이상에 달했다. 1990년대 초까지 1조 달러 이상의 미국 주택담보대출이 기관 주택담보대출 채권에 포함되었다. 1993년까지 미국 주택담보대출의 40퍼센트 이상을 MBS 기관이 보유한 것에 비해, 전통적인 은행들은 대차대조표에서 전체 주택담보대출의 33퍼센트만을 보유하고 있었다.[33]

신용공급을 늘리면 신용 기준이 낮아진다

위험도가 낮은 미국 고정 소득에 대한 왕성한 수요와 그 수요를 충족하기에 충분한 부채를 발행하지 못한 연방정부의 실패가 결합되어 미국 주택담보대출 공급이 어마어마한 규모로 확장되었다. 문제는 담보대출 여력이 있는 대부분의 사람들이 이미 담보대출을 가지고 있다는 것이었다.

은행들은 상환 능력과 관계없이 사실상 누구나 대출을 받을 수 있을 정도로 기준을 낮추는 해결책을 내놓았다. 주택융자 전문가들은 투자자들이 나중에 후회하게 될 희생을 무릅쓰고라도 구입하고자 하는 수조 달러의 대출을 만들 수 있었다. 신용 기록은 무시되었다. 서류는 위조되었고, 누군가 그것을 애써 요청하고 있다고 가정했다. 금융 시스템은 수요를 충족시키기 위해 이런저런 방법으로 자산의 공급을 늘려야 했기 때문에, 그 결과 신용점수가 가장 낮고, 소득이 가장 적은 사람들이, 가장 가난한 이웃의 집을 사기 위해 가장 큰 빚을 지게 되었다. 놀랄 것도 없이 이러한 대출자들이 결국 미국 주택담보대출의 어마어마한 손실의 대부분을 떠안게 되었던 것이다.

주택융자 전문가들이 목표한 생산을 달성하기 위해서는 기준을 낮추는 것만으로는 부족했다. 그들은 또한 투자자들의 수요를 충족시킬 수 있는 충분한 부채를 창출하기 위해, 주택의 가치에 비해 얼마나 많은 돈을 빌려야 하는지에 관한 낡은 사고방식을 버려야 했다. 과거에 적정한 신용이 있는 대출자는 계약금 4만 달러와 부채 16만 달러로 20만 달러짜리 집을 샀을지도 모른다. 그 정도의 계약금은 주택가격의 변동을 20퍼센트 정도 상쇄할 만한 담보를 대출기관들에게 제공하는 셈이었을 것이다. 더 큰 규모의 대출, 신용 이력이 더 위태로운 대출자에게 하는 대출, 소득에 변동성이 있는 대출자에게 하는 대출은 더 높은 이자율 외에 더 높은 계약금이 요구되었다.

그러나 버블 기간 동안 계약금 요구조건은 모든 범주에 걸쳐 붕괴되었다. 2006년 버블이 절정에 달했을 때, 일반적인 민간 상표의 주택담보대출은 주택 평가액의 3퍼센트에 불과한 계약금 정도만 필요했다. 원안자들은 계약금을 충당하기 위해 추가 대출을 해주거나 주택의 감정가보다 훨씬 더 높게 총 담보대출을 늘렸다. 대출받는 사람들은 서브프라임(신용불량)이나 Alt-A(두번째 신용등급) 주택담보대출인 경우 더 높은 금리를 지불해야 했지만, 그들은 담보대출로 투자자 요구를 충족시키는 데 필요한 부채를 발생시킬 수 있었다.

이것은 비윤리적이었고 심지어 불법인 경우도 있었겠지만, 그것은 또한 미국 금융 시스템에 가해지는 외부의 엄청난 압력에 맞서는 논리적인 반응이기도 했다. 시장 논리로 공급에 비해 수요가 많으면 가격이 높아지고 추가 생산으로 이어지기 마련이다. 결국 북해, 멕시코만, 알래스카 등지에서 심해 탐사로 이어진 1970년대 오일쇼크를 떠올리거나, 1990년대 이후 샌프란시스코만 지역의 기술 산업의 성장이 어떻게 집값을 폭등시켰는지 생각해보자. 금융 자산과 석유나 주택 등 실물자산의 주요 차이

점은, 추가로 창출해내는 것이 금융 자산쪽이 훨씬 쉽다는 점이다. 슬프게도 그러한 이유의 일부는, 고객들의 요구를 충족시키기 위한 비윤리적이고 사기적인 시스템에 참여하는 자들이 있기 때문이다. 그렇기 때문에 역사상 모든 금융 버블에는 거품이 붕괴되었을 때 비로소 명백해지는 금융사기꾼들이 엄청나게 증가할 수밖에 없다.

우리의 목적에 있어서 더욱 중요한 점은, 대출자의 풀을 확대하고 대출할 수 있는 양을 늘리면 미국의 가계 구매력이 상당히 증가한다는 것이다. 건설 부문은 새로운 주택(나중에 버려지는 곳이 많음)을 건설함으로써 이러한 추가 신용의 일부를 흡수했지만, 대부분의 소비력은 집값을 상승시키는 데 추가로 사용되었다. 누가 돈을 빌렸는지를 감안하면, 집값이 가장 빠르게 상승한 곳은, 거품이 시작되기 전 가장 나쁜 신용점수와 가장 높은 빈곤율을 보이는 우편번호(주소)다. 집값 상승으로 대출자들은 상환이 의심스러운 차용자들에게 더 많은 대출을 계속해줄 수 있다는 확신을 받았다. 담보물의 가치가 계속 상승하는 한 채무불이행의 위험을 걱정하는 것은 별로 의미가 없었다. 대출 기준의 하락과 계약금 요구조건은 집값을 끌어올리고 대출자들에게 대출을 더욱 확대하도록 유도함으로써 서로를 강화시켰다.

미국인들은 또한 더 많은 돈을 소비함으로써 신용거래 붐에 대응했다. 이것은 소비와 투자가 둘 다 더 높아지는 양상을 취했다. (미국에서 덜 절약하는 것과 더 많이 투자하는 것을 구별하는 것은 의미론에 불과한 경우가 많다. 욕실에 온수 욕조를 설치하는 것은 투자로 간주되는 반면, 양질의 교육에 지불하는 행위에는 소비라는 꼬리표가 붙는다.) 주택의 가치 상승은 집을 판 사람들이 시세차익을 창출해서 휴가나 새 차에 비용을 지불할 수 있다는 것을 의미했다. 그럼에도 불구하고 집을 팔지 않는 사람들은 더 부유해진 듯 느껴졌고, 따라서 소득에서 따로 떼어내 저축을 해야 한다는 압박감을 덜 느꼈다. 자산 가격이 상승하면서 그들을 위해 저축을 해주고 있는 셈이었기 때문이다.

이렇게 상황이 복잡해진 이유는, 대출 기준의 변경으로 주택 소유자들이 같은 집에 대해 추가 부채를 더 쉽게 받을 수 있게 되었기 때문이다. 대출금을 꾸준히 갚아오던 많은 이들이 더 많은 돈을 쓸 수 있도록 기꺼이 빚더미에 앉는 선택을 했다. 이 모든 지출은 국내 경제를 활성화시켰는데, 이것은 대출자들이 빚을 내지 않았을 때보다 더 신용이 있어 보이게 하고, 집값 상승에 대한 더 많은 추측을 부추기면서 소비가 더욱 강화되는 효과를 가져왔다. 불행하게도 잘 나갈 때의 자기 강화* 과정은 내려갈 때보다 훨씬 더 강하다.

2005년 연방준비제도이사회의 앨런 그린스펀 의장과 참모 경제학자인 제임스 케네디는 이러한 거래를 추적하고 미국 가계에서 얼마나 더 많은 구매력을 끌어내는지를 추정하는 연구를 발표했다. (케네디는 2008년 말까지 모델을 계속 업데이트했다.) 관련된 액수는 어마어마했다. 1990년대 동안 미국인들은 가처분소득을 매년 2~3퍼센트씩 증가시켰다. 이는 대부분 집을 팔았을 때 시세차익에서 나오는 것이지 추가 차입에서 나오는 것이 아니다.

그러나 2004년 초부터 2006년 중반 사이에 주택자산대출은 미국인들의 가처분소득을 10퍼센트씩 증가시켰다. 2002년 초부터 2007년 말까지 전체 버블 과정에서 미국인들은 집에서 4조 7000억 달러의 부를 추출했다. 이에 상응하는 부채 붐은 왜 미국의 주택 가치가 약 7조 달러 증가

---

* 정치, 경제 따위의 다양한 분야에서 요구되는 능력이나 업적을 충족하기 위해 자신의 노력이나 업적을 스스로 발전시키거나 증대하는 행위.

했던 시기에, 미국인들의 주택 재산이 2조 달러 이하로 증가했는지를 설명한다. 그것은 또한 왜 많은 미국인들이 2000년대 동안 마이너스 저축률을 보였는지를 설명해준다. 대출받은 사람들의 관점에서 보면, 집값이 오르면 실질적으로 저축이 되고 있는 것이기 때문에 자신들의 빈약한 임금에서 현금을 꺼내 더 많은 상품과 서비스를 구입했던 것이다.

그러나 결국 대출자들은 더 이상 대출을 확대할 방법이 없어졌다. 투자은행과 융자 전문가들이 최선의 노력을 기울였음에도 불구하고 한도액에 도달했다. 최저 계약금 요구 조건이 거의 없다시피 떨어졌다. 담보대출을 원하는 모든 사람들은 이미 담보대출을 가지고 있었다.

그러한 시점에 이르자, 전체 과정은 자연스럽게 역전되기 시작했다. 주택을 구입할 수 있는 구매력이 주택 공급보다 훨씬 빠르게 상승하고 있었기 때문에 집값이 오르고 있었다. 일단 신용대출 성장이 둔화되자, 물가는 상승을 멈추었다. 부채를 감당할 수 없다는 것을 알면서도, 주택가격이 상승해 구제받기를 바라는 마음으로 주택담보대출을 받은 사람들에게는 지금의 상황이 문제였다. 이러한 투기꾼들은 어쩔 수 없이 집을 팔거나 채무불이행으로 가격에 하락 압력을 더했다. 그것은 실질 소득에 변동이 없거나 떨어지는 시기에, 꾸준히 증가하는 주택 가치에 의존해 소비를 늘려온 많은 미국인들에게 급격한 타격을 주었다.

2008년 중반까지 미국인들은 집에서 돈을 끌어 쓰는 행위는 모두 멈추었다. 이제 부채 상환이 우선이었다. 외식 비용부터 미용 비용에 이르기까지 모든 것에 지출을 삭감했다. 이웃의 수입이 감소했고, 이로 인해 실직, 채무불이행 그리고 많은 주택 재고들이 시장을 강타했으며, 이로 인해 가격은 더 떨어졌다. '안전한' 자산(이라고 믿고 투자했던) 투자자들은 자신들이 엄청난 손실에 노출되어 있다는 것을 뒤늦게 깨달았다. 주택융자 전

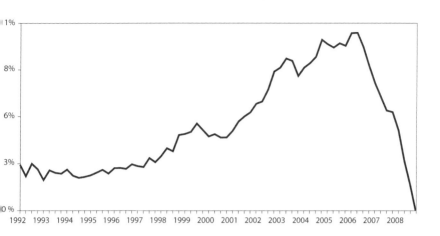

1%																
8%																
6%																
3%																
0 %																

1992 1993 1994 1995 1996 1997 1998 1999 2000 2001 2002 2003 2004 2005 2006 2007 2008

도표 6.4 **미국 주택이 ATM이 되었을 때** (가처분소득 대비 주택 지분 회수)

출처: 제임스 케네디가 발표한 '1인에서 4인 가구 주택담보대출의 원리금 상환과 부채 추정', 앨런 그린스 펀과 제임스 케네디 연방준비제도이사회 조사보고서 2005-41호

문가들과 은행들은 대출 기준을 강화함으로써 상품에 대한 수요의 붕괴에 대응했다. 신용공급이 위축되면서 주택 가치의 하락과 지출 감소, 일자리 감소, 채무불이행 등이 심해지면서 기준은 더욱 강화되었다. 종이로 부를 쌓으며 소비를 늘리고 올라갔던 길을, 이제는 경제 붕괴라는 위협을 받으며 내려가는 수밖에 없었다.[34]

주택담보대출의 폭발적 증가에도 불구하고 미국은 경제 호황을 겪지 않았다. 미국은 그리스, 아일랜드, 스페인이 아니었다. 독일처럼 급격히 높아진 불평등, 빈약한 기업 자본 지출, 상대적으로 긴축적인 재정 정책이 모두 미국의 내수를 위축시켰다. 가치하락과 인플레이션의 민간 고정 투자 지출 순 금액은 2014년까지 2000년의 최고치를 밑돌았다. 소비 붐도 없었다. 2000~2006년 1인당 실질 가계 소비지출은 1947~2006년에 비해 다소 둔화되었다. 민간 부문 고용은 2000~2003년 사이에 3퍼센트 감소

했고, 이후로는 인구 증가에 보조를 맞출 만큼 성장하지 못했다. 인플레이션이 너무 빈약해서 연방준비제도이사회는 가격 하락을 걱정했다.

그러나 미국의 경상수지 적자와 무역적자는 국내 생산이 국내 수요에 비해 훨씬 적은 증가세를 보이면서 확대되었다. 이것은 제조업에서 가장 극심했다. 연방준비제도에 따르면 미국의 제조업 생산은 경상수지 적자가 최고조에 달했던 2000년 중반과 2006년 중반 사이에 10퍼센트 증가에 그쳤다. 그러나 이 수치는 반도체의 생산성 향상 추정치 때문에 왜곡된다. 2000년에 전체 미국 제조업 노동자의 4퍼센트 미만을 고용했던 부문을 제외하면, 상황은 매우 다르게 보인다. 2000년과 2003년 사이에 생산량이 약 6퍼센트 감소했고, 그 후 2006년 말에는 간신히 이전 최고치를 회복했다.

자동차와 부품, 기계, 가공 금속 제품, 포장 식품, 플라스틱, 가구를 포함한 대부분의 범주는 모두 평이했지만, 다른 범주에서는 심각하게 감소되었다. 1990년대 등장했던 노동력 착취가 잔존함에도 불구하고, 미국의 직물·의류 생산량은 2000년에서 2006년 사이에 약 30퍼센트 감소했다. (주요 성장 분야는 항공우주, 화학, 콘크리트였다.)

공산품에 대한 미국의 수요는 2000년과 2006년 사이에 증가했다. 그러나 기본적으로 이러한 모든 성장은 국내 생산보다는 해외 생산 덕분에 충족된 것이었다. 비록 다른 곳에 공장을 소유한 미국 회사들이 훨씬 더 나은 성과를 거두었지만, 미국 노동자들은 그 어떤 이익도 얻지 못했다. 미국 제조업체들이 수출로 해외에서 더 많이 팔아서 그러한 손실을 상쇄할 수 있었다면, 이것은 미국인들에게 문제가 되지 않았을 것이다. 불행하게도 수출 수익은 증가했지만, 충분할 정도의 성장은 아니었다.

해외업체와의 경쟁은 그 자체로 문제가 아니었다. 미국 제조업체들은

1990년대에 비교적 좋은 성적을 거두었는데, 그 이유는 그들이 국내외 수요가 강했던 시기에 수입업체들과 경쟁했기 때문이다. 1990년대에 노동 절약 기술이 엄청나게 발전했지만, 세계 시장이 워낙 활발해서 미국의 제조업 고용을 뒷받침했다. 그러나 2000년대에는 미국을 포함한 세계의 많은 지역에서 수요가 침체되었다. 그 결과, 외국 수입품들이 미국의 일자리와 소득을 없애면서 미국의 생산량을 대체하게 되었다. 설상가상으로 미국 제조업체들은 연구 개발에 투자하는 데 필요한 이익이 부족했는데, 이 것은 왜 2006년 이후 생산성 성장이 그렇게 약했는지를 설명해준다.[35]

2000년과 2003년 사이 민간 부문 고용 감소의 80퍼센트 이상은 제조업이 직접적인 원인이라고 할 수 있다. 노동자의 급여가 가치에 훨씬 못 미치는 나라들, 특히 중국 등 제조업체와의 경쟁에 가장 많이 노출되는 장소와 부문에 손실이 집중되었다. 미국 제조업체들이 중국에서 영업을 하는 것이 본질적으로 잘못된 일은 아니다. 문제는 중국 등지의 노동자들이 미국에서 추가로 수입되는 것을 소비할 수 없어, 무역 상승과 생활수준 상승 사이의 연계성을 끊었다는 점이다.[36]

이론적으로 제조업의 타격은 다른 부문의 경제 이익으로 상쇄될 수 있었다. 그러나 의료, 정부, 건설, 금융, 교육 부문(금융위기 이전 몇 년 동안 창출된 일자리가 대부분을 차지했다)의 팽창에도 불구하고, 직업을 가진 미국인들의 연령 조정 비율은 2000년에 도달한 최고치를 결코 초과하지 않았다. 특히 대학 학위가 없는 사람들에게는 하락폭이 컸다. 주택 버블 붕괴는 결국 산업공동화*로 인한 피해의 전모를 드러냈다.[37]

---

* 국내의 산업이 상대적으로 생산 비용이 저렴한 해외로 직접 투자를 하게 되면서 국내의 생산능력이 저하되어 산업이 쇠퇴해가는 현상.

정부가 지급하는 일시적인 노동 불능 급료는 실직 노동자들의 생계를 도왔으나 분실 소득*을 대체할 수는 없었다. 이는 소매업, 식당업, 회계사, 변호사 등 고액 연봉 업종에 관계없이 해당 지역사회에 거주하는 모든 사람에게 해외 수입의 영향이 확대된 것이다. 미국의 그러한 지역에 사는 사람들에게 그것은 재앙이었다. 직업이 없는 남자들은 결혼할 여자를 찾을 수도 없고 아이를 가질 수도 없었다. 직업과 가족이 없는 남성들은 음주, 마약, 특히 자살로 내몰렸다. 지방정부는 세수가 고갈되고 복지제도에 대한 요구가 커지면서 서비스를 제공하기 위해 분투했다. 지난 20년 동안 전국적으로 범죄율이 급감했지만, 비용이 저렴한 수입품들이 가장 많이 들어오는 지역의 범죄율은 약간 증가했다.[38]

문제는 달러표시 자산에 대한 세계의 나머지 국가들의 탐욕스러운 수요였다. 수조 달러의 비경제적 자산 매입이 주택담보대출 버블을 부풀리는 것은 물론 미국 환율을 왜곡하면서, 과도한 대외금융 역시 미국의 교역조건을 무참하게 약화시켰다. 1997년 초반(아시아 금융위기 전날)과 2002년 초 사이에 달러는 교역 상대국 통화에 대해 20퍼센트 이상 절상되었다. 그때부터 2008년까지 달러는 하락했지만, 1988~1996년 평균치를 훨씬 웃돌았다. 미국 노동자들에게는 안 된 일이지만, 달러의 과대평가는 미국 소비자들이 국내 제조업을 희생시켜가며 해외에서 만들어진 상품을 사는 것을 선호한다는 사실을 의미했다.[39]

주요 흑자 국가들의 계층 전쟁과 아시아의 금융위기 이후의 자기보험에 대한 열망 탓으로 전 세계가 소비를 꺼리게 된 것은, 미국의 부채 거품과 산업공동화 둘 다의 근본적인 원인이었다. 외국 금융의 유입으로 인해

---

* 질병, 부상, 사망 등으로 인해 취득할 수 없게 된 소득.

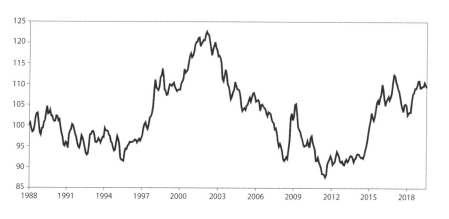

도표 6.5 미국 달러의 국제 가치 (실질 무역 가중 지수, 1988년 1월 = 100)

출처: 연방준비제도이사회; 매튜 클라인 계산

미국인들은 일자리와 소득을 희생하면서 제조 능력의 과잉 상태를 흡수할 수밖에 없었다. 이에 따라 외국인 저축자들은 달러표시 자산을 사들이면서 미국 지출에 미치는 일자리 감소의 영향을 완화해야 했으며, 이로 인해 금리가 내려가고 신용이 확대되고 가계 대출이 급증했다.

2017년 뉴욕 연방준비은행이 발표한 세심한 연구는 이러한 세력들을 분명히 연결시켰다. 연구원들은 값싼 제조 수입품에 얼마나 노출되었는지에 근거해 미국의 다른 지역들을 비교했다. 대외경쟁에 가장 취약한 곳은, 절대적인 조건에서 보거나 소득 대비해서 볼 때 가장 가계부채가 많은 곳이기도 했다. 그들은 이것은 다음과 같이 요약했다. '수입으로 인해 국내 생산이 이전함으로써, 손실 임금을 대체하기 위해 신용 거래가 증가했다.'[40]

2008년 이후의 엄청난 부담

금융위기는 미국이 수입 감소와 수출 증가 현상을 함께 겪으며 적자 국가에서 흑자 국가로 전환되는 등, 글로벌 저축과 소비의 균형을 재조정하는 결과를 가져왔어야 했다. 그랬다면 국내 생산은 내수보다 빠르게 증가했을 것이고, 부채는 상환되었을 것이고, 다른 나라들도 글로벌 소비를 유지하기 위해 부담을 나누어 짊어졌을 것이다. 세계적으로 수요가 재분배되면, 미국 내 증가하는 불평등이 역전할 수도 있었을 것이다.

그러나 그런 일은 일어나지 않았다. 미국의 경상수지 적자는 1998~2008년에 비해 꾸준히 줄어들었지만, 매년 약 2~3퍼센트를 유지하고 있다. 이전과 마찬가지로 이것은 미국에서의 과도한 지출 때문이라고 할 수 없다. 미국 내수는 외환위기 이후 유난히 약세를 보여왔기 때문이다. 개인 1인당 소비지출은 1998년 이전의 장기적인 추세를 계속 따른다면 12퍼센트 이상 줄어든다. 인플레이션과 가치하락을 감안한 비즈니스 투자는 2000년에 도달한 최고치보다 높아졌지만, 주택 건설에 대한 지출은 여전히 1990년대 초반의 경기 침체와 관련이 있는 수준이다. 정부 투자 지출은 2000년대 중반의 절반에도 미치지 못한다. 경제 활동 가능한 나이(노동 연령층)로 직업을 가진 사람의 비율이 2000년에 크게 낮아졌고 2007년에도 비슷한 수준을 유지하고 있다.

미국 생산자들에게 미치는 영향은 2000년대보다 훨씬 더 심각하다. 2018년 말 현재, 제조 생산량과 제조능력은 모두 이전 2008년의 최고치보다 더 낮았다. 제조업 고용은 2006년에 비해 여전히 약 10퍼센트 감소했다. 미국의 공산품 무역적자(정제 석유제품 제외)는 현재 GDP의 4퍼센트를 넘어 19세기 이후 최고치를 기록했다. 걱정스러운 점은, 미국의 제조업 무

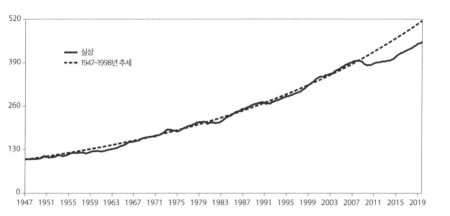

도표 6.6　　**대 불황** (일인당 실질 가계 소비지출, 1947년 1월 = 100)　　　　　출처: 경제분석국; 매튜 클라인 계산

역 지위가 이처럼 악화되는 것이 대부분 선진 자본재의 수출 부진과 경쟁제품의 해외 수입 급증에 기인한다는 점이다. 전반적인 경상수지 적자는 미국 석유산업의 변화와 미국 소프트웨어 수출증가(일부는 세금상의 이유로 외국인 직접 투자 소득으로 측정됨)가 견제해왔다.[41]

미국이 경상수지 적자를 지속하는 것은 해외에서의 과도한 저축과 이러한 초과 저축액을 흡수하는 미국의 역할 때문이라고 설명할 수밖에 없다. 미국인들에게 좀 더 신중하게 행동해야 한다고 요구하는 것은 요점을 빗나갔다. 너무 많이 빌리기로 결정한 사람들은 미국인들이 아니기 때문이다. 대출을 원하는 미국인이 있는 한, 그리고 모든 국가에서 적절한 조건하에서 기꺼이 대출을 받으려는 사람들이 있는 한, 미국 금융권은 대출 대상이 충족될 때까지 그들을 찾아내고 이자율과 대출 기준을 낮출 것이다. 금융 시스템은 저축이 줄어들 때까지 실물경제에서 조정이 계속 일어나도록 강요할 것이다. 차용이 증가하거나 소득이 감소하거나 둘 중

도표 6.7 미국의 제조업 무역적자는 사상 최대치에 가깝다. (GDP에서 차지하는 식품, 사료, 음료, 에너지 제품을 제외한 상품의 순 무역)

출처: 경제분석국; 매튜 클라인 계산

에 하나일 것이다.

예를 들어보자.

- 미국으로의 순 유입은 그렇지 않았을 때보다 달러화를 더 비싸게 만들 수 있다. 통화 절상은 수출 수익과 소득을 희생하면서 가계 구매력을 증가시키고, 이는 더 높은 소비와 더 낮은 생산의 조합을 통해 저축을 더 적게 하는 것을 의미한다.
- 값싼 수입품은 기존 노동자들을 대체해서 미국의 실업률을 높일 수 있다. 실업자는 소득이 없어도 소비하기 때문에 저축률이 마이너스인데, 이는 실업률이 높아지면 기계적으로 국민 저축률이 낮아진다는 것을 의미한다.
- 고용이 감소하게 되면 대규모로 재정을 이전하는 데 자금을 조달하기 위해 정부가 추가 차입을 하게 되며, 이는 대체로 소비가 증가

하고 저축이 감소하는 상황을 야기했을 것이다.

- 실업률을 줄이기 위해 연방준비제도이사회는 더 낮은 이자율과 더 느슨한 신용 조건을 통해 추가 차입을 하도록 장려할 수 있다.
- 외국인 유입과 연방준비제도이사회의 통화 대응으로 부동산, 주식, 기타 미국 자산의 가격이 기존 수준 이상으로 상승할 수 있으며 심지어 자산 거품을 촉발할 수도 있다. 높은 자산 가격은 사람들에게 더 부유하게 느끼게 하고, 현재의 수입으로 더 많은 돈을 쓰게 한다.

위와 같은 모든 메커니즘은 소득 감소(실업 증가)와 부채 증가를 어느 정도 발생시킨다. 다시 말해서 외국인들이 상품과 서비스에 충분한 지출을 하지 않으면 미국 금융 자산을 과도하게 구매하는 것으로 이어지기 쉬운데, 그 이유는 달러화가 주요 국제준비자산으로서 불행한 지위에 있기 때문이다. 결과적으로 미국 부채가 증가하게 된다.

2014년까지 과도한 외국인 저축은 외국인 보유고 관리자들이 주도했다. 2009년 초부터 2014년 중반까지 미국인들은 일관적으로, 민간 투자자들이 미국에서 사들인 자산보다 해외에서 더 많은 자산을 샀다. 이러한 민간 부문의 흐름에는 변화가 없고 외국 정부가 미국 자산을 매입하지 않았다면 미국의 누적 경상수지 흑자는 약 1조 달러, 즉 매년 GDP의 약 1.2퍼센트에 달했을 것이다. 그러나 보유고 관리자들은 연간 미국 GDP의 약 3.6퍼센트에 해당하는 비율로 미국 달러 자산을 매입함으로써 이러한 민간 흐름을 상회해서 상쇄했다.

그러나 2014년 중반 이후, 보유고 관리자들은 더 이상 미국 경상수지 적자의 주요 자금 제공자가 아니었다. 중국 등 일부 사례에서는 부유층 가계와 기업의 해외 투자를 상쇄하기 위한 보유고가 감소했다. 중국의 대외적 지위에 전반적으로 미치는 영향은 미미했고, 변한 것이라고는 어떤 엘리트 집단이 해외에 투자할 수 있느냐 하는 것뿐이었다.

더욱 심각한 것은 중국의 신용 긴축과 투자 둔화가 유가 붕괴와 다른 상품들의 가격 폭락과 동시에 겹쳤다는 점이다. 많은 수출국들은 구매력에 가해진 타격을 완화하고 수입의 붕괴를 막기 위해 보유고를 줄이는 방법을 택했다. 그러나 유가가 반등하면서 많은 생산자들이 등한시했던 저축을 다시 시작했다.

동시에 유가 하락은 세계의 다른 나라들의 수입 에너지에 대한 지출을 감소시켰다. 중국을 제외한 아시아 정부들(특히 일본, 한국, 싱가포르, 대만, 태국)은 외환보유고를 추가로 축적하거나, 정부가 지원하는 연금과 생명보험 기금을 해외에 투자하는 방식으로 또는 두 가지 방법을 모두 쓰는 방식으로 대응했다. 대외관계협의회의 브래드 세서가 집계한 자료에 따르면, 2014년 초부터 미국 금융 자산의 누적 매입액은 거의 '0'이었다.[42]

공식적인 보유고 축적의 감소는 미국 금융 자산에 대한 새로운 수요의 원천이 상쇄시켰다. 바로 유럽인들이다. 유로 지역의 회원들은 부자에 대한 과도한 과세 없이 균형 잡힌 정부 예산이라는 이념적 목표를 달성하기 위해 내수를 억제하기로 약속했다. 연금과 복지, 사회 기반 시설 투자에 대한 정부 지출은 감소한 반면에 소비와 노동소득에 대한 세금은 상승했다.

줄어드는 적자는 민간 저축자들이 살 수 있는 국채의 공급을 붕괴시켰지만, 유럽의 민간 부문은 여전히 저축하기를 원했다. 결국, 경제는 여전히 약세이고 그들은 아직도 거품 시대에 축적된 개인 부채의 결과를 다루고 있다. 더욱 가관인 것은 유럽중앙은행의 자산 매입 프로그램이었다. 이는 결국 수조 유로에 달하는 유럽 정부와 기업의 채권을 사들이는 것으로 끝이 났다. 유럽중앙은행의 추정에 따르면 독일 정부 채권의 15퍼센트만을 2018년 초에 민간 투자자들이 보유했다고 한다. 나머지는 중앙은행들이 이미 독차지하고 있었기 때문이다.

유럽 저축자들은 이러한 압력에 2014년 중반부터 2018년 말까지 약 1조 5000억 유로의 외국 채권을 사들임으로써 대응해 왔다. (전체적으로 유럽인이 아닌 사람들은 유럽중앙은행에 유로표시 채권을 팔았다.) 유로 지역에서 채권 매입에 쓰인 순 거래액은 그 기간 동안 미국의 총 경상수지 적자 규모와 거의 맞먹었다. 물론 유럽의 저축자들이 미국 채권을 독점 매입한 것은 아니지만, 2014년 중반 이후 약 8000억 달러어치를 매입해왔다. 그들은 미국이 그러한 규모의 구매를 수용할 것이라는 사실을 알고 있었기 때문에 그렇게 했다.

결정적으로 2008년 이전의 대서양 건너편 금융 흐름과 달리, 이러한 구매는 보상을 받지 못했다. 이는 2014년 중반에서 2016년 초 사이에 달러의 실질 가치가 약 20퍼센트 증가하는 데 기여했다. 2019년 중반 현재 미국의 자본재와 자동차 수출은 감소한 반면 수입은 20퍼센트 가까이 증가했다. 그러므로 미국인들은 유럽인들이 내수에 지출을 억제하기로 합의함에 따른 부담을 견뎌야 했다. 미국 정책에 대한 그들의 계속되는 불만에도 불구하고, 유럽의 지도자들은 이러한 상황을 바꾸려는 아무런 노력도 하지 않는다. 마치 1960년대가 돌아온 것 같다.[43]

케인스의 복수

준비통화를 발행하는 것이 좋다는 통념이 지배적이지만, 그것은 경제보다는 심리학에 기반을 둔 오해다. 보유고 발행자가 세계 경제를 압도적으로 지배하지 않는 한, 보유고의 국내 수요와 글로벌 수요 사이에는 항상 충돌이 있을 것이다. 미국은 60년 넘게, 자국 노동자들을 희생해서 전 세계의 저축자들을 만족시켜왔다. 달러가 가진 최고 지위는 프랑스가 잘못 표현한 '지나친 특권'이 아니라 '지나친 부담'이다.

존 메이너드 케인스는 이러한 점을 이해하고 있었을 것이다. 영국은 제1차 세계대전 이후 세계 경제의 10퍼센트 미만을 차지했지만, 인도와 영연방의 저축자들이 매입한 스털링(영국 화폐 제도) 자산의 가치를 보호하기 위해, 1920년대에 터무니없이 강한 환율을 유지하기로 약속했다. 케인스가 영국 정부의 경제 고문으로서 강력하게 반대했던 그 결정이 영국 산업을 희생시킨 것이다. 영국의 수출은 1920년대 내내 1913년보다 약 25퍼센트 낮았고, 부자연스러울 정도로 값싼 수입품들이 국내 생산을 대체했다. 영국 노동자들은 거의 10년 동안 극도로 높은 실업률을 견뎠다. 세계 주요 준비 통화 중 하나를 발행하는 일이 특권이 아니었다.

그러나 영국 대중이 국제적 합의보다 국내의 일을 더 우선시하기로 했던 시기인 1930년에서 1932년 사이 상황은 바뀌었다. 영국은 국제적인 합의를 버리고 금 대비 자국의 통화를 평가절하하고, 국내 금리를 낮추며, 관세를 부과했고, 그 후 1920년대에 생겼던 나머지 경제 부국들과 자국 사이에 생활수준의 격차를 빠르게 좁혔다.[44]

그 이전에 영국 정부는 파운드스털링의 지위를 유지하기 위해 의도적으로 자국민들에게 고통을 부과했다. 그것은 파운드스털링의 지위를 유지하게 될 수도, 아니면 그 반대로도 될 수 있던 정책 선택이었다. 미국 정부도 이와 비슷하게 제2차 세계대전이 끝난 후 국제 금융 시스템을 달러에 묶는 선택을 했다. 처음에는 준비통화 발행이 부담이 되지 않았다. 미국 생산량이 세계 생산량의 거의 절반을 차지하고 있는 상황에서는 이치에 맞을 수도 있었다.

그러나 그러한 전후 초기 몇 년은 이례적이었다. 1971년까지 브레턴우즈에서의 선택은 유지될 수 없게 되었고, 그래서 닉슨 행정부는 금과의 연결을 끊었다. 그러나 1990년대부터 세계 여러 나라의 저축자들은 어떠한 공식적인 합의에도 구애받지 않고, 달러를 국제적인 준비자산으로 결정했다. 이에 따른 결과로 유입된 재정을 미국 정치와 금융 시스템이 수용했으며, 이는 미국인들에게 비참한 결과를 초래했다.

외국인 저축자들이 미국 자산을 살 때, 산업공동화로 인한 소득 감소와 수입에 대한 지출 증가의 결합을 통해 미국의 경상수지 적자는 증가한다. 미국에 자금을 조달하기 위해 기다리고 있는 수조 달러 가치를 지닌 투자들이 없다면(그런데, 없었다), 상승하는 지출은 낭비적인 투자나 추가 소비의 형태를 취할 수밖에 없다. 그리고 미국 정부가 그에 상응해 부채 발행을 증가시킴으로써 외국 중앙은행으로부터의 구매를 완전히 상쇄하지 않는 한, 미국 민간 부문은 자산을 매각하거나 지분을 내놓거나 돈을 차용함으로써 추가적인 외국 금융 유입을 흡수해야 할 것이다. 다른 그럴듯한 결과는 없다.

더욱 심각한 문제는 흑자 국가의 제도적 왜곡이 만성적인 소비 부족으로 이어졌다는 점이다. 불가피한 결과는 생산능력의 과잉, 과도한 저축, 미국 금융 자산에 대한 과도한 수요다. 거래 시스템이 제대로 기능하려면 이러한 왜곡을 제한하기 위한 균형 잡힌 메커니즘이 필요하다. 제1차 세계대전 이전에는 그러한 제한을 금본위제가 했다. 금을 잃은 적자 국가들은 소비를 줄일 수밖에 없는 반면, 금이 유입된 흑자 국가들은 내수를 진작시키는 식이었다. 그러나 세계는 전쟁을 치르기 위해 금을 버렸고, 금이 부과했던 규율을 잃었다. 케인스는 글로벌 준비자산 역할을 할 새로운 통화로 국적 없는 통화인 방코르를 내세우려 시도했으나 실패했다. 그는 어떤 나라도 세계의 불균형으로 인한 대가를 홀로 부담해서는 안 된다는 것을 인식했다. 케인스는 브레턴우즈 회의의 논쟁에서는 패했지만 그의 예리한 분석은 여전히 유효하다.

이제 다시 시도할 때다. 대체 가능한 방법들은 국내 불균형을 조정하려는 흑자 국가들의 자발적인 약속이나, 적자 국가들 특히 미국의 일방적이고 파괴적인 대응이다.

결론

무역 전쟁을 종식시키려면, 계급 전쟁을 종식시켜라

무역 전쟁은 종종 국가 간 갈등으로 표현된다. 그러나 그렇지 않다. 이는 주로 은행가들과 금융 자산의 소유자들, 또는 은행가들과 일반 가계들 사이의 갈등이다. 즉, 매우 부유한 자들과 그 외 사람들 사이의 갈등이라고 할 수 있다. 불평등의 증가는 풍부한 공산품, 실직, 부채 증가를 초래했다. 그것은 글로벌 통합이 성취해야 하는 것을 경제적으로 그리고 재정적으로 왜곡해놓은 것이다. 수십 년 동안 미국은 이러한 왜곡의 가장 큰 단일 피해국이었다. 산업공동화와 금융위기의 대가로, 다른 나라들의 과잉 생산과 저축을 흡수한 것은 미국으로서는 '지나친 부담'이었다.

하지만 미국인들만이 유일한 피해자인 것은 아니다. 미국의 금융 시스템과 소비자 시장이 다른 곳에서의 착취에 대한 안전판 역할을 해주기 때문에, 세계의 모든 국민들은 이러한 상황으로 고통받고 있다. 미국이 국제 무역과 금융에 개방적이라는 것은 유럽과 중국 등 주요 흑자 국가의 부자들이 언제든지 상품을 팔고 수익을 올리고 저축을 안전자산에 쌓아둘 수 있다는 자신감으로, 그 나라들의 노동자와 퇴직자들을 옥죄는 것을 의미한다.

만약 미국이 그렇게 개방적인 경제가 아니었다면 흑자 국가들은 과잉 생산을 다른 나라로 돌려보내야만 할 것이고, 그들 중 어느 누구도 미국만큼 그것을 흡수하려고 하거나 공장이 문을 닫고 노동자가 해고될 때까지 원치 않는 재고가 쌓이는 것을 지켜보려고 하지 않을 것이다. 한 나라의 소득 불평등 증가의 대가는 내재화될 것이고, 다른 나라들에 미치는 영향도 제한적일 것이다. 그러나 개방적인 체제는 흑자 국가들의 정치와 산업 분야 엘리트들이 그들의 행동 결과에 직면하지 못하도록 막음으로써 나머지 국가들에서 파괴적인 행동을 가능하게 했다.

어떤 관점에서 보면 세계 경제에서 비슷한 역할을 하는 미국과 영국, 캐나다, 오스트레일리아는 19세기 후반 유럽의 제국 식민지를 닮았다. 그당시 식민지 국민들은 불필요한 부채를 떠안는 대가로 유럽의 과잉 생산을 사들일 수밖에 없었다. 놀랍게도 오늘날에도 비슷한 상황이 존재한다. 그러나 폭력 대신에 현대 정권은 시장을 개방시키기 위한 영어권 국가들의 정치적 약속에 의존한다. 이것은 선택이지만 민주주의 국가에서는 국민들이 자신들의 마음을 바꿀 수 있는 선택권을 가지고 있다.

우리는 이미 처음부터 이것을 알았을지도 모른다. 2016년 선거에서 미국의 주요 대통령 후보들은 모두 환태평양경제동반자협정(TPP)을 부인했다. 버니 샌더스는 '기업들이 미국 노동자들을 거리로 내몰기 쉽게 할 것'이라며 '세계 최대 인권 침해자들 중 일부에게 되갚아 줄 것'이라고 경고했다. 힐러리 클린턴은 이 협정이 환율 조작 문제를 다루지 못하고 제약 특허를 지나치게 보호했다고 우려했다. 버락 오바마와 클린턴의 측근이었던 로렌스 서머스 미국 전 재무장관은 TPP에 노골적으로 반대하지는 않았지만 IMF 개혁이나 유엔의 자금지원 강화에 비하면 시간 낭비라고 생각하기도 했다. 서머스에게 있어 '더 많은 세계화'는 불필요했고, 정치인들은 '우리의 세계화가 우리 시민들을 위해 작동되도록' 하는 데 초점을 맞추어야 한다고 여겼다.[1]

도널드 트럼프가 대통령으로서 처음 했던 행동들 중 하나는 미국을 TPP에서 끌어내는 것이었다. 트럼프는 오바마 행정부가 협상한 또 다른 주요 무역 거래인 대서양 횡단 무역·투자 파트너십 조항도 추구하지 않는 것처럼 보인다. 그는 취임 이후 수년간 한국산 세탁기부터 캐나다산 철강까지 그리고 미국이 중국에서 들여오는 수입품 거의 전부에 대해 징벌적 관세를 부과해왔다. 그래서 2017년 말부터 2019년 중반 사이 통관 수입 징수액이 2배로 늘어나는 효과를 보았다. 트럼프의 위협은 유럽에서 자동차 수입에 이어 훨씬 더 넓은 분야로 관세 기반을 확대하려고 한다. 이러한 행동들 중 일부는 인기가 없지만, 2020년에 대통령 선거에 출마한 많은 사람들을 포함한 많은 주요 민주당원들은 중국 상품에 부과되는 관세를 지지한다.[2]

그러나 우리가 이 책에서 말했듯이 관세를 통해 무역 불균형을 해결하려고 하는 것은 효과가 없고, 특정한 조건에서는 오히려 해로울 수 있다. 그렇기 때문에 자본통제*는 특히 영어를 사용하는 다른 경제권에서 점점 더 인기를 얻고 있다는 것이 중요하다. 뉴질랜드는 최근에 모든 비거주자들의 주거용 부동산 구입을 금지했다. 호주는 외국인 구매자를 신축 주택 구입만 가능하도록 제한해 건설 활성화를 도왔고 주마다 요금이 다르긴 하지만 외국인 구매에 세금을 부과하고 있다. 캐나다의 일부 지방정부는 외국인 주택 구입자들에게 세금을 부과하기 시작했다. 미국은 정

---

* 국내 경제를 보호하기 위해 단기 투기성 자본들이 들어오는 것을 막는 정책.

도가 더 심해질 수 있다. 2019년 7월 31일, 두 명의 미국 상원의원(민주당원, 공화당원)은 '시장 접근 요금'으로 외국인 투자를 억제해 경상수지 적자를 '0'으로 축소하도록 연방준비제도이사회에 지시하는 법안을 제출했다.[3]

놀라운 것은 미국인들이 개방적인 시스템을 오랫동안 용인해왔다는 것이다. 그 시스템이 처음 실시되었을 때, 미국 경제는 세계의 다른 나라들 전체와 거의 같은 규모였다. 그러나 오늘날 미국은 전 세계 생산량의 4분의 1 조금 안 되게 차지하고 있다. 70년 전과 비교했을 때, 현재 나머지 국가들은 미국에 비해 3배나 더 큰데, 이는 미국이 나머지 세계의 저축 불균형을 흡수할 능력이 훨씬 적어졌다는 것을 의미한다. 세계 경제에서 미국의 몫이 계속 줄어들면 미국인에게 부과되는 부담은 시스템이 붕괴될 때까지 계속 증가할 것이다. 그러나 최근까지 미국 정치 주류에서 어느 누구도 편안하게 이 시스템을 건드리지 못하고 있다.

이토록 놀라운 일은 미국 자신의 계급 전쟁으로 설명할 수 있다. 결국, 많은 미국인들은 세계의 나머지 초과 저축을 수용하기 위해 금융 자산을 생산해내면서 번영하고 있다. 세계가 미국 시장과 미국 달러를 선호하기 때문에, 이 시장에 대한 접근을 통제하는 금융인들의 소득과 국내 정치적 영향력이 점점 증대하고 있다. 수십 년 동안, 미국 재무부는 국제 금융에 대해 주로 미국의 주요 상업, 투자 은행과 금융 자본 소유자들에게 합당한 방식으로 접근할 수 있도록 추진해왔다. 강한 달러를 유지하기 위해서라는 역효과적인 약속으로 노골적으로 반대하지 않았지만, 다른 모든 나라 사람들의 경제적 이익은 대부분 무시되었다. 이는 자본의 규제를 풀고 자본의 이동성을 높이면 최상의 투자 결과를 얻을 수 있다는 근거로 항상 정당화되었다.

부가 증가하면 필연적으로 모든 미국인들에게로 나누어질 것이라고 그들은 설명했다. 국제 자본의 흐름이 자본의 장기적인 사용에 대한 냉정한 투자 결정보다 투기, 투자 유행, 자본 이탈, 예비금 축적(종종 중상주의 목적)에 따라 훨씬 더 많이 좌우된다는 사실에 개의치 않는다. 미국의 많은 회사들은 노동자들의 급여가 낮은 나라로 생산업체를 옮긴 다음 더 높은 이윤을 받고 미국 소비자들에게 상품을 되팖으로써 미국에 들어오는 막대한 자금 유입에 적응했다.

냉전 기간 동안 지정학적 이유로 국내 산업을 기꺼이 희생시키려 했던 미국 관리들 때문에 은행들의 영향력이 증폭되었다. 미 정부는 상무부 관리들이 소위 전략적 혜택 때문에 미국 기업과 노동자들에게 불리하다고 개인적으로 주장했던 무역협정을 여러 차례 협상했다. 더 최근에는 국제 지불 시스템에서 달러가 차지하는 비중으로 인해, 재무부는 세계 어느 곳에서든 목표물에 금융 제재를 가할 수 있는 엄청난 힘을 갖게 되었다. 그러나 무엇보다도 1969~1974년 재무부의 국제 담당 차관이었던 폴 볼커는 최근 인터뷰에서 "승자가 값을 치른다"고 말했다.[4]

세계 부자들이 세계 노동자와 퇴직자들의 희생을 감수하면서 혜택을 볼 수 있었던 것은, 미국 금융인들의 이익이 중국과 독일 산업인들의 이익에 보탬이 되었기 때문이다. 두 나라는 전 세계에서 가장 부유한 사람들의 이익을 보완해주었다. 심지어 가장 가난한 나라에서도. 현대의 흑자 국가들은 자신들의 과잉 생산을 흡수해줄 식민지가 필요하지 않다. 왜냐하면 그들에게는 적자 국가들의 은행가들이 기꺼이 협력하기 때문이다.

심화된 세계화와 증가하는 불평등이 서로를 강화시켜온 비뚤어진 결과다. 전 세계의 기업들은 국제 경쟁을 저임금, 환경과 안전에 대한 규제 약화, 세금 특혜 제도, 퇴보적 이전을 추진하기 위한 구실로 삼고 있다. 평범한 가계를 쥐어짜는 것이 생산성 향상이나 사회 기반 시설 투자 또는 보건과 교육 개선보다 훨씬 쉬웠던 것으로 보인다. 그러나 이는 지속 가능한 방식이 아니다. 왜냐하면 임금 하락은 세계 경제의 총 지출을 감소시키는 소비 둔화를 가져오고, 궁극적으로 자기 제한적이고 자기 패배적인 부채 증가로 이어지기 마련이기 때문이다. 현대사를 통틀어 치우친 소득 불평등과 치솟는 규모의 부채가 겹쳐 일어나는 것은 단순한 우연이 아니다.

따라서 지난 수십 년 동안 상품과 서비스에 대한 수요는 미국이 스윙 프로듀서*의 역할을 하면서 세계에서 가장 희귀하고 가치 있는 자원이 되었다. 세계 곳곳의 기업들은 국내 시장 규모를 억제하기 위해 협력하면서도, 세계 시장에서 더 큰 점유율을 차지하기 위해 서로 싸우고 있다. 이것이 바로 '욕심 많은 이웃'의 정의다. '경쟁력'이란 말이 직접적으로든 또는 환율하락과 사회안전망 약화를 통해서든, 노동자 임금을 끌어내리는 완곡한 표현으로 자리 잡았기 때문에, 경쟁력에 집착함으로써 전 세계적인 소비 부족을 초래했다. 무역 전쟁은 세계화의 거의 필연적인 결과다. 근본적으로 공동의 이익을 공유하는 사람들이 서로 대립하게 되는 것은 울트라 부자들이 다른 모든 사람들에 대항해 계급 전쟁을 성공적으로 벌이고 있기 때문이다.

현재의 무역 협상은 이러한 의문들 중 어느 것도 다루지 않으며, 이것이 바로 그들이 거의 성공하지 못하는 이유다. 중국이 미국산 비행기를 몇 대나 사고 미국산 콩을 몇 톤이나 사겠다고 약속했다든가, 또는 미국이 대중국 무역에서 양측의 적자가 얼마나 줄어들었느냐 하는 문제는 사실 별 차이가 없다. 앞서 중국으로 이전했던 미국 기업들이 얼마나 미국

---

* 어떤 상품의 대량 생산을 통제하거나 소유하는 공급자.

으로 돌아가는지조차 중요한 문제가 아니다. 일반 중국인들이 자신들이 생산한 것을 거의 보유하지 못하는 한, 이는 반드시 상품과 서비스에 대한 지출을 감소시킨다. 그러면 중국은 무역흑자를 운영해야 하고 막대한 양의 저축을 수출해야 한다. 독일, 일본, 네덜란드, 한국, 대만, 스위스, 싱가포르 그리고 다른 주요 흑자 국가에서도 마찬가지다. 적자 국가들이 이러한 외국 자본의 흐름을 다른 곳으로 보내지 않는 한, 그들은 불가피하게 다른 나라들의 과잉 저축과 과잉 생산을 흡수해야 하기 때문이다.

미국이 세계 최대 소비 시장과 최대 자본 시장을 점진적으로 폐쇄하는 등 세계 무역에서 손을 떼게 되면 처음에는 나머지 국가들에게 상당한 비용이 부과되고, 결국에는 미국 자체에 상당한 비용이 부과될 것이라는 데는 의심의 여지가 없다. 만약 미국이 다른 나라들과 새로운 규칙에 합의하지 않고 이제껏 해오던 역할에서 물러난다면, 각국이 조정의 부담을 다른 곳으로 옮기려 하면서 세계 무역은 불안정해지고 점점 더 논쟁거리가 될 것이다. 20세기 후반의 평화적 세계화라는 역사적으로 이례적인 시기 대신, 세계는 1600년대부터 20세기 전반까지의 무역을 특징짓던 무정부 상태 그리고 잠재적으로 폭력과 유사한 상황을 맞이할 것이다. 틀림없이 비극이 될 것이다.

미국은 무엇을 해야 하는가?

미국 역시 독일처럼 극심한 불평등과 열악한 사회 기반 시설 때문에 골머리를 앓고 있다. 다만 독일과 달리 경상수지 적자가 크다. 이는 미국인들이 개방적인 시스템 내에서 모든 문제를 동시에 해결할 수 없다는 것을 의미한다. 불평등을 줄이고 사회 기반 시설을 정비하면 소비가 늘고 투자가 늘어날 것이다. 미국의 생산량도 증가할 것으로 보이지만 지출 증가의 일부는 외국 생산업자들이 흡수할 가능성이 있으며, 이는 미국의 경상수지 적자가 증가할 것이라는 것을 의미한다.

미국은 다른 나라들의 정책이 바뀌지 않는 한, 외국인 투자를 제한하지 않고는 불평등을 일방적으로 줄이거나 생활수준을 높이거나 경상수지 적자를 동시에 안정시키거나 축소할 수 없다. 영국이나 프랑스와 같이 경상수지 적자이면서 자본시장이 개방된 다른 나라들도 마찬가지다. 문제는 이러한 경쟁우위를 어떻게 관리하느냐 하는 것이다.

단기적으로 미국의 첫 번째 목표는, 원치 않는 자금 유입을 흡수하는 부담을 민간 부문에서 연방정부로 전가하는 것이어야 한다. 예산 적자나 정부 지출 수준에 대한 잘못된 우려를 빌미로, 감당할 수 있는 것보다 더 많은 돈을 빌리도록 미국 가계와 기업들에게 강요해서는 안 된다. 우리가 보여 준 바와 같이 미국이 영구적인 금융수지 흑자를 흡수해야 한다는 사실은, 미국의 실업률 증가를 막을 수 있는 유일한 방법이 더 많은 부채와 더 높은 정부 차입을 어느 정도 결합하는 것이라는 점을 나타낸다. 그것이 가까운 시일 내에 미국 재무부 부채가 외국 저축자들의 욕구를 충족시키기 위해 필요에 따라 발행되어야 하는 이유다. 급여세 인하, 소득세 표준공제 확대, 사회안전망 개선, 특히 의료비 지출은 소득의 불평등 분배를 개선하는 동시에 필요한 예산 적자를 발생시키는 데도 도움이 될 것이다.

연방정부가 미국에 매우 필요한 사회 기반 시설, 특히 대중교통과 녹색 에너지에 직접 또는 간접으로 투자를 증가시켜 외국의 금융 흐름을 흡수한다면 더욱 좋을 것이다. 수년간의 긴축 재정과 방치로 가치 있는 대량의 프로젝트들이 밀려 있다. 게다가 미국에서의 사회 기반 시설 투자는 분명히 부채 상환 능력을 증가시켜 실제로 추가적인 부채 상환 비용을 훨씬 능가할 것이다. 그래서 더 이상의 심한 빚 부담은 초래하지 않을 것이다. 부채는 증가하겠지만 GDP는 더 증가할 것이다.

비록 국내 시장이 해외에서 들어오는 과잉 공급으로 압도되어 있더라도, 연방의 지출은 미국 제조업체들에 대한 수요를 유지시키는 데 도움이 될 수 있다. 방위비 조달을 늘리는 것이 가장 쉬운 방법이지만, 더 효과적일 수 있는 다른 방안들도 고려해야 한다. 외국인들이 미국인들에게 팔겠다는 것을 막는 것이 아니라, 세계의 과소비로 인한 왜곡에도 불구하고 국내 산업 기반의 존립을 유지하는 것이 목표여야 한다.

동시에 미국은 특정 정부가 달러화로 표시된 비상 저축을 축적하지 않고도 위기에서 자국을 보호하기 위해 요구하는 정당한 욕구를 수용할 수 있는 방법을 찾아야 한다. 외국인들이 연방준비제도이사회에서 달러를 쉽게 빌릴 수 있도록 하는 것이 도움이 될 것이다. 2008년에 연준은 비교적 관대한 조건하에서 한국과 멕시코를 포함한 미국의 주요 동맹국들에게 거의 무제한의 신용대출을 했다. 2013년에 연준은 캐나다, 유로 지역, 영국, 일본, 스위스의 중앙은행과 상설약정을 맺었지만, 이론적으로는 언제든지 종료될 수 있었다. 영구적인 제도적 구조로 전환해서 더 넓은 영역의 차용자들에게로 확장하면 미국 자산을 소유하려는 외환 보유고를 줄이는 데 도움이 될 것이다.[5]

그러나 이러한 조치들은 주로 단기적인 임시방편들이다. 세계 경제의 근본적인 문제들을 해결하기에는 충분하지 않다. 미국은 여전히 세계의 과잉 저축과 그에 수반되는 잉여 생산을 들이붓는 곳으로 남아 있을 것이다. 주요 흑자 국가 엘리트들이 노동자와 퇴직자의 구매력을 지속적으로 옥죄는 제도에 전념하는 한 개방적인 세계무역체제는 계속 위협받을 것이다.

따라서 무역 전쟁이 세계 경제에 더 큰 피해를 주고 국제 평화를 해치기 전에 끝내려면, 우리는 소득 불평등이라는 문제와 세계가 미국의 금융 시스템에 지나치게 의존하는 문제를 해결해야 한다. 미국은 세계 무역과 무엇보다도 파괴된 세계 자본 흐름 체제를 개혁하는 데 앞장서야 한다. 적자 국가들은 흑자 국가들의 엘리트들이 그들의 행동에 따른 비용을 내재화하도록 강제할 방법을 찾아야 하고, 또한 실질적인 자국의 엘리트들의 반대에 직면해서도 그렇게 해야만 한다. 개방된 무역의 세계에는 엄청난 이득이 있지만, 그에 따른 비용 또한 존재한다. 그리고 이러한 비용들은 우리가 이익을 유지하기를 원한다면 반드시 해결되어야 한다.

흑자 국가들은 무엇을 해야 하는가?

글로벌 지출 부족은 흑자 국가들에서 비롯된다. 독일 정책 입안자들은 독일의 흑자가 우수한 생산 기술에 대한 보상이라고 주장하지만, 이것은 완전히 말도 안 되는 주장이다. 우수한 생산성에 대해 국가가 받는 보상은 교역조건 개선을 통한 수입 증대다. 지속적인 흑자는 거의 기업과 부자에게 유리하게 규정된 불균형한 소득 분배의 결과인 경우가 많다. 미국과 다른 적자 국가들은 그러한 흑자를 상쇄하려고 노력할 수 있지만, 만약 그들이 성공한다 하더라도, 우리가 설명한 문제들은 해결되지 않은 채로 남아 있을 것이다. 아시아와 유럽 사람들은 더 나은 대접을 받을 자격이 있다.

최근 자료를 보면 중국이 달러 기준으로 경상수지 흑자 규모가 2위 또는 3위 중 하나임을 알 수 있다. 이러한 흑자가 향후 몇 년 동안 국내 투자가 감소함에 따라 급속히 증가할 수 있다는 점에서 위험하다. 가계 지출의 증가를 상쇄하지 않는다면, 그 결과는 2000년대에 전 세계를 괴롭혔던 과잉의 복귀가 될 것이다. 다행히 중국 정부는 엘리트 계층에서 일반 노동자와 퇴직자로 소득을 이동시킴으로써 이를 막기 위한 많은 도구를 가지고 있다.

첫째, 후커우 제도를 개혁해서 결국 없애, 모든 중국인들이 현재 살고 있는 곳 어디든 상관없이 세금을 지불하는 정부의 혜택을 받을 수 있도록 해야 한다. 둘째, 정부는 안전망의 질을 확대하고 은퇴 시, 의료 보장 등 합리적인 소득을 보장해야 한다. 셋째, 정부는 노동자들이 더 나은 임금과 노동 조건을 협상하기 쉽게 해야 한다. 넷째, 국영기업들은 더 많은 배당금을 지불해야 한다. 이러한 배당금은 전용 사회 재산 기금을 통해 중국 가계에 직접 분배되면 이상적일 것이다. 다섯째, 정부는 더 엄격한 환경 규제를 통해 공기와 수질 개선을 위한 노력을 계속해야 한다. 여섯째, 정부는 빈곤층과 중산층 소비자의 부담을 줄이고 최고 소득자에 대한 세금을 올리는 방식으로 조세제도를 개혁해야 한다. 마지막으로 정부는 필요하다면 외환보유고를 매각하는 등 위안화 가치를 계속 뒷받침해야 하는데, 이는 수출기업의 오너에서 중국 일반 소비자에게로 구매력을 이전하는 데 도움이 될 것이다.

이 제안들 중 어느 것도 새로운 것은 없다. 2013년 10월 제3평의회 때 공식적으로 제안된 개혁안에 마지막을 제외한 모든 개혁안이 들어 있고, 마지막까지도 전 중앙은행 총재의 지지를 받았다. 그러나 이러한 개혁은 균형 조정 정책으로 손해를 볼 중국의 강력한 기득권 세력이 맹렬히 반대해왔다. 중국이 균형자산 재조정을 (그들의 초과 저축액을 미국에 버릴 수만 있다면 가능한 일인데) 연기할 수 있는 한, 필요한 조정을 피하려는 유혹은 계속될 것이다.

유로 지역은 현재 세계 불균형의 가장 큰 원천이다. 2008년 이전에는 위기 국가인 스페인, 그리스, 이탈리아, 아일랜드 등에서 가계와 기업이 소득보다 더 많은 돈을 빌려 독일의 침체를 상쇄했다. 이는 전체 경제의 성장을 견인했지만 지속 가능하지 않은 것으로 판명되었다. 금융위기로 인해 가계와 기업은 지출을 줄이고 부채 상환에 집중해야 했다.

유럽의 정부들은 처음에 그 충격을 완화하기 위해 차입과 지출을 통해 개입했다. 그러나 최근에는 이러한 정부들이 긴축을 강요받고 있다. 그 결과 세금 인상, 실업 증가, 빈곤 증가, 열악한 사회 기반 시설, 전반적인 생활수준 저하 등이 나타났다. 이로써 거의 모든 국가의 국가 부채 금리를 가장 긴 만기 대출임에도 '0' 이하로 떨어뜨리는 복합적인 효과가 나타났다. 따라서 유로 지역의 두 가지 목표는 전체 민간 흑자를 줄이고 총 예산 적자를 확대하는 것이어야 한다.

유럽의 대규모 민간 흑자는 궁극적으로 불평등을 증가시키는 원인이다. 이는 초부유층과 이들이 지배하고 있는 사업체에서 일반 유럽 가구로 소득을 전환하는 간단한 정책을 펼치면 충분히 역전될 수 있다는 의미다. 고소득자에 대한 세금 인상, 사회보장세 인하, 부가가치세 인하, 사회안전망 강화, 최저임금 인상 등이 명백한 난제가 될 것이다. 독일은 특히 상속세 제도를 개혁해 소수의 가족 소유 기업에 기업 재산이 몰리는 것을 막고, 재산세 제도를 주택 가치의 변화를 감안하도록 업데이트해야 한다.

유럽의 재정 상태를 바로잡기 위해서는 창의적인 제도들이 필요하다.

각 나라가 세금을 인하하고 자국의 국내 수요에 맞게 지출을 늘리는 것이 이상적일 것이다. 예를 들어, 독일은 높은 세금을 낮추고 노동자의 소득보장을 개선해 결국 도로, 교량, 고속철도, 광대역, 녹색에너지 등에 필요한 투자를 함으로써, GDP의 2퍼센트에 달하는 예산 잉여에서 4퍼센트의 예산 적자로 전환할 수 있다. 한편 네덜란드는 소득세와 부가가치세를 낮추고 부담스러운 파산법을 완화함으로써 어려움을 겪고 있는 가계가 막대한 주택부채 부담에서 벗어날 수 있도록 도울 수 있을 것이다.[6]

그러한 정책들은 독일과 네덜란드 사람들에게 좋을 테지만, 위기 국가들의 변화 때문에 2012년 이후 많은 변화를 겪은 유럽의 전체적인 균형에 영향을 미치기에는 충분하지 않을 것이다. 순전히 경제적 여건에 기초해 가장 큰 재정적자는 그리스, 이탈리아, 스페인 등 그것을 지탱할 수 없는 유로 지역의 나라들에 있어야 한다. 이것이 문제가 된다.

가능한 한 유럽 재정 정책을 연방화하는 것이 가장 실용적인 해결책이 될 것이다. 국가 정부들은 더 적게 쓰고 덜 빌려서, 유로 지역을 세계에서 영구적인 위협이 되는 존재로 만들지 않고 조약의 내용을 지킬 수 있게 할 것이다. 유럽 투자 은행은 블록 전반에 걸친 사회 기반 시설 프로젝트의 주요 자금 조달처가 될 수 있으며, 국경을 초월한 프로젝트를 조정할 수 있다. 공동 예금 보험과 은행 결의는 그리스와 포르투갈의 은행 저축이 독일과 네덜란드의 은행 저축과 같은 수준으로 항상 보장되게 할 것이다. 마지막으로, 새로운 중앙 유로 지역 재무부는 실업 재보험과 퇴직보장과 같은 핵심 지출 기능을 인수하고, EIB를 중단시키고, 미국 재무부 채권만큼 국제 투자자들에게도 바람직한 부채를 발행하고, 공통 세금을 부과할 것이다. 이러한 새로운 세금은 통화권 내의 기업 이윤 이동을 단속하고 유로 지역의 가장 부유한 거주자들의 부유세를 목표로 삼는 것이 가장 이상적일 것이다.

만약 중국과 유럽이 위에서 설명한 일반적인 규정을 따른다면, 전 세계적으로 생활수준이 상승하고 부채는 감소할 것이다. 소비가 증가하면 기업은 수요를 충족시킬 수 있는 추가 생산능력에 투자해야 한다. 따라서 일반 가구에 소득을 이전하는 것은 소비와 투자 모두를 증가시킬 것이다. 이 경우 재분배는 더 높은 생산으로 이어질 수 있다. 개방된 체제는 보존될 것이고, 각국의 내부 계급 갈등이 평화적으로 해결되면서 현재의 무역을 둘러싼 갈등은 사라지게 될 것이다. 이것이 우리가 선호하는 결과다. 다른 대안들은 훨씬 더 심하다. 적어도, 그 대안에는 미국이 더 이상 세계적인 불균형을 계속 흡수해서 수용하는 일은 거절한다는 사실이 포함되어야 할 것이다.

우리의 제안이 실행하기 어려워 보일지 모르지만, 전에도 했던 적이 있다. 브레턴우즈에서 연합국은 세계 경제와 국제 금융을 위한 새로운 규칙 체계를 만들었다. 국내에서는 정부가 기본적인 생활수준을 보장하고 노동자와 퇴직자의 안전을 향상시킴으로써 사회민주주의를 강화했다. 리더들은 그 시대의 도전에 대응했고 과거의 경험에서 배웠다. 그들의 해결책은 불완전했다. 그러나 그것이 바로 우리가 있는 이유다. 그들은 평등주의, 글로벌 협력, 평화의 가치에 바탕을 두고 있었다. 세계인들은 오늘날의 도전 과제에 대해 비슷한 반응을 보일 자격이 있다.

Notes

서문

1. David Autor et al., "Importing Political Polarization? The Electoral Consequences of Rising Trade Exposure," December 2017, NBER Working Paper No. 22637; Bob Davis and Jon Hilsenrath, "How the China Shock, Deep and Swift, Spurred the Rise of Trump," *Wall Street Journal,* August 11, 2016; David Autor et al., "A Note on the Effect of Rising Trade Exposure on the 2016 Presidential Election," MIT Working Paper, rev. March 2, 2017.

2. Senate Democrats, "Schumer Statement on New Tariffs on Chinese Imports," Press Release, June 15, 2018, https://www.democrats.senate.gov/newsroom/press-releases /schumer-statement-on-new-tariffs-on-chinese-imports.

3. Brad W. Setser, "The Continuing Chinese Drag on the Global Economy," CFR (blog), July 18, 2019, https://www.cfr.org/blog/continuing-chinese-drag-global-economy.

4. Eurostat, "GDP and Main Components (Output, Expenditure and Income)," https://appsso.eurostat.ec.europa.eu/nui/show.do?dataset=bop_c6_q&lang=en.

5. IMF, "World Economic Outlook Database," April 2019, https://www.imf.org /external/pubs/ft/weo/2019/01/weodata/index.aspx.

6. "Verkauft doch eure Inseln, ihr Pleite-Griechen . . . und die Akropolis gleich mit!," *Bild*, October 27, 2010; Stefan Wagstyl, "Greeks Find Support for German Reparations Claims—in Germany," *Financial Times*, March 17, 2015; Mehreen Khan and Paul McLean, "Dijsselbloem under Fire after Saying Eurozone Countries Wasted Money on 'Alcohol and Women,'" *Financial Times*, March 21, 2017.

7. John A. Hobson, *Imperialism: A Study* (New York: James Pott, 1902). See also Thomas Hauner, Branko Milanovic, and Suresh Naidu, "Inequality, Foreign Investment, and Imperialism," Stone Center Working Paper 2017, for a modern quantitative analysis of Hobson's thesis.

8. Kenneth Austin, "Communist China's Capitalism: The Highest Stage of Capitalist Imperialism," *World Economics*, January–March 2011, 79–94.

제 1 장 _애덤 스미스에서 팀 쿡까지

1. Adam Smith, *An Inquiry into the Nature and Causes of the Wealth of Nations*, 2 vols., ed. Edwin Cannan (London: Methuen, 1904), vol. 1, bk. 1, chap. 1, available at https://oll.libertyfund.org/.

2. R. H. Coase, "The Nature of the Firm," *Economica* 4, no. 16 (November 1937): 386–405.

3. Smith, *Wealth of Nations*, vol. 1, bk. 4, chap. 2.

4. David Ricardo, *On the Principles of Political Economy and Taxation*, 3rd ed. (London: John Murray, 1821), chaps. 7, 27, available at https://oll.libertyfund.org/.

5. Ricardo, *Principles*, chap. 7.

6. Cameron Hewitt, "Brits on the Douro: A Brief History of Port," *Rick Steves' Europe*, https://www.ricksteves.com/watch-read-listen/read/articles/the-history-of-port.

7. Ricardo, *Principles*, chap. 7.

8. "President's Address to Both Houses of Congress," *Annals of Congress*, 1st Cong., 2d sess., January 8, 1790.

9. "Alexander Hamilton's Final Version of the Report on the Subject of Manufactures [5 December 1791]," Founders Online, https://founders.archives.gov/documents /Hamilton/01-10-02-0001-0007.

10. Douglas A. Irwin, "The Aftermath of Hamilton's 'Report on Manufactures,'" NBER Working Paper No. 9943, August 2003; Act to Regulate the Duties on Imports and Tonnage, 14th Cong., 1st sess., Ch. 107, 3 Stat. 310 [Tariff of 1816 (Dallas Tariff)].

11. Friedrich List, *Outlines of American Political Economy, in a Series of Letters . . . to Charles J. Ingersoll . . .* (Philadelphia, Samuel Parker, 1827), available at https://oll .libertyfund.org/.

12. Friedrich List, *The National System of Political Economy*, trans. Sampson S. Lloyd (London: Longmans, Green, 1909), available at https://oll.libertyfund.org/.

13. Paul Bairoch and Richard Kozul-Wright, "Globalization Myths: Some Historical Reflections on Integration, Industrialization, and Growth in the World Economy," UNCTAD Discussion Paper No. 113, March 1996.

14. Adam Tooze, *The Deluge: The Great War, America, and the Remaking of the Global Order, 1916–1931* (New York: Penguin, 2014); John H. Williams, "The Foreign Trade Balance of the United States since the Armistice," *American Economic Review* 11, no. 1, suppl. (March 1921): 22–39.

15. Harold James and Kevin O'Rourke, "Italy and the First Age of Globalization, 1861–1940," paper presented at the conference "Italy and the World Economy, 1861–2011," Rome, October 12–15, 2011; Barry Eichengreen and Douglas A. Irwin, "The Slide to Protectionism in the Great Depression: Who Succumbed and Why?," *Journal of Economic History* 70, no. 4 (December 2010): 871–97.

16. BIS, Annual Report, 2017, "Understanding Globalization," https://www.bis.org/publ/arpdf/ar2017e6.htm; BEA, "National Income and Product Accounts," table 4.1, https://apps.bea.gov/iTable/.

17. Benn Steil, *The Battle of Bretton Woods: John Maynard Keynes, Harry Dexter White, and the Making of a New World Order* (Princeton, N.J.: Princeton University Press, 2013); "Resolution VII: International Economic Problems" and "Closing Address by Henry Morgenthau, Jr. [July 22, 1944]," in *Proceedings and Documents of the United Nations Monetary and Financial Conference, Bretton Woods, New Hampshire, July 1–22, 1944*, ed. U.S. State Department (Washington, D.C.: U.S. Government Printing Office, 1944), available at https://fraser.stlouisfed.org.

18. Benn Steil, *The Marshall Plan: Dawn of the Cold War* (New York: Simon and Schuster, 2018); Robert E. Baldwin, "The Changing Nature of U.S. Trade Policy since World War II," in *The Structure and Evolution of Recent U.S. Trade Policy*, ed. Robert E. Baldwin and Anne O. Krueger (Chicago: University of Chicago Press, 1984).

19. Marc Levinson, *The Box: How the Shipping Container Made the World Smaller and the World Economy Bigger*, 2nd ed. (Princeton, N.J.: Princeton University Press, 2016).

20. Based on Google Maps directions; Canada Border Services Agency, "Border Wait Times," http://www.cbsa-asfc.gc.ca/bwt-taf/menu-eng.html; U.S. Customs and Border Protection, "CPB Border Wait Times," https://apps.cbp.gov/bwt/mobile.asp?action=n&pn=3800; and Statistics Canada, "Canada's Merchandise Trade with the U.S. by State," June 19, 2017, https://www.statcan.gc.ca/pub/13-605-x/2017001/article/14841-eng.htm.

21. Based on manufacturing value added by country according to the World Bank, https://data.worldbank.org/indicator/NV.IND.MANF.CD; Richard Baldwin, "Global Supply Chains: Why They Emerged, Why They Matter, and Where They Are Going," in *Global Value Chains in a Changing World*, ed. Deborah K. Elms and Patrick Low (Washington, D.C.: Brookings Institution Press for the World Trade Organization, 2013); Robert C. Johnson and Guillermo Noguera, "Accounting for Intermediates: Production Sharing and Trade in Value Added," *Journal of International Economics* 86, no. 2 (May

2011): 224–36; Marcel P. Timmer, Bart Los, Robert Stehrer, and Gaaitzen J. de Vries, "An Anatomy of the Global Trade Slowdown Based on the WIOD 2016 Release," GGDC Research Memorandum 162, December 2016.

22. International trade data from BEA, https://www.bea.gov; OECD, "Trade in Value Added: United States," December 2018, https://www.oecd.org/industry/ind/TIVA -2018-United-States.pdf; Jude Webber, Shawn Donnan, and John Paul Rathbone, "Nafta: First Shots in a Trade War," *Financial Times,* January 30, 2017; Kristin Dziczek et al., "NAFTA Briefing: Trade Benefits to the Automotive Industry and Potential Consequences of Withdrawal from the Agreement," Center for Automotive Research, 2017.

23. Based on balance of payments data from Eurostat, https://appsso.eurostat.ec .europa.eu/nui/show.do?dataset=bop_c6_q&lang=en, and IMF, European Department, "German-Central European Supply Chain-Cluster Report: Staff Report, First Background Note, Second Background Note, Third Background Note," Country Report No. 13/263, August 20, 2013.

24. See, e.g., Kenneth L. Kraemer, Greg Linden, and Jason Dedrick, "Capturing Value in Global Networks: Apple's iPad and iPhone," Working Paper, July 2011; UNC-TAD statistics, http://unctadstat.unctad.org/CountryProfile/GeneralProfile/en-GB/156 /index.html; OECD, "Trade in Value Added: China," December 2018, https://www.oecd .org/industry/ind/TIVA-2018-China.pdf; OECD, "Trade in Value Added: Korea," December 2018, https://www.oecd.org/industry/ind/TIVA-2018-Korea.pdf; Ruey-Wan Liou et al., "Unveiling the Value-Added of Cross-Strait Trade: The Global Value Chains Approach," Working Paper.

25. The best reference is OECD, tables on trade in value added, https://stats.oecd .org/Index.aspx?DataSetCode=TIVA_2018_C1.

26. Based on BEA, "International Transactions," table 1.3, https://www.bea.gov /iTable/index_ita.cfm.

27. Revenue Act of 1962, Pub. L. 87-834, October 16, 1962, 76 Stat. 960. See also Keith Engel, "Tax Neutrality to the Left, International Competitiveness to the Right, Stuck in the Middle with Subpart F," *Texas Law Review* 79, no. 6 (May 2001).

28. IRS, "26 CFR Parts 1, 301, and 602," https://www.irs.gov/pub/irs-regs/td8697 .txt; Cynthia Ram Sweitzer, "Analyzing Subpart F in Light of Check-the-Box," *Akron Tax Journal* 20 (March 2005), article 1; IRS, Treasury Notice 98-11, https://www.irs.gov/pub /irs-drop/n-98-11.pdf; IRS, LB&I International Practice Service Concept Unit on Subpart F, https://www.irs.gov/pub/int_practice_units/DPLCUV_2_01.PDF; FactSet, data for companies in the S&P 500 stock index, http://www.factset.com.

29. Thomas R. Tørsløv, Ludvig S. Wier, and Gabriel Zucman, "The Missing Profits of Nations," NBER Working Paper No. 24701, June 2018.

30. David Barboza, "How China Built 'iPhone City' with Billions in Perks for Apple's Partner," *New York Times,* December 29, 2016; Brad W. Setser, "Apple's Exports Aren't Missing: They Are in Ireland," CFR (blog), October 30, 2017, https://www.cfr.org /blog/apples-exports-arent-missing-they-are-ireland; BEA, "International Services," https:// apps.bea.gov/iTable/index_ita.cfm; Central Statistics Office of Ireland, "International

Trade in Services 2017," https://www.cso.ie/en/releasesandpublications/er/its/international tradeinservices2017/.

31. Calculations based on Apple consolidated financial statements, https://www .apple.com/newsroom/pdfs/fy17-q4/Q4FY17ConsolidatedFinancialStatements.pdf.

32. Calculations based on Microsoft FY2017 earnings, "Note 13—Income Taxes," https://www.microsoft.com/en-us/Investor/earnings/FY-2017-Q4/IRFinancialStatements Popups?tag=us-gaap:IncomeTaxDisclosureTextBlock&title=Provision%20for%20 income%20taxes; and Alphabet Inc. (Google's parent company), Form 10-K, https://abc .xyz/investor/pdf/20171231_alphabet_10K.pdf.

33. Johnson & Johnson, "Annual Report," 2015, 2017, available at https://www.jnj .com/about-jnj/annual-reports.

34. Tom Bergin, "Special Report: How Starbucks Avoids UK Taxes," *Reuters*, October 15, 2012.

35. Matthew C. Klein, "What the Foreign Direct Investment Data Tell Us about Corporate Tax Avoidance," *Financial Times*, November 23, 2017; Matthew C. Klein, "How Tax Avoidance Distorts U.S. Trade and Investment," *Barron's*, May 25, 2018.

36. Eurostat, "NUTS3 GDP per Capita (Euros per Inhabitant) for Southwestern Ireland," https://appsso.eurostat.ec.europa.eu/nui/show.do?dataset=reg_area3&lang=en; Charlie Taylor, "Apple's Secretive Cork Facility Opens Up—To an Extent," *Irish Times*, January 11, 2018.

37. Kari Jahnsen and Kyle Pomerleau, "Corporate Income Tax Rates around the World, 2017," *Tax Foundation*, Fiscal Fact No. 559, September 7, 2017; Robert W. Wood, "How Google Saved $3.6 Billion Taxes from Paper 'Dutch Sandwich,'" *Forbes*, December 22, 2016.

38. Based on calculations from BEA data on direct investment and multinational enterprises, https://www.bea.gov/iTable/index_MNC.cfm; see also Matthew C. Klein, "What the Foreign Direct Investment Data Tell Us about Corporate Tax Avoidance," *Financial Times*, November 23, 2017; and Gabriel Zucman, *The Hidden Wealth of Nations* (Chicago: University of Chicago Press, 2015).

39. Apple 2017 10-K, https://www.sec.gov/Archives/edgar/data/320193/000032019 317000070/a10-k20179302017.htm#sCE31BDFF50DA58B8962157DE8467840C; Microsoft, https://www.microsoft.com/investor/reports/ar17/index.html.

40. Treasury Department, "International Capital Flows" data, https://www.trea sury.gov/resource-center/data-chart-center/tic/Pages/ticsec2.aspx; balance sheets from annual reports, https://www.sec.gov/Archives/edgar/data/320193/000119312512444068 /d411355d10k.htm#tx411355_2; Microsoft Corporation, "2012 Annual Report: Balance Sheets," https://www.microsoft.com/investor/reports/ar12/financial-review/balance-sheets /index.html; Brad W. Setser, "Ireland Exports Its Leprechaun," Council on Foreign Relations (blog), May 11, 2018, https://www.cfr.org/blog/ireland-exports its leprechaun; Matthew C. Klein, "How Much Do Tax Havens Cost the Rest of Us?," *Barron's*, June 19, 2018; BEA, "International Data: Direct Investment & MNEs," https://apps.bea.gov/iTable /index_MNC.cfm.

제 2 장 _세계 금융의 성장

1. BIS, "Annual Report," 2017, https://www.bis.org/statistics/ar2017stats.htm.

2. P. L. Cottrell and Lucy Newton, "Banking Liberalization in England and Wales, 1826–1844," in *The State, the Financial System, and Economic Modernization,* ed. Richard Sylla, Richard Tilly, and Gabriel Tortella (Cambridge: Cambridge University Press, 1999), 76–84.

3. Burke Adrian Parsons, *British Trade Cycles and American Bank Credit: Some Aspects of Economic Fluctuations in the United States, 1815–1840* (New York: Arno Press, 1977), 109–14, 324–31.

4. Friedrich Engels, *Socialism: Utopian and Scientific,* in *Marx and Engels,* ed. Lewis F. Feuer (New York: Anchor Books, 1959), 100.

5. H. M. Hyndman, *Commercial Crises of the Nineteenth Century* (1892; reprint ed., London: George Allen and Unwin, 1932), 29; Parsons, *British Trade Cycles,* 118.

6. David Hackett Fischer, *The Great Wave: Price Revolutions and the Rhythms of History* (Oxford: Oxford University Press, 1996), 158.

7. Hackett, *Great Wave,* 26–27.

8. J. Fred Rippy, "Latin America and the British Investment 'Boom' of the 1820s," *Journal of Modern History* 19, no. 2 (June 1947): 122–29.

9. Frank Griffith Dawson, *The First Latin American Debt Crisis: The City of London and the 1822–25 Bubble* (New Haven, Conn.: Yale University Press, 1990), gives statistical tables on pp. 246–49. The list of loans and investments here and below comes from two other sources besides Dawson. These are Rippy, "Latin America and the British Investment 'Boom'"; and Carlos Marichal, *A Century of Debt Crises in Latin America, from Independence to the Great Depression, 1820–1930* (Princeton, N.J.: Princeton University Press, 1989), 12–41.

10. Parsons, *British Trade Cycles,* 209.

11. Parsons, *British Trade Cycles,* 118.

12. Walter Bagehot, *Lombard Street: A Description of the Money Market* (1873; reprint ed., London: John Wiley and Sons, 1999), 39.

13. Hyndman, *Commercial Crises,* 42–43; Cottrell and Newton, "Banking Liberalization in England and Wales," 96–97.

14. There are no good records on the number of banks; these are estimates from Paul Studenski and Herman Krooss, *Financial History of the United States: Fiscal, Monetary, Banking and Tariff, including Financial Administration and State and Local Finance* (New York: McGraw-Hill, 1952), 107.

15. Douglass C. North, "The United States Balance of Payments, 1790–1860," in Conference on Research in Income and Wealth, *Trends in the American Economy in the Nineteenth Century* (NBER, 1960), https://newworldeconomics.com/wp-content/uploads/2017/01/US-Balance-of-Payments-1790-1860.pdf.

16. Bray Hammond, *Banks and Politics in America from the Revolution to the Civil War* (1957; reprint ed., Princeton, N.J.: Princeton University Press, 1985), 455–58; Doug-

lass C. North, *The Economic Growth of the United States, 1790–1860* (New York: W. W. Norton, 1966), 199–203; Parsons, *British Trade Cycles*, 118.

17. Bagehot, *Lombard Street*, 179.

18. Studenski and Krooss, *Financial History of the United States*, 118. For an account of the reasons for the state defaults, see Richard Sylla and John J. Wallis, "The Anatomy of Sovereign Debt Crises: Lessons from the American State Defaults of the 1840s," *Japan and the World Economy* 10, no. 3 (July 1998): 290.

19. Christian Suter, *Debt Cycles in the World Economy: Foreign Loans, Financial Crises, and Debt Settlements, 1820–1990* (Boulder, Colo.: Westview, 1992), 69.

20. Niall Ferguson, *The House of Rothschild: Money's Prophets, 1798–1848* (New York: Penguin, 1999), 374.

21. Bray Hammond, *Sovereignty and an Empty Purse: Banks and Politics in the Civil War* (Princeton, N.J.: Princeton University Press, 1970); John Niven, *Salmon P. Chase: A Biography* (Oxford: Oxford University Press, 1995).

22. Reprinted in Bagehot, *Lombard Street*, 140.

23. Marichal, *Century of Debt Crises*, 97.

24. Charles Kindleberger, *A Financial History of Western Europe* (Oxford: Oxford University Press, 1993), 270; H. M. Hyndman, *Commercial Crises of the Nineteenth Century* (1892; reprint ed., London: George Allen and Unwin, 1932), 99–127.

25. Barry Eichengreen, "The Baring Crisis in a Mexican Mirror," *International Political Science Review* 20, no. 3 (July 1999): 252–54.

26. Eichengreen, "Baring Crisis," 257–58; Niall Ferguson, *The House of Rothschild: The World's Bankers, 1849–1999* (New York: Viking, 1999), 340.

27. "Business Conditions; How High the Rate?," *New York Times*, July 26, 1981.

28. Hyun Song Shin, "Global Banking Glut and Loan Risk Premium," *IMF Economic Review* 60, no. 2 (2012): 155–92; Robert McCauley, "The 2008 Crisis: Transpacific or Transatlantic?," *BIS Quarterly Review*, December 2018; BIS, "Consolidated Banking Statistics," https://stats.bis.org/statx/srs/tseries/CBS_PUB/Q.S.5A.4R.U.C.A.A.TO1.R.US ?t=b4&c=US&m=S&p=20182&i=1.9; FRB, "Assets and Liabilities of Commercial Banks in the United States—H8," https://www.federalreserve.gov/datadownload/Download .aspx?rel=H8&series=b61c440afd7c4e471552632b71488023&filetype=csv&label=include &layout=seriescolumn&from=01/01/2005&to=12/31/2018.

제 3 장 _저축, 투자, 불균형

1. Robert C. Allen, "Engels' Pause: Technical Change, Capital Accumulation, and Inequality in the British Industrial Revolution," *Explorations in Economic History* 46, no. 4 (October 2009): 418–35; Robert C. Allen, "The High Wage Economy and the Industrial Revolution: A Restatement," University of Oxford, Discussion Papers in Economic and Social History No. 115, June 2013; Elise Brezis, "Foreign Capital Flows in the Century of Britain's Industrial Revolution: New Estimates, Controlled Conjectures," *Economic History Review*, n.s., 48, no. 1 (February 1995): 46–67.

2. Alan L. Olmstead and Paul W. Rhode, "Cotton, Slavery, and the New History of Capitalism," *Explorations in Economic History* 67 (January 2018): 1–17.

3. Robert E. Lipsey, "U.S. Foreign Trade and the Balance of Payments, 1800–1913," NBER Working Paper No. 4710, April 1994; Robert E. Gallman, "Gross National Product in the United States, 1834–1909," in *Output, Employment, and Productivity in the United States after 1800,* ed. Dorothy S. Brady (New York: National Bureau of Economic Research, 1966); U.S. Census, table 4, "Population: 1790 to 1990," https://www.census.gov/population/censusdata/table-4.pdf.

4. E. Peshine Smith, *A Manual of Political Economy* (New York: George P. Putnam, 1853); Michael Hudson, "E. Peshine Smith: A Study in Protectionist Growth Theory and American Sectionalism" (Ph.D. diss., New York University, 1968).

5. Kenichi Ohno, *The Economic Development of Japan: The Path Japan Traveled as a Developing Country,* trans. Azko Hayashida (Tokyo: GRIPS Development Forum, 2006).

6. Stephen Kotkin, *Stalin: Paradoxes of Power, 1878–1928* (New York: Penguin, 2014); Stephen Kotkin, *Stalin: Waiting for Hitler, 1929–1941* (New York: Penguin, 2017); "Notes from the Meeting between Comrade Stalin and Economists concerning Questions in Political Economy, January 29, 1941," Wilson Center Digital Archives, https://digitalarchive.wilsoncenter.org/document/110984.

7. GGDC, Maddison Project Database 2018, https://www.rug.nl/ggdc/historical development/maddison/releases/maddison-project-database-2018.

8. OECD, "Labor Force Statistics," https://stats.oecd.org/.

9. FRB, "Industrial Production and Capacity Utilization—G.17," https://www.federalreserve.gov/releases/g17/.

10. Peter Chen, Loukas Karabarbounis, and Brent Neiman, "The Global Rise of Corporate Saving," Federal Reserve Bank of Minneapolis Working Paper 736, March 2017.

11. Based on calculations from BEA, "National Income and Product Accounts," tables 1.5.4, 1.5.5, 2.1, https://apps.bea.gov/iTable/index.cfm; Matthew C. Klein, "Least Productive Sectors Only Thing Keeping Inflation Going," *FT Alphaville,* September 12, 2016, https://ftalphaville.ft.com/2016/09/12/2174415/least-productive-sectors-only-thing-keeping-inflation-going/.

12. John M. Robertson, *The Fallacy of Saving: A Study in Economics* (London: Swan Sonnenschein, 1892).

13. Michael Kumhof, Romain Rancière, and Pablo Winant, "Inequality, Leverage, and Crises," *American Economic Review* 105, no. 3 (2015): 1217–45.

14. Marriner S. Eccles, *Beckoning Frontiers: Public and Personal Recollections,* ed. Sidney Hyman (New York: Alfred A. Knopf, 1951). See also Robert J. Barro, "Double-Counting of Investment," Working Paper, April 2019, which argues that national income is overstated because investment is valuable only if it enables consumption.

15. IMF, "World Economic Outlook Database," October 2018, https://www.imf.org/external/pubs/ft/weo/2018/02/weodata/weorept.aspx?pr.x=53&pr.y=7&sy=1980&ey=2018&scsm=1&ssd=1&sort=country&ds=.&br=1&c=001&s=NID_NGDP%2CNGSD_NGDP&grp=1&a=1.

16. IMF, "World Economic Outlook Database," October 2018, https://www.imf
.org/external/pubs/ft/weo/2018/02/weodata/weorept.aspx?pr.x=55&pr.y=9&sy=1980
&ey=2018&scsm=1&ssd=1&sort=country&ds=.&br=1&c=924%2C184%2C134%2C174
%2C111&s=NID_NGDP%2CNGSD_NGDP&grp=0&a=.

17. IMF, *Balance of Payments and International Investment Position Manual,* 6th
ed., November 2013, https://www.imf.org/external/pubs/ft/bop/2007/pdf/bpm6.pdf.

18. Korea International Trade Association, "Balance of Trade," http://kita.org/kStat
/overview_BalanceOfTrade.do; Martin Sandbu, *Europe's Orphan: The Future of the Euro
and the Politics of Debt* (Princeton, N.J.: Princeton University Press, 2015).

19. Franziska Hünnekes, Moritz Schularick, and Christoph Trebesch, "Export-
weltmeister: The Low Returns on Germany's Capital Exports," Center for Economic Pol-
icy Research Discussion Paper 13863, July 2019; author's calculations based on balance of
payments and international investment position data from the Deutsche Bundesbank,
https://www.bundesbank.de/en/statistics/external-sector.

20. BIS, "Effective Exchange Rate Indices," https://www.bis.org/statistics/eer.htm;
Central Bank of the Republic of Turkey, "Weighted Average Interest Rates for Banks'
Loans," https://www.tcmb.gov.tr/wps/wcm/connect/EN/TCMB+EN/Main+Menu/Statis
tics/Interest+Rate+Statistics/Weighted+Average+Interest+Rates+For+Banks+Loans/.

21. Matthew C. Klein, "If Spain Didn't Need Capital Controls, Why Would Any-
one?," *FT Alphaville,* July 15, 2016, https://ftalphaville.ft.com/2016/07/15/2168347/if-spain
-didnt-need-capital-controls-why-would-anyone/; Bank of Spain, "Spanish Securities
Markets," https://www.bde.es/webbde/en/estadis/infoest/temas/sb_tiimerval.html; Bank
of Spain, "Consumer Price Index (CPI) and Harmonised Index of Consumer Prices
(HICP)," https://www.bde.es/webbde/en/estadis/infoest/temas/sb_ipc.html; Bank of
Spain, "Economic Indicators," https://www.bde.es/webbde/en/estadis/infoest/indeco
.html; Bank of Spain, "Interest Rates and Exchange Rates," https://www.bde.es/webbde
/en/estadis/infoest/tipos/tipos.html; BIS, "Effective Exchange Rates," https://www.bis
.org/statistics/eer.htm; BIS, "Residential Property Prices: Detailed Series (Nominal),"
https://www.bis.org/statistics/pp_detailed.htm.

22. Geoffrey Wawro, *The Franco-Prussian War: The German Conquest of France
in 1870–1871* (Cambridge: Cambridge University Press, 2003).

23. Charles P. Kindleberger, *Manias, Panics, and Crashes: A History of Financial
Crises,* 5th ed. (New York: John Wiley and Sons, 2005).

24. Arthur E. Monroe, "The French Indemnity of 1871 and Its Effects," *Review of
Economics and Statistics* 1, no. 4 (October 1919): 269–81; Asaf Zussman, "The Rise of
German Protectionism in the 1870s: A Macroeconomic Perspective," Working Paper,
July 2002.

25. Australian Government, Department of Foreign Affairs and Trade, "China
Fact Sheet," http://dfat.gov.au/trade/resources/Documents/chin.pdf, and "United States
Fact Sheet," http://dfat.gov.au/trade/resources/Documents/usa.pdf.

26. Nick Timiraos, "Trump Adviser Peter Navarro: Trade Deficits Endanger U.S.
National Security," *Wall Street Journal,* March 6, 2017; Peter Navarro, "Why the White
House Worries about Trade Deficits," *Wall Street Journal,* March 5, 2017.

27. BEA, "International Transactions Accounts," table 1.3, https://www.bea.gov/iTable/index_ita.cfm; Navarro, "Why the White House Worries."

28. OECD, "Trade in Value Added: Origin of Value Added in Gross Imports," https://stats.oecd.org/Index.aspx?datasetcode=TIVA_2018_C1; IMF, World Economic Outlook Database," April 2019, https://www.imf.org/external/pubs/ft/weo/2019/01/weo data/index.aspx.

제 4 장 _천안문에서 일대일로까지

1. Consulate-General of the People's Republic of China in San Francisco, "Premier Wen Jiabao's Press Conference," March 17, 2007, http://www.chinaconsulatesf.org/eng/xw/t304313.htm.

2. Based on data from National Bureau of Statistics of China, "Annual Data," http://data.stats.gov.cn/english/easyquery.htm?cn=C01; China, State Administration of Foreign Exchange, "Balance of Payments," https://www.safe.gov.cn/en/BalanceofPay ments/index.html; and BIS, "Credit to the Non-Financial Sector," https://www.bis.org/statistics/totcredit.htm.

3. An Baije, "Reform Drive Will Smash Fences of Vested Interests, Li Pledges," *China Daily,* March 13, 2014.

4. United Nations Population Division, "World Population Prospects 2019," https://population.un.org/wpp/Download/Standard/Population/.

5. GGDC, Maddison Project Database 2018, https://www.rug.nl/ggdc/historical development/maddison/releases/maddison-project-database-2018; IMF, "World Economic Outlook Database," April 2019, https://www.imf.org/external/pubs/ft/weo/2019/01/weodata/index.aspx.

6. Barry Naughton, *The Chinese Economy: Transitions and Growth* (Cambridge, Mass.: MIT University Press, 2007); Barry Naughton, "China: Economic Transformation before and after 1989," paper prepared for the conference "1989: Twenty Years After," UC Irvine, November 6–7, 2009.

7. Alexander Gerschenkron, *Economic Backwardness in Historical Perspective* (Cambridge, Mass.: Harvard University Press, 1962).

8. FRED Economic Data, "China/U.S. Foreign Exchange Rate," FRB, https://fred.stlouisfed.org/series/DEXCHUS; National Bureau of Statistics of China, "Annual Data"; IMF, "World Economic Outlook Database," April 2019, https://www.imf.org/external/pubs/ft/weo/2019/01/weodata/weorept.aspx?pr.x=47&pr.y=3&sy=1997&ey=2018&scsm=1&ssd=1&sort=country&ds=.&br=1&c=924&s=BCA_NGDPD&grp=0&a=.

9. China, State Administration of Foreign Exchange, "The Time-Series Data of Balance of Payments of China," https://www.safe.gov.cn/en/BalanceofPayments/index.html; BIS, "Effective Exchange Rate Indices," https://www.bis.org/statistics/eer.htm.

10. National Bureau of Statistics of China, "Annual Data."

11. Michael Pettis, *Avoiding the Fall: China's Economic Restructuring* (Washington, D.C.: Carnegie Endowment for International Peace, 2013).

12. Qin Hui, "Dilemmas of Twenty-First Century Globalization: Explanations

and Solutions, with a Critique of Thomas Piketty's Twenty-First Century Capitalism," trans. David Ownby, orig. publ. in Chinese in 2015, https://www.readingthechinadream .com/qin-hui-dilemmas.html; Yuan Yang, "Foxconn Stops Illegal Overtime by School-Age Interns," *Financial Times*, November 22, 2017; Javier C. Hernández, "China's Leaders Confront an Unlikely Foe: Ardent Young Communists," *New York Times*, September 28, 2018; Rossalyn A. Warren, "You Buy a Purse at Walmart. There's a Note Inside from a 'Chinese Prisoner.' Now What?," *Vox* October 10, 2018, https://www.vox.com/the-goods /2018/10/10/17953106/walmart-prison-note-china-factory; Emily Feng, "Forced Labour Being Used in China's 'Re-Education' Camps," *Financial Times*, December 15, 2018.

13. IMF, Fiscal Affairs Department, "People's Republic of China: Tax Policy and Employment Creation," March 28, 2018, https://www.imf.org/en/Publications/CR/Issues /2018/03/28/Peoples-Republic-of-China-Tax-Policy-and-Employment-Creation-45765; Philippe Wingender, "Intergovernmental Fiscal Reform in China," IMF Working Papers, April 13, 2018; Sonali Jain-Chandra et al., "Inequality in China—Trends, Drivers and Policy Remedies," IMF Working Papers, June 5, 2018; National Bureau of Statistics of China, "Annual Data."

14. GGDC, Maddison Project Database 2018; Qu Hongbin and Sun Junwei, "China Inside Out: What Over-Investment?," HSBC Global Research, February 14, 2012, https://www.research.hsbc.com/midas/Res/RDV?p=pdf&key=1xZsmfl7Yi&n=320939 .PDF.

15. Wei Fan and Michelle J. White, "Personal Bankruptcy and the Level of Entre-preneurial Activity," *Journal of Law and Economics* 46, no. 2 (October 2003): 543–67; John Armour and Douglas Cumming, "Bankruptcy and Entrepreneurship," *American Law and Economics Review* 10, no. 2 (Fall 2008): 303–50; Christian Bjørnskov, "Social Trust and Economic Growth," Working Paper, January 2017.

16. Harry X. Wu and David T. Liang, "China's Productivity Performance Revisited from the Perspective of ICTs," *VoxEU*, December 9, 2017, https://voxeu.org/article/china -s-productivity-performance-revisited; and Harry X. Wu, "China's Forty Years of Pro-ductivity Performance: Towards a Theory-Methodology-Measurement-Coherent Anal-ysis," unpublished paper, December 6, 2018.

17. People's Bank of China, "Aggregate Financing to the Real Economy (Stock)," http://www.pbc.gov.cn/diaochatongjisi/resource/cms/2018/12/2018121716010887709. htm; National Bureau of Statistics of China, "Investment Actually Completed in Fixed Assets, Accumulated Growth Rate," http://data.stats.gov.cn/english/easyquery.htm?cn =A01.

18. Gabriel Wildau and Yizhen Jia, "China's Subway Building Binge Is Back on Track," *Financial Times*, December 18, 2018.

19. China, State Administration of Foreign Exchange, "The Time Series of the Balance of Payments of China"; National Bureau of Statistics of China, "Annual Data"; Brad W. Setser, "President Xi, Still the Deglobalizer in Chief . . . ," CFR (blog), June 25, 2019, https://www.cfr.org/blog/president-xi-still-deglobalizer-chief.

20. Mark Wu, "The 'China, Inc.' Challenge to Global Trade Governance," *Harvard International Law Journal* 57, no. 2 (Spring 2016): 261–324; Curtis J. Milhaupt and Wen-

ton Zheng, "Beyond Ownership: State Capitalism and the Chinese Firm," *Georgetown Law Journal* 103 (2015): 668; "The Communist Party's Influence Is Expanding—in China and Beyond," *Bloomberg,* March 11, 2018, https://www.bloomberg.com/news/articles /2018-03-11/it-s-all-xi-all-the-time-in-china-as-party-influence-expands; Matthew C. Klein, "The People's Republic of Protectionism," *Barron's,* May 4, 2018; Brad W. Setser, "China Should Import More," CFR (blog), November 7, 2018, https://www.cfr.org/blog/china -should-import-more.

21. China, State Administration of Foreign Exchange, "The Time-Series Data of Balance of Payments of China"; Anna Wong, "China's Current Account: External Rebalancing or Capital Flight?," International Finance Discussion Papers 1208 (2017); Peter Lorentzen and Xi Lu, "Personal Ties, Meritocracy, and China's Anti-Corruption Campaign," Working Paper, November 21, 2018; Matthew Higgins, Thomas Klitgaard, and Anna Wong, "Does a Data Quirk Inflate China's Travel Services Deficit?," *Liberty Street Economics,* August 7, 2019, https://libertystreeteconomics.newyorkfed.org/2019/08/does -a-data-quirk-inflate-chinas-travel-services-deficit.html.

22. Laurie Chen, Zhou Xin, and Raphael Blet, "HNA Group Chairman Wang Jian Dies in 15-Metre Fall onto Rocks while Posing for a Photo in France," *South China Morning Post,* July 4, 2018.

23. Matt Ferchen and Anarkalee Perera, "Why Unsustainable Chinese Infrastructure Deals Are a Two-Way Street," Carnegie-Tsinghua Center for Global Policy, July 23, 2019, https://carnegietsinghua.org/2019/07/24/why-unsustainable-chinese-infrastructure -deals-are-two-way-street-pub-79548.

24. Brad W. Setser, "The Continuing Chinese Drag on the Global Economy," July 18, 2019, CFR (blog), https://www.cfr.org/blog/continuing-chinese-drag-global-economy; People's Bank of China, "Aggregate Financing to the Real Economy (Stock)"; Matthew C. Klein, "China's Household Debt Problem," *FT Alphaville,* March 6, 2018, https://ftalpha ville.ft.com/2018/03/06/2199125/chinas-household-debt-problem/.

25. Wei Chen et al., "A Forensic Examination of China's National Accounts," *Brookings Papers on Economic Activity,* March 2019; Matthew C. Klein, "China's Slowdown Is Worse Than You Thought," *Barron's,* March 15, 2019.

26. Xinhua, "Third Plenary Session of 18th CPC Central Committee," http://www .xinhuanet.com/english/special/cpcplenum2013/topnews.htm.

27. BEA, "National Income and Product Accounts," table 1.1.3, https://apps.bea .gov/iTable/index_nipa.cfm; Matthew C. Klein, "Did Japan Actually Lose Any Decades?," *FT Alphaville,* December 4, 2014, https://ftalphaville.ft.com/2014/12/04/2059371/did -japan-actually-lose-any-decades/.

제 5 장 _베를린 장벽의 붕괴와 슈바르츠 눌

1. Henry Kamm, "Solidarity Takes Its Elected Place in the Parliament," *New York Times,* July 5, 1989; Lawrence Weschler, "A Grand Experiment," *New Yorker,* November 13, 1989; John Borrell, "Poland Living with Shock Therapy," *Time,* June 11, 1990.

2. Walter Mayr, "Hungary's Peaceful Revolution: Cutting the Fence and Changing

History," *Der Spiegel,* May 29, 2009; Joseph Rothschild and Nancy M. Wingfield, *Return to Diversity: A Political History of East Central Europe since World War II,* 3rd ed. (New York: Oxford University Press, 2000); Adam Roberts, "Civil Resistance in the East European and Soviet Revolutions," Albert Einstein Institution Monograph Series No. 4, 1991.

3. Mark Kramer, ed. and trans., "Soviet Deliberations during the Polish Crisis, 1980–1981," Cold War International History Project, Special Working Paper No. 1, April 1999; "Spot Oil Price," *Wall Street Journal,* via FRED Economic Data, https://fred.st louisfed.org/series/OILPRICE; U.S. Department of Agriculture, Economic Research Service, "Wheat Data," https://www.ers.usda.gov/data-products/wheat-data/; Dan Morgan and Bradley Graham, "Money Is Often Bottom Line in East-West Ties," *Washington Post,* May 11, 1982.

4. "No. 1383: Protocol of the Proceedings of the Berlin Conference," August 1, 1945, in *Foreign Relations of the United States: Diplomatic Papers, The Conference of Berlin (The Potsdam Conference), 1945,* ed. Richardson Dougall, vol. 2 (Washington, D.C.: U.S. Government Printing Office, 1960).

5. "Helmut Kohl's Ten-Point Plan for German Unity," November 28, 1989, German History in Documents and Images, http://germanhistorydocs.ghi-dc.org/pdf/eng /Chapter1_Doc10English.pdf.

6. Serge Schmemann, "Upheaval in the East; East Germans Form 'Grand Coalition,'" *New York Times,* April 10, 1990; "De Maziere Accused of Ties to East's Secret Police," AP, December 9, 1990.

7. Peter Bofinger, "The German Monetary Unification (Gmu): Converting Marks to D-Marks," Federal Reserve Bank of St. Louis, *Review,* July–August 1990, 17–36.

8. George A. Akerlof et al., "East Germany in from the Cold: The Economic Aftermath of Currency Union," Brookings Papers on Economic Activity, 1991, No. 1; Destatis, "Population, Persons in Employment, Unemployed Persons, Economically Active Population, Economically Inactive Population: Länder, Years," https://www-genesis .destatis.de/genesis/online/link/tabelleErgebnis/12211-0005&language=en.

9. Rupert Wiederwald, "Treuhand Took the Heat for Privatization of East German Economy," *Deutsche Welle,* September 20, 2010; Wendy Carlin and Colin Mayer, "The Treuhandanstalt: Privatization by State and Market," in *Transition in Eastern Europe,* vol. 2, ed. Olivier Blanchard, Kenneth Froot, and Jeffrey Sachs (Chicago: University of Chicago Press, 1994), 189–207.

10. Katrin Bennhold, "One Legacy of Merkel? Angry East German Men Fueling the Far Right," *New York Times,* November 5, 2018; Alberto Abadie, Alexis Diamond, and Jens Hainmueller, "Comparative Politics and the Synthetic Control Method," *American Journal of Political Science* 59, no. 2 (2015): 495–510.

11. Karl Brenke, "Eastern Germany Still Playing Economic Catch-Up," *DIW Economic Bulletin* 4, no. 11 (2014); Alexander Eickelpasch, "Manufacturing in East Germany since Reunification," DIW Berlin, November 25, 2015, https://www.diw.de/documents /vortragsdokumente/220/diw_01.c.525594.de/v_2015_eickelpasch_manufacturing _kistep.pdf.

12. Destatis, "Gross Domestic Product, Quarterly Data," https://www.destatis.de

/EN/FactsFigures/NationalEconomyEnvironment/NationalAccounts/DomesticProduct
/Tables/GDPQuarterly1970_xls.html; FRED Economic Data, "Consumer Price Index,
All Items Non-Food and Non-Energy for Germany," https://fred.stlouisfed.org/series
/CPGRLE01DEM659N; Deutsche Bundesbank, "Discount and Lombard Rates of the
Bundesbank," https://www.bundesbank.de/Redaktion/EN/Downloads/Statistics/Money
_Capital_Markets/Interest_Rates_Yields/S510TTDISCOUNT.pdf?__blob=publication
File; Deutsche Bundesbank, "Public Finances in Germany," https://www.bundesbank
.de/Navigation/EN/Statistics/Time_series_databases/Public_Finances_in_Germany
/public_finances_in_germany_list_node.html?listId=www_v27_web012_11a; Deutsche
Bundesbank, "National Accounts," https://www.bundesbank.de/Navigation/EN/Statistics
/Macroeconomic_accounting_systems/National_Accounts/Tables/table.html; "Treaty on
European Union" (1992), https://eur-lex.europa.eu/legal-content/EN/TXT/?uri=celex
:11992M/TXT.

13. European Commission, "Europeans and Their Languages," Special Eurobarom-
eter 243, February 2006; EU decision to launch accession process from minutes of Euro-
pean Council meeting in Luxembourg, December 12–13, 1997, http://www.consilium
.europa.eu/media/21114/luxembourg-european-council.pdf; Eurostat, "Labour Cost Lev-
els by NACE Rev. 2 Activity," https://appsso.eurostat.ec.europa.eu/nui/show.do?dataset
=lc_lci_lev&lang=en.

14. IMF, European Department, "German-Central European Supply Chain-Cluster
Report: Staff Report, First Background Note, Second Background Note, Third Back-
ground Note," Country Report No. 13/263, August 20, 2013; Verband der Automobilin-
dustrie, "Automobile Production," https://www.vda.de/en/services/facts-and-figures
/annual-figures/automobile-production.html; International Organization of Motor Ve-
hicle Manufacturers, "1999 Production Statistics," http://www.oica.net/category/produc
tion-statistics/1999-statistics/; European Automobile Manufacturers Association, "EU
Production, 2017," https://www.acea.be/statistics/tag/category/eu-production; OECD,
"Trade in Value Added," https://stats.oecd.org/index.aspx?queryid=75537; Augustin
Carstens, "Global Market Structures and the High Price of Protectionism," speech at the
Federal Reserve Bank of Kansas City's 42nd Economic Policy Symposium, Jackson Hole,
Wyo., August 25, 2018.

15. Christian Odendahl, "The Hartz Myth: A Closer Look at Germany's Labor
Market Reforms," Centre for European Reform, July 2017; Harald Blau et al., "Labor
Market Studies: Germany," ifo Institute for Economic Research, May 1997; FRED Eco-
nomic Data, "Harmonized Unemployment Rate: All Persons for Germany" https://fred
.stlouisfed.org/series/LRHUTTTTDEM156S; Eurostat, "Part-Time Employment as a Per-
centage of the Total Employment, by Sex and Age," https://appsso.eurostat.ec.europa.eu
/nui/show.do?dataset=lfsq_eppga&lang=en; Eurostat, "Temporary Employees as a Per-
centage of the Total Number of Employees, by Sex and Age," https://appsso.eurostat.ec
.europa.eu/nui/show.do?dataset=lfsq_etpga&lang=en; Destatis, "Persons in Paid Em-
ployment: Germany, Years, Extent of Employment, Sex," https://www-genesis.destatis
.de/genesis/online/link/tabelleErgebnis/12211-0011&language=en; Christian Dustmann
et al., "From Sick Man of Europe to Economic Superstar: Germany's Resurgent Econ-

omy," *Journal of Economic Perspectives* 28, no. 1 (2014): 167–88; Wolfgang Dauth, Sebastian Findeisen, and Jens Südekum, "Sectoral Employment Trends in Germany: The Effect of Globalisation on Their Micro Anatomy," *VoxEU,* January 26, 2017, https://voxeu.org /article/globalisation-and-sectoral-employment-trends-germany; Deutsche Bundesbank, "National Accounts Statistics," https://www.bundesbank.de/Navigation/EN/Statistics /Macroeconomic_accounting_systems/National_Accounts/Tables/table_zeitreihenliste .html?id=24928.

16. "Berlin Speech by Federal President Roman Herzog at the Reopening of the Hotel Adlon on April 26, 1997," German History in Documents and Images, http://german historydocs.ghi-dc.org/pdf/eng/Ch12Doc04.pdf.

17. Germany, Federal Returning Officer, "Election to the 14th German Bundestag on 27 September 1998," https://www.bundeswahlleiter.de/en/bundestagswahlen/1998 .html.

18. Deutsche Bundesbank, "National Accounts," https://www.bundesbank.de /Navigation/EN/Statistics/Macroeconomic_accounting_systems/National_Accounts /Tables/table.html.

19. Neal E. Boudette, "New Scandal Emerges to Roil a Rehabilitating Neuer Markt," *Wall Street Journal,* April 11, 2002; "After Greed, Fear: No End to the Troubles of the Neuer Markt," *Economist,* May 23, 2002; "Germany's Neuer Markt to Close," *BBC,* September 26, 2002, http://news.bbc.co.uk/2/hi/business/2283068.stm; Hans-Peter Burghof and Adrian Hunger, "Access to Stock Markets for Small and Medium Sized Growth Firms: The Temporary Success and Ultimate Failure of Germany's Neuer Markt," Working Paper, October 2003.

20. Deutsche Bundesbank, "Liabilities Consolidated," https://www.bundesbank .de/Navigation/EN/Statistics/Time_series_databases/Macroeconomic_accounting_sys tems/macroeconomic_accounting_systems_list_node.html?listId=www_v39_nuverb.

21. Deutsche Bundesbank, "National Accounts."

22. Deutsche Bundesbank, "Expected Real Interest Rates Germany of German Government Bonds with 10 Years Maturity," https://www.bundesbank.de/Navigation/EN /Statistics/Time_series_databases/Money_and_capital_markets/money_and_capital _markets_list_node.html?listId=www_skms_realzinsen; Edmund L. Andrews, "Hard Money for a Softer Europe; Leftist Politics Complicates the Job of the Euro's Banker," *New York Times,* November 5, 1998; ECB, "Introductory Statement Willem F. Duisenberg, President of the European Central Bank, Christian Noyer, Vice-President of the European Central Bank, Frankfurt am Main, 11 April 2001," https://www.ecb.europa.eu /press/pressconf/2001/html/is010411.en.html.

23. IMF, "World Economic Outlook Database: General Government Structural Balance," https://www.imf.org/external/pubs/ft/weo/2018/01/weodata/weorept.aspx?pr .x=79&pr.y=12&sy=1991&ey=2018&scsm=1&ssd=1&sort=country&ds=.&br=1&c =134&s=GGSB_NPGDP%2CGGXONLB_NGDP&grp=0&a=.

24. Stephan Danninger and Fred Joutz, "What Explains Germany's Rebounding Export Market Share?," IMF Working Paper No. 07/24, February 2007; Eurostat, "Intra- and Extra-EU Trade by Member State and by Product Group," https://appsso.eurostat

.ec.europa.eu/nui/show.do?dataset=ext_lt_intratrd&lang=en; Destatis, "Sector Accounts—Annual Results 1991 Onwards," https://www.destatis.de/EN/Themes/Economy/National-Accounts-Domestic-Product/_node.html.

25. Peter Haan and Viktor Steiner, "Distributional and Fiscal Effects of the German Tax Reform 2000: A Behavioral Microsimulation Analysis," Discussion Papers of DIW Berlin 419, 2004; Stefan Homburg, "German Tax Reform 2000: Description and Appraisal," *FinanzArchiv/Public Finance Analysis* 57, no. 4 (2000): 504–13; Michael Keen, "The German Tax Reform of 2000," *International Tax and Public Finance* 9 (2002): 603–21; Destatis, "Labour Market: Unemployed," https://www.destatis.de/EN/FactsFigures/NationalEconomyEnvironment/LabourMarket/Unemployment/Tables_/lrarb003.html.

26. "A Plan to Put Germans Back into Jobs," *Economist*, August 22, 2002; Mark Landler, "The Heart of the Hartz Commission," *New York Times*, November 26, 2004; Lena Jacobi and Jochen Kluve, "Before and after the Hartz Reforms: The Performance of Active Labour Market Policy in Germany," IZA Discussion Paper No. 2100, October 2006.

27. Robert Rohrschneider and Michael R. Wolf, "The Federal Election of 2002," *German Politics and Society* 21, no. 1 (2003): 1–14; Peter James, "The 2002 German Federal Election: The 'Fotofinish,' " *Representation* 39, no. 2 (2003): 129–36; Germany, Federal Returning Officer, "Election to the 15th German Bundestag on 22 September 2002," https://www.bundeswahlleiter.de/en/bundestagswahlen/2002.html.

28. Gerhard Schröder, "Courage for Peace and Courage for Change," speech to the Bundestag, March 14, 2003, http://gerhard-schroeder.de/en/2003/03/14/speech-agenda-2010/.

29. John Hooper, "Schröder Faces Day of Reckoning," *Guardian*, May 29, 2003; Georg Bönisch et al., "The Unsettled People," *Der Spiegel*, August 16, 2004.

30. Daryl Lindsey, "Bundestag Clears Way for New Elections," *Der Spiegel*, July 1, 2005; Uwe Hessler, "SPD Presents Election Manifesto," *Deutsche Welle*, July 5, 2005; Kyle James, "Social Justice or Economic Folly?," *Deutsche Welle*, August 2, 2005; Dietmar Hawranek, Padma Rao, and Sven Röbel, "With Prostitutes and Shady Executives, There's No Love Left in This Bug," *Der Spiegel*, August 29, 2005.

31. Germany, Federal Returning Officer, "Party Seats to the 16th German Bundestag 2005," https://www.bundeswahlleiter.de/en/bundestagswahlen/2005.html; NSD, European Election Database, http://www.nsd.uib.no/european_election_database/about/about_data.html. (Some of) the data applied in the analysis in this publication are based on material from the European Election Database. The data are collected from original sources, prepared and made available by the NSD, which is not responsible for the analyses and interpretation of the data presented here.

32. Odendahl, "Hartz Myth."

33. Eurostat, "People at Risk of Poverty or Social Exclusion by Most Frequent Activity Status (Population Aged 18 and Over)," https://appsso.eurostat.ec.europa.eu/nui/show.do?dataset=ilc_pepso2&lang=en; Eurostat, "Employment and Activity by Sex and Age—Quarterly Data," https://appsso.eurostat.ec.europa.eu/nui/show.do?dataset=lfsi_emp_q&lang=en ; Destatis, "Persons in Paid Employment: Germany, Years, Extent of

Employment, Sex," https://www-genesis.destatis.de/genesis/online/link/tabelleErgebnis
/12211-0011&language=en.

34. Marcel Fratzscher, *The Germany Illusion: Between Economic Euphoria and Despair* (Oxford: Oxford University Press, 2018); Schröder, "Courage for Peace and Courage for Change."

35. Deutsche Bundesbank, "National Accounts"; Bundesregierung, "Government Report on Wellbeing in Germany," 2016, available at https://www.gut-leben-in-deutsch land.de/static/LB/about.

36. Destatis, "Sector Accounts," https://www.destatis.de/EN/Themes/Economy /National-Accounts-Domestic-Product/_node.html; Deutsche Bundesbank, "National Income," https://www.bundesbank.de/Navigation/EN/Statistics/Macroeconomic_account ing_systems/National_Accounts/Tables/table_zeitreihenliste.html?id=24920; "Investment Activity in Germany under the Influence of Technological Change and Competition among Production Locations," *Bundesbank Monthly Report* 59, no. 1 (January 2007): 17–31.

37. ECB, "Household Finance and Consumption Survey Wave 2 Statistical Tables," https://www.ecb.europa.eu/home/pdf/research/hfcn/HFCS_Statistical_Tables_Wave2 .pdf?58cf15114aab934bcd06995c4e91505b; "Household Wealth and Finances in Germany: Results of the 2014 Survey," *Bundesbank Monthly Report,* March 2016; Paul De Grauwe and Yuemi Ji, "Are Germans Really Poorer Than Spaniards, Italians and Greeks?," *VoxEU,* April 16, 2013, https://voxeu.org/article/are-germans-really-poorer-spaniards -italians-and-greeks.

38. Special issue, "Inheritance Tax and Wealth Tax in Germany," *DIW Economic Bulletin* 6, January 27, 2016; James Shotter, "Germany Changes Inheritance Tax to Protect Family Business," *Financial Times,* September 22, 2016; Matthew C. Klein, "Marcel Fratzscher on the Dark Side of the German Economy—Now with Transcript!!," *FT Alphaville,* March 28, 2018, https://ftalphaville.ft.com/2018/03/29/2199403/marcel-fratzscher -on-the-dark-side-of-the-german-economy-now-with-transcript/; Cathrin Schaer, "Germany's Convoluted Property Tax Could Be Illegal," *Handelsblatt,* January 16, 2018; Alena Bachleitner, "Abolishing the Wealth Tax—A Case Study of Germany" (M.Sc. thesis, University of Vienna, 2017); Dan Andrews and Aida Caldera Sánchez, "The Evolution of Homeownership Rates in Selected OECD Countries: Demographic and Public Policy Influences," *OECD Journal: Economic Studies* 2011, no. 1 (2011): 8; Christian Dustmann, Bernd Fitzenberger, and Markus Zimmerman, "Housing Expenditures and Income Inequality: Shifts in Housing Costs Exacerbated the Rise in Income Inequality," *VoxEU,* October 22, 2018, https://voxeu.org/article/housing-expenditures-and-income-inequality.

39. Odendahl, "Hartz Myth"; Destatis, "Collective Bargaining Coverage," https:// www.destatis.de/EN/FactsFigures/NationalEconomyEnvironment/EarningsLabour Costs/AgreedEarnings/Tables_CollectiveBargainingCoverage/CollectiveBargaining Coverage.html; Christian Dustmann et al., "From Sick Man of Europe to Economic Superstar: Germany's Resurgent Economy," *Journal of Economic Perspectives* 28, no. 1 (Winter 2014): 167–88; Charlotte Bartels, "Top Incomes in Germany, 1871–2013," World Income Database Working Paper Series, December 2017.

40. "Private Consumption in Germany since Reunification," *Bundesbank Monthly Report* 59, no. 9 (September 2007): 41–55.

41. Eurostat, "Intra and Extra-EU Trade by Member State and by Product Group," https://appsso.eurostat.ec.europa.eu/nui/show.do?dataset=ext_lt_intratrd&lang=en; OECD, "Trade in Value Added 2018," https://stats.oecd.org/Index.aspx?datasetcode=TIVA_2018_C1; IMF, European Department, "Germany: Selected Issues," Country Report No. 19/214, July 10, 2019.

42. Deutsche Bundesbank, "External Sector Statistics (Monthly)," https://www.bundesbank.de/en/statistics/external-sector.

43. Deutsche Bundesbank, "Lending to Foreign Nonbanks, Total," https://www.bundesbank.de/Navigation/EN/Statistics/Time_series_databases/Banks_and_other_financial_institutions/banks_and_other_financial_institutions_list_node.html?listId=www_s100_mb3031_08_01; Deutsche Bundesbank, "Lending to Foreign Banks (MFIs), Total," https://www.bundesbank.de/Navigation/EN/Statistics/Time_series_databases/Banks_and_other_financial_institutions/banks_and_other_financial_institutions_list_node.html?listId=www_s100_bh16_3_01; Matej Senkarcin, "German Landesbanks in the Post-Guarantee Reality," (Ph.D. diss., Wharton School, University of Pennsylvania, 2015).

44. BIS, "Locational Banking Statistics," table A7, https://stats.bis.org/statx/srs/table/a7?c=DE&p=20181; BIS, "Consolidated Banking Statistics," table B3, https://stats.bis.org/statx/srs/table/B3?c=&m=S&p=20181&i=10.1; BIS, "Consolidated Banking Statistics," table B4, https://stats.bis.org/statx/srs/table/b4.

45. Bank of Spain, "Monetary Financial Institutions," https://www.bde.es/webbde/en/estadis/infoest/bolest6.html; Bank of Spain, "Balance of Payments and International Investment Position," https://www.bde.es/webbde/en/estadis/infoest/temas/sb_extbppii.html; Bank of Spain, "Gross External Debt by Institutional Sector, Financial Instrument, and Term," https://www.bde.es/webbde/en/estadis/infoest/temas/sb_extdeu.html.

46. Eurostat, "GDP and Main Components." https://appsso.eurostat.ec.europa.eu/nui/show.do?dataset=namq_10_gdp&lang=en.

47. Eurostat, "International Investment Position—Quarterly and Annual Data," https://appsso.eurostat.ec.europa.eu/nui/show.do?dataset=bop_iip6_q&lang=en; Eurostat, "Balance of Payments by Country," https://appsso.eurostat.ec.europa.eu/nui/show.do?dataset=bop_c6_q&lang=en; Eurostat, "GDP and Main Components."

48. Tobias Buck, "Spanish Ghost Airport Costing €1bn Attracts Offer of Just €10,000," *Financial Times,* July 17, 2015; Philip Reid, "Out of Bounds: The Death of an Irish Golf Course," *Irish Times,* February 1, 2017.

49. Philippe Martin and Thomas Philippon, "Inspecting the Mechanism: Leverage and the Great Recession in the Eurozone," *American Economic Review* 107, no. 7 (2017): 1904–37.

50. Deutsche Bundesbank, "Lending to Foreign Nonbanks, Total"; Deutsche Bundesbank, "Lending to Foreign Banks (MFIs), Total"; Deutsche Bundesbank, "Balance of Payments," https://www.bundesbank.de/en/statistics/external-sector/balance-of-payments.

51. Konstantin von Hammerstein and René Pfister, "Merkel's Dispassionate Approach to the Euro Crisis," *Der Spiegel,* December 12, 2012.

52. Wolfgang Streeck, "Endgame? The Fiscal Crisis of the German State," Max Planck Institute for the Study of Societies, MPIfG Discussion Paper 07/7.

53. Federal Ministry of Finance, Economics Department, "Reforming the Constitutional Budget Rules in Germany," September 2009, http://www.kas.de/wf/doc/kas _21127-1522-4-30.pdf?101116013053; Federal Ministry of Finance, "Germany's Federal Debt Brake," March 2015, https://www.bundesfinanzministerium.de/Content/EN/Stan dardartikel/Topics/Fiscal_policy/Articles/2015-12-09-german-federal-debt-brake.pdf ?__blob=publicationFile&v=6; IMF, "World Economic Outlook Database: General Government Structural Balance," April 2018 vintage, https://www.imf.org/external/pubs/ft /weo/2018/01/weodata/weorept.aspx?pr.x=44&pr.y=8&sy=1991&ey=2018&scsm=1&ssd =1&sort=country&ds=.&br=1&c=134&s=GGSB_NPGDP&grp=0&a=#cs1.

54. Eurostat, "Quarterly Nonfinancial Accounts for General Government," https:// appsso.eurostat.ec.europa.eu/nui/show.do?dataset=gov_10q_ggnfa&lang=en.

55. Fratzscher, *Germany Illusion,* chaps. 5, 6.

56. Stephan Brand and Johannes Steinbrecher, "Municipal Investment: Growing Needs, Limited Capacities," KfW Research, KfW Municipal Panel 2018—Executive Summary, June 2018; Gabriel Borrud, "A Long, Strange Trip for German Truckers near Duisburg," *Deutsche Welle,* July 3, 2015; Guy Chazan, "Cracks Appear in Germany's Cash-Starved Infrastructure," *Financial Times,* August 3, 2017.

57. OECD, "Broadband and Telecom Statistics," http://www.oecd.org/sti/broad band/broadband-statistics/.

58. Germany, Federal Ministry of Finance, "2014 Federal Budget: No New Borrowing Was Required," Press Release, January 13, 2015, https://www.bundesfinanzminis terium.de/Content/EN/Pressemitteilungen/2015/2015-01-13-2014-federal-budget.html; Eurostat, "Quarterly Nonfinancial Accounts for General Government"; Germany, Federal Ministry of Finance, "Schuldenbremse 2015: Struktureller Überschuss—das zweite Jahr in Folge," September 22, 2016, https://www.bundesfinanzministerium.de/Content/DE /Monatsberichte/2016/09/Inhalte/Kapitel-3-Analysen/3-3-Schuldenbremse-2015.html.

59. Deutsche Bundesbank, "Daily Term Structure of Interest Rates in the Debt Securities Market—Estimated Values," https://www.bundesbank.de/en/statistics/money -and-capital-markets/interest-rates-and-yields/term-structure-of-interest-rates.

60. Ben Knight, "Schäuble Clings to 'Black Zero' Fetish in German Budget," *Deutsche Welle,* July 6, 2016; Cat Rutter Pooley, "Schäuble Sent Off with a 'Black Zero,'" *Financial Times,* October 24, 2017.

61. European Commission, "Communication from the Commission to the European Parliament, the European Council, the Council, the European Central Bank, the Economic and Social Committee, and the Committee of the Regions: Reinforcing Economic Policy Coordination," May 12, 2010, http://ec.europa.eu/economy_finance/articles /euro/documents/2010-05-12-com(2010)250_final.pdf; Treaty on Stability, Coordination, and Governance in the Economic and Monetary Union, March 2, 2012, https://www .consilium.europa.eu/media/20399/st00tscg26_en12.pdf.

62. Eurostat, "Government Deficit/Surplus, Debt, and Associated Data," https:// appsso.eurostat.ec.europa.eu/nui/show.do?dataset=gov_10dd_edpt1&lang=en; Matthew C. Klein, "The Euro Area's Fiscal Position Makes No Sense," *FT Alphaville*, March 14, 2018, https://ftalphaville.ft.com/2018/03/14/2199197/the-euro-areas-fiscal-position-makes -no-sense/.

63. Matthew C. Klein, "What the U.S. Should Demand from Europe," *Barron's*, July 27, 2018.

64. Eurostat, "GDP and Main Components."

65. European Commission, "VAT Rates Applied in the Member States of the European Union: Situation at 1st January 2018," https://ec.europa.eu/taxation_customs /sites/taxation/files/resources/documents/taxation/vat/how_vat_works/rates/vat_rates _en.pdf; Zsolt Darvas, "EU Income Inequality Decline: Views from an Income Shares Perspective," *Bruegel,* July 5, 2018, http://bruegel.org/2018/07/eu-income-inequality -decline-views-from-an-income-shares-perspective/.

66. Matthew C. Klein, "European Leaders Seem Determined to Remake the 'Global Savings Glut' on a Massive Scale," *FT Alphaville,* November 8, 2017, https:// ftalphaville.ft.com/2017/11/08/2195596/european-leaders-seem-to-determined-to -remake-the-global-savings-glut-on-a-massive-scale/.

제 6 장 _예외적인 미국

1. Based on BEA, "International Transaction Accounts," tables 1.1, 9.1, https:// apps.bea.gov/iTable/index_ita.cfm; Tamim Bayoumi, Joseph Gagnon, and Christian Saborowski, "Official Financial Flows, Capital Mobility, and Global Imbalances," Peterson Institute for International Economics Working Paper No. 14-8, October 23, 2014; and Brad W. Setser, "Mapping Capital Flows into the U.S. over the Last Thirty Years," CFR (blog), February 16, 2018, https://www.cfr.org/blog/mapping-capital-flows-us-over -last-thirty-years.

2. Thomas Piketty, Emmanuel Saez, and Gabriel Zucman, "Distributional National Accounts: Methods and Estimates for the United States," *Quarterly Journal of Economics* 133, no. 2 (May 2018): 553–609; Emmanuel Saez and Gabriel Zucman, "Wealth Inequality in the United States since 1913: Evidence from Capitalized Income Tax Data," *Quarterly Journal of Economics* 131, no. 2 (May 2016): 519–78; Tax Policy Center, "Historical Capital Gains and Taxes," https://www.taxpolicycenter.org/statistics/historical-capital -gains-and-taxes; Matthew C. Klein, "How Should a 'Workers' Party' Cut Taxes?," *FT Alphaville,* May 5, 2017, https://ftalphaville.ft.com/2017/05/04/2188305/how-should-a -workers-party-cut-taxes/; Peter B. Edelman, "Poverty and Welfare: Does Compassionate Conservatism Have a Heart?," 2001 Edward C. Sobota Memorial Lecture, Albany Law School, Albany, N.Y.

3. FRB, "Industrial Production and Capacity Utilization—G.17," https://www .federalreserve.gov/releases/g17/; Robert Shiller, stock market data used in *Irrational Exuberance,* http://www.econ.yale.edu/~shiller/data.htm.

4. Based on BEA, "National Income and Product Accounts," tables 1.1.5, 1.14, 5.1, 5.2.6, https://apps.bea.gov/iTable/index_nipa.cfm.

5. Robert Skidelsky, "Winning Back Europe's Heart; Rogue Dollar," *New York Times,* February 20, 2005; George P. Shultz and Martin Feldstein, "Everything You Need to Know about Trade Economics, in 70 Words," *Washington Post,* May 5, 2017; Jason Furman, "Worry about the Trade Deficit—a Bit," *Wall Street Journal,* May 1, 2018; Joseph E. Stiglitz, "The US Is at Risk of Losing a Trade War with China," *Project Syndicate,* July 30, 2018, https://www.project-syndicate.org/commentary/trump-loses-trade-war-with -china-by-joseph-e-stiglitz-2018-07.

6. Joseph W. Gruber and Steven B. Kamin, "The Corporate Saving Glut in the Aftermath of the Global Financial Crisis," International Finance Discussion Papers 1150, June 2015; Matthew C. Klein, "Aging, Real Rates, and Labour Bargaining Power: The Case of Japan," *FT Alphaville,* December 8, 2015, https://ftalphaville.ft.com/2015/12/08 /2147125/aging-real-rates-and-labour-bargaining-power-the-case-of-japan/.

7. Based on BEA, "National Income and Product Accounts," tables 1.1.5, 5.1, 5.2.6, https://www.bea.gov/iTable/index_nipa.cfm.

8. Perry Mehrling, "A Money View of Credit and Debt," paper prepared for the INET/CIGI "False Dichotomies" conference, Waterloo, Ont., November 18, 2012, https:// www.cigionline.org/sites/default/files/inet2012mehrling_amoneyviewofcreditanddebt .pdf.

9. Gary Gorton, *Misunderstanding Financial Crises: Why We Don't See Them Coming* (Oxford: Oxford University Press, 2012).

10. Michael D. Bordo and Robert N. McCauley, "Triffin: Dilemma or Myth?," BIS Working Papers No. 684, December 2017; P. H. Lindert, *Key Currencies and Gold, 1900– 1913* (Princeton, N.J.: Princeton University Press, Department of Economics, 1969).

11. Liaquat Ahamed, *Lords of Finance: The Bankers Who Broke the World* (New York: Penguin, 2009); Adam Tooze, *The Deluge: The Great War, America, and the Re-making of the Global Order, 1916–1931* (New York: Penguin, 2014); Douglas A. Irwin, "The French Gold Sink and the Great Deflation of 1929–1932," Cato Papers on Public Policy, vol. 2, 2012; Barry Eichengreen and Douglas A. Irwin, "The Slide to Protection-ism in the Great Depression: Who Succumbed and Why?," *Journal of Economic History* 70, no. 4 (December 2010): 871–97; Robert L. Hetzel, "German Monetary History in the First Half of the Twentieth Century," *FRB Richmond Economic Quarterly* 88, no. 1 (Win-ter 2002): 1–35; Adam Tooze, *The Wages of Destruction: The Making and Breaking of the Nazi Economy* (London: Allen Lane, 2006); Stephen Kotkin, *Stalin: Waiting for Hitler, 1929–1941* (New York: Penguin, 2017); "Foreign Trade in German Economy," *Editorial Research Reports, 1939,* vol. 1 (Washington, D.C.: CQ Press, 1939).

12. Benn Steil, *The Battle of Bretton Woods: John Maynard Keynes, Harry Dexter White, and the Making of a New World Order* (Princeton, N.J.: Princeton University Press, 2013); Barry Eichengreen, *Exorbitant Privilege: The Rise and Fall of the Dollar* (Ox-ford: Oxford University Press, 2011); Nicholas Crafts, "Walking Wounded: The British Economy in the Aftermath of World War I," *VoxEU,* August 27, 2014, https://voxeu.org /article/walking-wounded-british-economy-aftermath-world-war-i.

13. Sylvia Nasar, "Robert Triffin, an Economist Who Backed Monetary Stability," *New York Times,* February 27, 1993.

14. Testimony of Robert Triffin, U.S. Congress, Joint Economic Committee, *Employment, Growth, and Price Levels: Hearings before the Joint Economic Committee,* 86th Cong., 1st sess., October 28, 1959, 2905–14; BEA, "National Income and Product Accounts," tables 1.1.5, 4.1, https://www.bea.gov/iTable/index_nipa.cfm.

15. Federal Reserve System, Board of Governors, *Banking and Monetary Statistics, 1941–1970* (Washington, D.C.: FRS, 1976), tables 14.1, 14.2, available at https://fraser.st louisfed.org/files/docs/publications/bms/1941-1970/BMS41-70_complete.pdf.

16. Bordo and McCauley, "Triffin: Dilemma or Myth?"

17. Robert Triffin, "Gold and the Dollar Crisis: Yesterday and Tomorrow," Essays in International Finance No. 132, Princeton University, Department of Economics, December 1978.

18. Gold Fixing Price in London Bullion Market, FRED Economic Data, https://fred.stlouisfed.org/series/GOLDAMGBD228NLBM; Robert L. Hetzel, "German Monetary History in the Second Half of the Twentieth Century: From the Deutsche Mark to the Euro," *FRB Richmond Economic Quarterly* 88, no. 2 (Spring 2002): 29–64; Michael Bordo, Eric Monnet, and Alain Naef, "The Gold Pool (1961–1968) and the Fall of the Bretton Woods System: Lessons for Central Bank Cooperation," NBER Working Paper No. 24016, November 2017.

19. Bureau of Labor Statistics, Consumer Price Index, all items, https://www.bls.gov/cpi/.

20. Bordo and McCauley, "Triffin: Dilemma or Myth?"; Ashoka Mody, *Eurotragedy: A Drama in Nine Acts* (Oxford: Oxford University Press, 2018).

21. Michael P. Dooley, David Folkerts-Landau, and Peter Garber, "An Essay on the Revived Bretton Woods System," NBER Working Paper No. 9971, September 2003; Gita Gopinath, "The International Price System," NBER Working Paper No. 21646, November 2015.

22. George Soros, "General Theory of Reflexivity," *Financial Times,* October 26, 2009; George Soros, "Financial Markets," *Financial Times,* October 27, 2009.

23. Central Bank of the Republic of China (Taiwan), "Monthly Releases: Foreign Exchange Reserves," https://www.cbc.gov.tw/ct.asp?xItem=1866&ctNode=511&mp=2; IMF, "IMF Country Information," https://www.imf.org/en/Countries.

24. Timothy Lane, "The Asian Financial Crisis: What Have We Learned?," *Finance and Development* (IMF) 36, no. 3 (September 1999): 44–47.

25. Michael Pettis, *The Volatility Machine: Emerging Economies and the Threat of Financial Collapse* (Oxford: Oxford University Press, 2001), esp. chaps. 4–6.

26. Seth Mydans, "Indonesia Agrees to I.M.F.'s Tough Medicine," *New York Times,* January 16, 1998.

27. Timothy Lane et al., "IMF-Supported Programs in Indonesia, Korea, and Thailand: A Preliminary Assessment," IMF Occasional Paper No. 178, 1999; IMF Staff, "Recovery from the Asian Crisis and the Role of the IMF," June 2000, https://www.imf.org/external/np/exr/ib/2000/062300.htm; IMF, "World Economic Outlook Database," October 2018, https://www.imf.org/external/pubs/ft/weo/2018/02/weodata/weoselgr.aspx.

28. Based on IMF, "Composition of Foreign Exchange Reserves" database; and Setser, "Mapping Capital Flows."

29. See, e.g., C. Fred Bergsten and Joseph E. Gagnon, *Currency Conflict and Trade Policy: A New Strategy for the United States* (Washington, D.C.: Peterson Institute for International Economics, 2017).

30. China, State Administration of Foreign Exchange, "The Time-Series Data of China's Foreign Exchange Reserves," https://www.safe.gov.cn/en/2018/0408/1426.html.

31. IMF, "World Economic Outlook Database," October 2018; FRED Economic Data, "Crude Oil Prices: Brent–Europe," https://fred.stlouisfed.org/series/DCOILBRENTEU.

32. Based on U.S. Treasury Inflation-Protected Securities, which incorporate inflation expectations, https://fred.stlouisfed.org/series/DTP30A28; and inflation-adjusted Broad Dollar Index, FRB, H.10 release, https://www.federalreserve.gov/releases/h10/summary/indexbc_m.htm.

33. FRED Economic Data, "Federal Debt Held by the Public," https://fred.stlouisfed.org/series/FYGFDPUN; FRED Economic Data, "Federal Debt Held by Foreign and International Investors," https://fred.stlouisfed.org/series/FDHBFIN; Treasury Department Fiscal Service, Monthly Bulletin; FRB, "Financial Accounts of the United States," https://www.federalreserve.gov/releases/z1/current/default.htm; FRB, "Mortgage Debt Outstanding," https://www.federalreserve.gov/data/mortoutstand/current.htm; SIFMA statistics, "US Mortgage-Related Issuance and Outstanding," https://www.sifma.org/resources/research/us-mortgage-related-issuance-and-outstanding/; SIFMA statistics, "US ABS Issuance and Outstanding," https://www.sifma.org/resources/research/us-abs-issuance-and-outstanding/.

34. Atif Mian and Amir Sufi, *House of Debt: How They (and You) Caused the Great Recession and How We Can Prevent It from Happening Again* (Chicago: University of Chicago Press, 2014); John Geanakoplos, "What's Missing from Macroeconomics: Endogenous Leverage and Default," Cowles Foundation Paper No. 1332, 2011; Alan Greenspan and James Kennedy, "Estimates of Home Mortgage Originations, Repayments, and Debt on One-to-Four-Family Residences," FEDS Working Paper No. 2005-41; Alan Greenspan and James Kennedy, "Sources and Uses of Equity Extracted from Homes," FEDS Working Paper No. 2007-20; updated estimates of mortgage equity withdrawal provided by James Kennedy via Bill McBride, "Equity Extraction Data," March 24, 2009, https://www.calculatedriskblog.com/2009/03/equity-extraction-data.html; "Mortgage Equity Withdrawal Positive," December 13, 2016, CalculatedRISK (blog), https://www.calculatedriskblog.com/2016/12/mortgage-equity-withdrawal-positive-in.html; FRB, "Financial Accounts of the United States, table B.101," https://www.federalreserve.gov/apps/fof/DisplayTable.aspx?t=b.101.

35. Based on BEA, "National Income and Product Accounts," tables 1.4.3, 5.2.3U, 7.1, https://apps.bea.gov/iTable/index_nipa.cfm; FRB, "Industrial Production and Capacity Utilization—G17," https://www.federalreserve.gov/releases/g17/download.htm; OECD, "Trade in Value Added" database, https://stats.oecd.org/index.aspx?queryid=75537; and David Autor et al., "Foreign Competition and Domestic Innovation: Evidence from US Patents," *American Economic Review: Insights* (forthcoming).

36. Bureau of Labor Statistics, Establishment Survey, https://fred.stlouisfed.org /series/MANEMP and https://fred.stlouisfed.org/series/USPRIV, and Household Survey, https://fred.stlouisfed.org/series/LNS12300060.

37. Kerwin Kofi Charles, Erik Hurst, and Matthew J. Notowidigdo, "Housing Booms, Manufacturing Decline, and Labor Market Outcomes," Working Paper, July 2017; Michael Spence and Sandile Hlatshwayo, "The Evolving Structure of the American Economy and the Employment Challenge," Council on Foreign Relations Working Paper, March 2011.

38. David Autor, David Dorn, and Gordon Hanson, "The China Shock: Learning from Labor-Market Adjustment to Large Changes in Trade," *Annual Review of Economics* 8 (2016): 205–40; David Autor, David Dorn, and Gordon Hanson, "When Work Disappears: Manufacturing Decline and the Falling Marriage Market Value of Young Men," *American Economic Review: Insights* 1, no. 2 (September 2019): 161–78; Justin R. Pierce and Peter K. Schott, "Trade Liberalization and Mortality: Evidence from U.S. Counties," FEDS Working Paper No. 2016-094, November 2016; Leo Feler and Mine Z. Senses, "Trade Shocks and the Provision of Local Public Goods," IZA Discussion Paper No. 10231, 2015.

39. FRB, "Summary Measures of the Foreign Exchange Value of the Dollar," https://www.federalreserve.gov/releases/h10/summary/default.htm.

40. Jean-Noël Barrot et al., "Import Competition and Household Debt," Federal Reserve Bank of New York Staff Reports No. 821, August 2017.

41. Based on BEA, "National Income and Product Accounts," tables 1.1.5, 1.5.3, 4.1, 4.2.3, 4.2.5, 5.2.3U, 7.1, https://apps.bea.gov/iTable/index_nipa.cfm; Bureau of Labor Statistics, Household Survey; FRB, "Industrial Production and Capacity Utilization—G.17."

42. Setser, "Mapping Capital Flows"; China, State Administration of Foreign Exchange, "The Time-Series Data of Balance of Payments of China," https://www.safe.gov .cn/en/2018/0928/1457.html; China, State Administration of Foreign Exchange, "The Time-Series Data of China's Foreign Exchange Reserves."

43. Benoît Cœuré, "The Persistence and Signalling Power of Central Bank Asset Purchase Programmes," speech presented at the 2018 U.S. Monetary Policy Forum, New York, February 23, 2018, ECB; BEA, "National Income and Product Accounts," table 4.2.3, https://apps.bea.gov/iTable/index_nipa.cfm; BEA, "International Transaction Accounts," table 1.3, https://apps.bea.gov/iTable/index_ita.cfm; ECB, "Statistical Data Warehouse," http://sdw.ecb.europa.eu/quickview.do?SERIES_KEY=338.BP6.Q.N.I8.W1.S1.S1 .T.A.FA.P.F3.T.EUR._T.M.N and http://sdw.ecb.europa.eu/quickview.do?SERIES_KEY =338.BP6.Q.N.I8.US.S1.S1.T.A.FA.P.F3.T.EUR._T.M.N.

44. Adam Tooze, *The Deluge: The Great War, America and the Remaking of the Global Order, 1916–1931* (New York: Penguin, 2014); Nicholas Crafts, "Walking Wounded: The British Economy in the Aftermath of World War I," *VoxEU,* August 27, 2014, https:// voxeu.org/article/walking-wounded-british-economy-aftermath-world-war-i; Barry Eichengreen, "The British Economy between the Wars," in *The Cambridge History of Modern Britain,* ed. Roderick Floud and Paul Johnson (Cambridge: Cambridge University Press, 2004), 314–43.

결론

1. Bernie Sanders, "Sanders: Party Platform Still Needs Work," *Philadelphia Inquirer*, July 3, 2016; "Hillary Clinton Says She Does Not Support Trans-Pacific Partnership," *PBS News Hour*, October 7, 2015, https://www.pbs.org/newshour/politics/hillary-clinton-says-she-does-not-support-trans-pacific-partnership; Larry Summers, "A Setback to American Leadership on Trade," *Financial Times*, June 14, 2015.

2. "Presidential Memorandum Regarding Withdrawal of the United States from the Trans-Pacific Partnership Negotiations and Agreement," January 23, 2017, https://www.whitehouse.gov/presidential-actions/presidential-memorandum-regarding-withdrawal-united-states-trans-pacific-partnership-negotiations-agreement/; Chad P. Brown and Melina Kolb, "Trump's Trade War Timeline: An Up-to-Date Guide," Peterson Institute for International Economics, https://www.piie.com/blogs/trade-investment-policy-watch/trump-trade-war-china-date-guide; BEA, "National Income and Product Accounts," table 3.2, https://apps.bea.gov/iTable/index_nipa.cfm; Jeff Stein, "Democrats Struggle to Present a United Front on Trump's Trade War," *Washington Post*, August 7, 2019.

3. New Zealand Immigration, "Buying or Building a House in New Zealand," https://www.newzealandnow.govt.nz/living-in-nz/housing/buying-building; Jamie Smyth, "Australia Targets Foreign Homebuyers with Property Tax Rise," *Financial Times*, May 31, 2017; Paul Vieira, Rachel Pannett, and Dominique Fong, "Western Cities Want to Slow Flood of Chinese Home Buying. Nothing Works," *Wall Street Journal*, June 6, 2018; U.S. Congress, S.2357 (116th), "Competitive Dollar for Jobs and Prosperity Act," https://www.baldwin.senate.gov/imo/media/doc/Competitive%20Dollar%20for%20Jobs%20and%20Prosperity%20Act%20FINAL.pdf.

4. Mary Childs, "Former Fed Chairman Blasts McKinsey and Hedge Fund Billionaires," *Barron's*, December 12, 2018.

5. FRB, "Credit Liquidity Programs and the Balance Sheet: Central Bank Liquidity Swaps," https://www.federalreserve.gov/monetarypolicy/bst_liquidityswaps.htm.

6. Matthew C. Klein, "Why Is the Netherlands Doing So Badly?," *FT Alphaville*, June 16, 2016, https://ftalphaville.ft.com/2016/06/16/2166258/why-is-the-netherlands-doing-so-badly/.